实践与探索

第五辑

——上海市教卫工作党委系统统战工作研究文选

上海高校统一战线理论研究会 编

成旦红 主编

上海大学出版社

图书在版编目(CIP)数据

实践与探索：上海市教卫工作党委系统统战工作研究文选. 第五辑 / 成旦红主编. —上海：上海大学出版社，2018.11
ISBN 978-7-5671-3306-8

Ⅰ.①实… Ⅱ.①成… Ⅲ.①教育组织机构-统一战线工作-上海-文集②医药卫生组织机构-统一战线工作-上海-文集 Ⅳ.①D613-53

中国版本图书馆 CIP 数据核字(2018)第 243790 号

责任编辑　傅玉芳
封面设计　柯国富
技术编辑　金　鑫　钱宇坤

实践与探索
——上海市教卫工作党委系统统战工作研究文选
第五辑

上海高校统一战线理论研究会　编
成旦红　主编

上海大学出版社出版发行
(上海市上大路 99 号　邮政编码 200444)
(http://www.shupress.cn　发行热线 021-66135112)
出版人　戴骏豪

*

南京展望文化发展有限公司排版
上海华教印务有限公司印刷　各地新华书店经销
开本 890mm×1240mm　1/32　印张 12.25　字数 307 千
2018 年 11 月第 1 版　2018 年 11 月第 1 次印刷
ISBN 978-7-5671-3306-8/D·211　定价 58.00 元

本书编委会

主　编　成旦红
副主编　金勤明
编　委　成旦红　金勤明　钟　诚
　　　　　李婕妤　汪　彦

目录 Contents

习近平统一战线思想的理论创新
……………………………………上海交通大学 周 凯 1

关于高校统战干部队伍思想建设的调查与思考
………… 上海市教卫工作党委统战处 金勤明 戴叶萍
徐继耀 宋晓涛 汪 彦 李婕妤 13

高校统战干部队伍思想建设研究
………… 同济大学 岳继光 江 静 孙烨忱 郑晶晶 26

高校统战干部素质能力建设路径探索
…………………… 上海交通大学医学院 许恺恺 41

"互联网+"时代高校统战工作的创新研究
…………………… 上海第二工业大学 蒋文蓉 49

高校统战工作的新情况新问题及对策研究
………… 同济大学 岳继光 江 静 孙烨忱
郑晶晶 吴 玮 57

新时期高校统战干部能力建设的应变
…………… 上海对外经贸大学 郭 茜 朱 飞 68

增强市属高校院系统战工作有效性的研究
………………… 上海工程技术大学 朱洪春 80

新形势下高校党外知识分子工作的有效途径探讨
　　——以复旦大学为例 ……………………………………………
　　　………… 复旦大学　张骏楠　葛庆华　邱兰芳　邱　悦　92

新时期高校党外知识分子工作方法和长效机制研究
　　——基于上海市部分高校的调研分析与对策建议
　　　………… 上海交通大学　汪后继　朱春玲　张养波
　　　　　　　　　　汪佳莹　林　彦　付　荣　付媛媛　101

新形势下加强和改进高校党外知识分子工作探究
　　——基于网络载体创新的研究视角
　　　………… 华东理工大学　顾嘉乐　宋晓涛　焦家俊　112

高校党外知识分子工作机制创新研究
　　………………… 上海财经大学　徐　萍　袁国辉　125

基于高校附属医院视角的新时期党外知识分子工作途径的研究
　　——以上海中医药大学附属曙光医院为例
　　　…………… 上海中医药大学附属曙光医院　马俊坚　138

加强新时期高校党外知识分子工作的思考和探索
　　………………… 上海师范大学　徐继耀　姚秋磊　李　娜　147

高校党外知识分子思想引领有效性研究
　　——以上海交通大学为例
　　　………… 上海交通大学　齐　红　于朝阳　龚　强
　　　　　　　　　　　　　　谢立平　卜军敏　徐　婷　157

系统论视阈下高校党外知识分子作用发挥机制研究
　　………… 上海大学　曹为民　李　青　叶泰和　牛广华　169

高校党外知识分子联谊会运行机制研究
　　………………………………… 上海商学院　杨本松雪　182

高校民主党派社会影响力研究
　　……………………………… 上海政法学院　鲍长生　190
高校民主党派后备干部培养问题及路径探索
　　……………………………… 上海交通大学医学院　许恺恺　199
民主党派后备干部队伍建设问题研究
　　……………………………… 华东理工大学　李晓霞　207
高校党外后备干部队伍建设问题研究
　　……………………………… 上海对外经贸大学　郭　茜　朱　飞　217
加强党员领导干部与党外代表人士联谊交友工作机制研究
　　……………………………… 上海商学院　杨本松雪　229
统战成员在高水平大学建设中的作用研究
　　——以上海大学为例……… 上海大学　周丽昀　叶泰和　237
高校协商民主建设机制研究
　　……………………………… 上海财经大学　徐　萍　曹　姝　248
高校统一战线服务"十三五"所需人才培养数据平台建设研究
　　……………………………… 上海第二工业大学　赵军红　260
统一战线在"一带一路"倡议构建中的作用研究
　　……………………………… 上海对外经贸大学　姜秀珍　272
新形势下高校马克思主义民族观教育研究
　　——以上海市高校为例…… 上海体育学院　赵文越　284
基于易班的高校民族团结进步创建活动载体和方式研究
　　……………………………… 上海应用技术大学　任玉英　294
发挥区校联动平台　服务新侨人才创业的机制研究
　　……………………………… 东华大学　戴叶萍　莎日娜　300
新形势下高校侨联引领服务侨界青年的有效途径研究
　　……………………………… 东华大学　莎日娜　310

新形势下高校归国留学人员工作研究
　　——以上海大学为例
　　　　…………………… 上海大学　叶泰和　吴国琴　李　青　322
高校归国留学人员统战工作研究
　　　　…………… 上海海事大学　黄　昆　陈伟平　刘道蓉　331
新媒体下的高校"微统战"的建设研究
　　　　………………………………… 上海政法学院　朱　凯　341
"互联网＋"时代侨务工作的创新研究
　　　　……………………………… 上海第二工业大学　蒋文蓉　350
高校统一战线工作研究的现状与反思
　　——基于改革开放近40年高校统战工作研究的线路
　　　　………………………… 华东师范大学　方金奇　程　涛　361
改革开放以来的上海统战史研究
　　　　………………………………… 华东师范大学　章义和　371

习近平统一战线思想的理论创新

上海交通大学 周 凯

摘要：党的十八大以来，习近平总书记对新形势下统一战线的性质、地位、对象、任务等方面提出了一系列重要论断和战略部署，不仅为新形势下统战工作指明了行动方向和实践要求，更在理论上进一步丰富和发展了党的统一战线理论。从理论发展的角度而言，习近平统一战线思想形成了以大统战引领、制度化建设、精准化施策为基本特征的理论创新和实践逻辑，从"势""道""术"三个维度对中国特色社会主义新时代坚持和发展统一战线工作提出了系统性、科学性和针对性的指导意见，是马克思主义中国化理论发展的重要成果，是习近平新时代中国特色社会主义思想的重要构成。

关键词：习近平；新时代；统一战线；理论创新

一、中国共产党统一战线的发展历程

统一战线是中国共产党的重要政治传统。1939年10月，毛泽东在为中共中央党内刊物《共产党人》所作的创刊词中写道："统一战线，武装斗争，党的建设，是中国共产党在中国革命中战胜敌人的三个法宝。"①"三大法宝"的提出,不仅是毛泽东对中国革命经验的生动总结,也成为中国共产党在革命、建设、改革各个历史时期应对挑战、攻坚克难的政治传统和比较优势。其中,统一战线的提出更是标志着中国共产党独立自主地对无产阶级如何发展政治同盟这一问题开始深入实践与理论探索。

  总体而言,统一战线的理论发展与无产阶级革命的历史进程紧密相联。马克思认为:"无产阶级在政治上为了一定的目的,甚至可以同魔鬼结成联盟,只是必须肯定,是你领着魔鬼走,而不是魔鬼领着你走。"②根据这一论断,马克思主义政党所建立的统一战线是指以马克思主义为指导、由无产阶级及其政党组织和领导的政治联盟。列宁提出共产党在革命中要掌握"联合次要敌人,打击主要敌人"的原则——无产阶级领导革命时,要区别敌我势力消长,洞悉各方力量的形成与变化,不断扩大己方阵营,巩固革命成果,最终击败资产阶级敌人③。毛泽东也曾一针见血地指出,所谓政治就是把"拥护我们的人搞得多多的,把反对我们的人搞得少少的","我们的势力越大,胜利的把握就越大"④。对于无产阶级政党而言,其开展政治活动的根本要旨,一方面要实现党内的团结统一,另一方面要在党外建立广泛的同盟军,实现各种社会政治力量的联合。中国共产党建立统一战线的目的,就是为了团结一切可以团结的力量,调动一切可以调动的积极因素,为实现党所提出的政治主张而凝心聚力。

  由此,统一战线的本质是不同社会政治力量(包括阶级、阶层、政党、团体)在中国共产党的领导下,为了实现一定的共同目标,在共同利益基础上而建立的政治联盟。在中国革命、建设和改革的

---

① 邱陵."三大法宝"是怎样提出来的[J].社会主义研究,1981(6):19.
② 马克思,恩格斯.马克思恩格斯全集(第8卷)[M].人民出版社,1961:443.
③ 童肇华.划分世界政治力量的一个光辉范例——学习列宁一九二〇年划分世界政治力量的体会[J].西南大学学报(社会科学版),1978(2):18-24.
④ 从人民政协的性质定位出发[N].人民政协报,2015-07-21.

不同时期,无论统一战线目标和任务怎样变化,但其作为各种政治力量广泛联盟的性质从未改变。在不同历史时期,中国共产党的统一战线都发挥了重要法宝作用。在革命战争年代,内外敌人异常强大,改变敌我力量对比最为关键。中国共产党通过统一战线,积极发展进步力量、团结中间力量、分化敌对力量,敌强我弱的形势逐渐得以扭转,并以此为基础,最终取得了抗日战争、解放战争以及新民主主义革命的伟大胜利。

新中国成立后,百废待兴,百业待举,如何巩固政权、稳定人心和汇聚人才成为最迫切的任务。共产党坚持依靠统一战线,团结各方面力量,为建设新中国而共同奋斗。特别是在土地改革、抗美援朝、社会主义改造、人民代表大会制度确立、中国共产党领导的多党合作和政治协商制度实践、民族区域自治等重大议题中,统一战线都发挥了凝心聚力的积极作用。虽然在"文革"动荡的十年中,统一战线工作受到了很大影响,未能有效展开,但随着改革开放的开启,党和国家的工作重心转移到经济建设上来,凝聚各方力量致力于中国特色社会主义事业变得更为紧迫。共产党不断巩固和壮大爱国统一战线,形成大陆范围内和大陆范围外两个范围的广泛联盟。在大陆范围内,是以爱国主义和社会主义为政治基础的,团结全体劳动者、建设者和爱国者的联盟;在大陆范围以外,是以爱国和拥护祖国统一为政治基础的,团结台湾同胞、港澳同胞和海外侨胞的联盟。两者相互结合、相互促进,共同构成了一个整体,体现了统一战线空前的广泛性和系统性。

总之,统一战线是中国共产党夺取革命、建设、改革事业胜利的重要法宝,是增强党的阶级基础、扩大党的群众基础、巩固党的执政基础的重要机制。统一战线的本质就是解决凝聚人心、汇聚力量问题,是一个长期的战略方针,不以中国共产党自身力量强弱为转移,不因形势任务变化而改变。

二、习近平统一战线思想的三大理论创新

习近平总书记在党的十九大开幕式所作报告中首次提出了"中国特色社会主义新时代"的理论论断,指出新时代"是承前启后、继往开来、在新的历史条件下继续夺取中国特色社会主义伟大胜利的时代,是决胜全面建成小康社会、进而全面建设社会主义现代化强国的时代,是全国各族人民团结奋斗、不断创造美好生活、逐步实现全体人民共同富裕的时代,是全体中华儿女勠力同心、奋力实现中华民族伟大复兴中国梦的时代,是我国日益走近世界舞台中央、不断为人类作出更大贡献的时代。"新时代赋予中国共产党新的历史使命,必须在新时代中国特色社会主义的伟大实践中,以党的坚强领导和顽强奋斗,激励全体中华儿女不断奋进,凝聚起同心共筑中国梦的磅礴力量。在这一时代背景之下,统一战线所肩负的"找到最大公约数,画出最大同心圆"光荣使命更加突显。

党的十八大以来,习近平总书记对新形势下统一战线的性质、地位、对象、任务等方面提出了一系列重要论断和战略部署,不仅在理论上进一步丰富和发展了党的统一战线理论,更为中国特色社会主义新时代统战工作指明了行动方向和实践要求。从理论发展的角度而言,习近平统一战线思想形成了以大统战引领、制度化建设、精准化施策为基本特征的理论创新,从"势""道""术"三个维度对新时期统一战线工作提出了系统性、科学性和针对性的指导意见,是马克思主义中国化理论发展的重要成果。

(一)"起势":大统战引领

"起势",是为谋局。其含义是通过对现实挑战的深入分析与观察,总结和判断事物发展的基本规律与趋势,以独具慧眼之高度、角度与思维方式做出符合实际需要的准确指引。从这一角度来看,习近平统一战线思想彰显了"大统战"引领之势。客观而言,统战工作一直是中国共产党的重要任务之一。自1949年新中国

成立以来,中国共产党共召开过20次"全国统战工作会议",最后一次是在2006年召开的①。2015年5月18日,中共中央召开了统战工作会议,并更名为"中央统战工作会议"。就统战会议的层级而言,由过去的国家级升级至党中央层级,凸显习近平总书记对统战工作的高度重视,更显示了统一战线在党和国家工作大局中具有全局性、战略性意义,已成为中国共产党为实现自己的战略目标而实施的大战略。习近平总书记在此次中央统战工作会议的讲话中特别指出:"要坚持党委统一领导、统战部牵头协调、有关方面各负其责的大统战工作格局,形成工作合力。"②

所谓大统战,即以更宏大的战略性眼光、更高更开阔的全局性视角、更周密系统的统战工作部署,实现习近平总书记所说的大统战工作格局。大统战是指在认识上全党要把统战工作放到党和国家工作大局的战略高度上去认识,放到党和国家工作大局中去思考、去谋划。长期以来,"统一战线不统一"的问题比较突出,由于统战工作的广泛性(主要有八个方面的工作:民主党派工作、党外知识分子工作、非公有制经济人士工作、民族工作、宗教工作、港澳工作、对台工作、侨务工作),统一战线各领域、各部门时常各自为阵,缺乏统一协调,难以形成合力,影响了统战工作的实际效率和整体效果;有些党委部门认为统战工作只是统战部的事情,对统战工作不重视,不闻不问不管,忘却了统战工作是全党的事情。这两种偏向都严重影响了统战工作效能的充分发挥。

十八大以来,习近平总书记高度重视统战工作,带动全党形成重视统一战线、发展统一战线的良好局面。为了促进"大统战"引领的态势,中共中央政治局于2015年7月30日召开会议,决定设

---

① 1949年后,中国共产党共召开过20次"全国统战工作会议"。其中1949～1959年召开过11次;1960～1970年召开过2次;其余召开时间分别为1962年、1963年、1979年、1981年、1986年、1990年、1993年、2000年和2006年。
② 王邦佐.巩固发展最广泛的爱国统一战线[J].紫光阁,2015(6):8.

立中央统一战线工作领导小组，其主要职责是对统一战线贯彻落实中央重大决策部署和中央关于统一战线重大方针政策、法律法规进行研究，指导各地区各部门各单位党委（党组）贯彻落实中央关于统一战线的方针政策、法律法规，督促检查中央关于统一战线的重大方针、政策、法律法规的贯彻落实等。此后，由中央统战工作领导小组协调统一、组织力量组建的14个检查组分赴各地进行检查调研，进一步督促"大统战"工作的积极开展和统一行动。

习总书记提出大统战的理论论断和建立大统战工作格局的实践要求，一方面是解决统一战线不统一的问题，让相关部门和单位协调一致，形成合力；另一方面是要统筹优化配置统一战线资源，包括党的资源、政府资源及社会资源。"大统战，是广义上的统战工作，面向占社会99％以上的各方面成员，在中共统一领导下，相关部门各负其责，整体推进统战工作"①。统一战线是为中国共产党的大战略目标服务的，全党做统战工作要形成全党重视、政府支持、有关方面各负其责的大统战工作格局。简言之，要坚持党委统一领导，统战部牵头协调，形成全党重视、政府支持、有关方面各负其责、齐抓共管的大统战工作格局，从体制机制上逐步实现从大统战思维到大统战部署的"知行合一"。

（二）"明道"：制度化建设

"明道"，是为清本正源，明晰规律与法则。"明道"的关键是在"势"基础上，找出真正符合"势"的方向指引。十八大以来，习近平总书记高度关切统战工作的制度化建设，先后就多党合作、人民政协、民族、宗教、非公有制经济人士、党外代表人士队伍等方面的统战工作发表重要讲话，全力推进统一战线的制度化、规范化、科学化建设。习总书记一再强调"从严治党""从制度治党""依规定党"，统战工作也不能例外，必须以制度化建设为根本遵循。

---

① 赵一存.中国"大统战"格局初步形成[N].香港文汇报，2016－09－29.

2015年9月22日,新华社授权发布了《中国共产党统一战线工作条例(试行)》(以下简称《条例》)。该《条例》是中国共产党关于统一战线工作的第一部党内法规,标志着统战工作已从以往的"各自表述、各行其是、各遂其信、各获其果"的"摸着势头过河"阶段,发展至"有法、有据、有理、有责"的顶层制度设计及实施阶段。全面贯彻党的十八大以来以习近平同志为核心的党中央关于统一战线的新理念新思想新战略,明确了统一战线服务全面建成小康社会、全面深化改革、全面依法治国、全面从严治党战略布局的方向原则,全面规范了各领域各方面统战工作,是推进统战工作制度化、规范化、程序化建设的重要标志,在党的统一战线历史上具有里程碑意义。

从统一战线性质的角度来看,习近平总书记提出实现中华民族伟大复兴的中国梦,成为团结海内外中华儿女的最大公约数,拓展了统一战线团结奋斗的共同思想政治基础。《条例》将"致力于中华民族伟大复兴"写入统一战线性质,使其完善为"全体社会主义劳动者、社会主义事业建设者、拥护社会主义爱国者、拥护祖国统一和致力于中华民族伟大复兴爱国者的联盟"。这一表述将统一战线与"维护国家统一"和"实现中华民族伟大复兴的中国梦"紧密联系在一起,突显了以习近平同志为核心的党中央对统一战线的最新定位和理论发展。

从组织领导的角度来看,《条例》第一次以党内法规的形式对各级党委(党组)做好统战工作的职责作出全面规定,明确党委(党组)主要负责人是统战工作的第一责任人,党委(党组)领导班子成员要带头学习宣传和贯彻落实党的统一战线理论、方针、政策和法律法规,带头参加统一战线重要活动。《条例》还要求高等学校及科研院所党委,应当设置统一战线工作机构,也明确要求将统战工作纳入领导干部考核内容,将统战知识纳入国民教育内容。总之,统战工作以制度化的形式被正式纳入各个党政机关的日常工作之中。

从统战对象的角度来看,在新公布的《条例》中,共有12类人被列为统一战线的工作范围和对象:民主党派成员,无党派人士,党外知识分子,少数民族人士,宗教界人士,非公有制经济人士,新的社会阶层人士,出国和归国留学人员,香港同胞、澳门同胞,台湾同胞及其在大陆的亲属,华侨、归侨及侨眷,其他需要联系和团结的人员。这符合统一战线在不同历史时期面临的形势任务不同,因而工作范围和对象也必然会作出相应调整的基本规律。习近平总书记强调,要把握新形势下党外代表人士特点和成长规律,积极回应和解决制约党外代表人士队伍建设的重点难点问题,有力推进新形势下党外代表人士队伍建设的殷切希望,从《条例》制定与实施中得到有力响应。总之,统一战线制度化建设是对统一战线各领域工作加强制度化的要求,这既有刚性规定,也有一些原则性要求,最终目的是使统战工作有章可循、有规可依,充分体现习近平总书记对统一战线制度化建设的重要指示。

(三)"优术":精准化施策

"优术",是为优化方略,即在"起势"与"明道"之时,采取最为合理的微观策略以顺利实现预期目标。统战工作做的是"人"的工作,工作对象广泛复杂,需要有针对性地去关注、影响、引导,实现最广泛的团结。习近平总书记高度强调:"我们党所处的历史方位、所面临的内外形势、所肩负的使命任务发生了重大变化。越是变化大,越是要把统一战线发展好、把统战工作开展好。"新的历史时期统战工作自然被赋予新的任务和新的内涵,必须根据新的时代特质进行精准化施策。

改革开放四十年来,统战对象思想观念和利益诉求更加多元。中国社会结构日趋复杂,社会分化日益明显,社会成员对体制的依附程度下降,社会价值取向出现个体化、功利化、物质化倾向。特别是全面深化改革进入深水区和攻坚期,利益格局的深刻调整必然带来思想观念的深刻变化,来自不同阶层、不同行业、不同领域的人们,利益诉求差异性日益显现,有的看重经济利益,有的看重社会声誉,有的追求个人精神享受,有的追求社会公益价值的实现。面对思想观念和利益诉求的多元多样,如何做到开放包容、凝聚共识,这是统一战线必须深入思考的新课题。

首先,统战工作范围和对象更加广泛和细化。统一战线工作点多线长面广,涉及不同领域,涵盖不同群体,这是统一战线最鲜明的特色。习近平总书记对统战工作提出了新要求,将包括留学人员在内的党外知识分子,新媒体中的代表性人士和非公有制经济人士特别是年轻一代列为重点团结对象。随着中国经济的快速发展,各阶层、各方面的代表人士大量涌现,特别是以留学归国人员、新媒体中的代表性人士、非公有制经济中年轻一代等为代表的新社会阶层人士逐渐成为中国社会的一股重要力量,统一战线既要巩固原有的群众基础,又要注意团结新出现的社会阶层和群体,逐步从小范围的社会精英扩展到更大范围的社会各阶层、各界别的代表人士。

其次,统战工作开拓了新路径和新方式。随着人们的民主意识、法律意识、市场意识、公平意识的不断增强,统战工作的政策优势将有所削弱,行政手段只会越来越弱化,法律手段、经济手段、文化手段在统战工作中的作用将进一步突显。习近平总书记对于新形势下的统战工作提出"八个必须"[①]。其中,做好新形势下统战工作,必须掌握规律、坚持原则、讲究方法,最根本的是要坚持党的领导,实行的政策、采取的措施都要有利于坚持和巩固党的领导地位和执政地位。做好新形势下统战工作,必须正确处理一致性和多样性关系,不断巩固共同思想政治基础,同时要充分发扬民主、

---

① 余仁辉.以"八个抓手"推进基层统战工作[J].湖南社会主义学院学报,2017,18(3):53-54.

尊重包容差异,尽可能通过耐心细致的工作找到最大公约数。此外,习总书记多次强调,在互联网的时代背景下,统战工作必须在做实"线下"工作的同时,重视做好"线上"的工作,充分利用好网络这个渠道和平台,加强线上交流、线下沟通,形成双管齐下、网上网下联动的立体形态,积极争取网络舆论宣传的主导权,避免形成沟通交流的"真空"和"盲点"。

在习近平总书记统一战线思想指引下,许多新的统战机构纷纷成立。例如,2016年中央统战部组建了"八局",专门负责新的社会阶层人士统战工作。新的社会阶层人士包括四类人,就是私营企业和外资企业的管理技术人员、中介组织和社会组织从业人员、自由职业人员、新媒体从业人员。新的社会阶层人士所包括的四类人的显著特点,就是流动性大、分散性强、思想活跃、观点多样,有的甚至连人都找不着、面都见不上,一般化的工作方法很难对这些人起作用。这一机构是统战部事隔11年后,首次设立新的正局级部门,其目的正是更有针对性的探索新的统战工作机制和策略。2017年,中央统战部再次新设立了一个正局级部门——九局,以负责新疆地区的统战工作。在政策研究方面,组织开展涉疆重大政策、重要问题、敏感问题的调查研究,向中央提出工作对策和建议。综合来看,统战部在新社会阶层和新疆、港澳等几大方向开始大胆探索、精准发力,不断摸索新思路和新策略。

三、结语

"一个篱笆三个桩,一个好汉三个帮。"无论是夺取政权还是执政为民,中国共产党都必须解决"人心"和"力量"这两个根本问题,而解决这些问题的一个重要途径就是统一战线。越是处于改革攻坚期,越需要汇集众智,增强合力;越是处于发展关键期,越需要凝聚人心,众志成城。在爱国主义和社会主义两面旗帜下,只要有利于国家富强、民族团结、社会进步、人民幸福,不论什么阶层、什么党派、什么团体、什么个人,统一战线都要加强同他们的联系,把一切可以团结的人团结起来。

当前,党和国家正处在一个复杂多变的重要历史时期,面临着许多新情况、新问题、新挑战,党的任务十分光荣艰巨。要推进"四个全面"战略布局,实现"两个一百年"的奋斗目标,实现中华民族的伟大复兴,没有一个包括中华民族绝大多数人在内的最广泛的爱国统一战线是不可能实现的。统一战线作为党的一项长远的战略方针,在新形势下担负着为党争取人心、凝聚力量、为党的事业提供广泛力量支持的重任。习近平总书记明确指出"统一战线是凝聚各方面力量,促进政党关系、民族关系、宗教关系、阶层关系、海内外同胞关系和谐,夺取中国特色社会主义新胜利的重要法宝"[①]。换言之,统一战线关系着人心向背、力量对比,是决定党和人民事业成败的关键,是最大的政治。

党的十八大以来,以习近平同志为核心的党中央,顺应时代发展,从理论和实践结合上系统回答了新时代坚持和发展什么样的中国特色社会主义、怎样坚持和发展中国特色社会主义这个重大时代课题,创立了习近平新时代中国特色社会主义思想。习近平统一战线思想是习近平新时代中国特色社会主义思想的重要内容和重要构成,科学回答了中国特色社会主义新时代需要不需要统一战线,需要什么样的统一战线,以及怎样巩固和发展统一战线等重大问题,是指导统一战线事业发展的纲领性文献。习近平统一战线思想的理论创新和实践逻辑在于提出了大统战引领之势、制度化建设之道、精准化施策之术,是对统一战线基本方针的新定位、对统战思路的新拓展、对统战方略的新创造。习近平统一战线思想的理论创新无疑是统一战线学的新发展和新成果,进一步丰富了中国共产党统一战线理论内涵和实践外延,是马克思主义中

---

① 朱维群.巩固壮大新世纪新阶段爱国统一战线[J].中国统一战线,2013(1):5.

国化的一次重要飞跃。习近平统一战线思想具有鲜明的唯物史观的历史意识、实事求是的问题意识和马克思主义中国化的理论意识,是实现中华民族伟大复兴中国梦、凝聚人心的重要理论指引和实践指南!

参考文献

[1] 习近平.决胜全面建成小康社会 夺取新时代中国特色社会主义伟大胜利[EB/OL].党的十九大报告,2017,新华网,http://news.xinhuanet.com/politics/19cpcnc/2017-10/18/c_1121822838.htm.

[2] 习近平在中央统战工作会议上强调 巩固发展最广泛的爱国统一战线 为实现中国梦提供广泛力量支持[J].党建,2015,(06):4-5,15.

[3] 张峰.指导统一战线事业发展的纲领性文献——学习习近平同志在中央统战工作会议上的重要讲话精神[J].中央社会主义学院学报,2015,(03):5-9.

[4] 郭玉华.论党的十八大以来习近平关于统一战线新思想新观点[J].重庆社会主义学院学报,2015,18(01):3-8.

[5] 蔡宇宏,李俊.论统一战线主题内容的发展演变[J].马克思主义与现实,2010,(05):90-94.

[6] 周艳萍,韩廷波,孙彤.习近平统一战线思想研究[J].天津市社会主义学院学报,2017,(02):5-10.

[7] 林萍.十八大以来习近平对统一战线理论的创新与发展[J].天津市社会主义学院学报,2015,(03):10-14.

关于高校统战干部队伍思想建设的调查与思考

上海市教卫工作党委统战处　金勤明　戴叶萍
徐继耀　宋晓涛　汪　彦　李婕妤

摘要：高校统战干部是开展高校统战工作的基础和关键，他们的思想、素质如何，不仅关系到党的统一战线方针政策的贯彻落实，而且关系到党在广大统一战线成员中的形象和声誉。因此必须切实抓好高校统战干部队伍思想建设。本课题基于对上海高校统战干部思想状况的调研和统战工作队伍思想建设中存在问题的分析，提出了加强高校统战干部队伍思想建设的若干思考。

关键词：统战干部；高等院校；思想建设；方法

　　高校统一战线工作历来是党的统战工作的重要领域。中央统战工作会议和全国、上海高校统战工作会议的召开，对做好高校统战工作提出了更高的要求。高校统战干部是开展高校统战工作的基础和关键，切实抓好高校统战干部队伍思想建设，是做好新形势下高校统战工作的重要保障。

一、加强高校统战干部队伍思想建设的重要意义

（一）加强高校统战干部队伍思想建设是高校党的领导能力建设的内在要求

高校统战工作在党的统一战线工作全局、党和国家工作大局中具有重要的地位与作用，是高校党的工作的重要组成部分。统战干部作为高校党委联系统一战线成员的直接桥梁和纽带，是党的统一战线方针政策的宣传者、贯彻者、执行者，统战干部的思想素质、能力水平如何，不仅关系到党的统一战线方针政策的贯彻落实，而且还关系到党在广大统一战线成员中的形象和声誉，关系到统一战线成员对共产党执政能力的认同。这就要求高校党委必须切实加强对统战工作的领导，切实提高做好统战工作的自觉意识和责任意识，将高校统战干部队伍的思想建设摆在党委工作的重要位置，把建设一支政治坚定、业务精通、作风过硬的统战干部队伍要求真正落到实处，推动高校统战工作。

（二）加强高校统战干部队伍思想建设是开创高校统战工作新局面的迫切需要

当前，我国发展的内外环境发生了深刻变化，经济形式更加多样、社会阶层更加多样、社会思想观念更加多样，这使得统战工作对象的特点也发生了重要变化，表现为利益诉求更加多元化、民主参与意识不断增强、人员流动持续加速等。这一点在高校表现得尤为突出，高校统一战线成员的思想多元活跃、创新意识强、洞察力敏锐，这给统战工作带来了新的机遇和挑战，工作格局也趋于复杂多样，面临的新情况新问题日益增多，统战工作的难度大大增加。面对新形势新情况，要激发高校广大统一战线成员的积极性、主动性和创造性，充分发挥他们在人才培养、科学研究、社会服务和文化传承创新等方面的积极贡献，就迫切需要一批思想素质高、业务能力强、学识修养好、创新意识强的统战干部来凝聚、引导和

服务广大统一战线成员,以此不断开创高校统战工作的新局面。

(三)加强高校统战干部队伍思想建设是做好高校统战工作的重要保证

新形势下,高校统战工作的任务日趋繁重,统一战线的范围和对象不断扩大、人数日益增加、人员层次快速提高,广大统一战线成员既是我国高等教育事业发展的重要依靠力量,又是高校统战工作的重要对象和工作力量。据统计,全市高校民主党派成员近1.4万人,占全市民主党派总人数的22%,远高出全国的平均数(15.3%);全市高校共有中国科学院院士、中国工程院院士91人,其中党外院士31人,占总人数的34.1%;高校中有一半左右的教师是党外知识分子。因此,要积极做好高校广大统一战线成员的工作,调动他们为国家和高校多做贡献的积极性,全面推进高校统战工作,就必须要有一支强有力的统战干部队伍来保证。因此,要不断加强统战干部队伍的思想素质、政策水平、理论知识、工作能力等自身建设,其中最为首要和关键的就是要加强统战干部队伍的思想建设。以思想建设为重点,着力提高统战干部队伍的综合素质和工作能力,为高校统战工作的开展提供坚实的人才保证。

二、上海高校统战干部队伍思想状况及分析

我们对本市32所全日制本科高校的统战干部(仅限学校统战部干部)进行了调研,全市高校现有统战部干部85人,其中:专职干部只有39人,占45.9%,兼职干部(指合署办公的统战干部)46人,占54.1%,专职干部人数偏少;男性33人,占38.8%,女性52人,占61.2%;研究生学历的68人,占80.0%,本科17人,占20.0%,统战干部的学历层次较以往有了较大的提高;副高级职称及以上的29人,占34.2%,高级职称比例偏低(这与一些高校实行机关干部不评定职称有关);45岁以下的56人,占65.8%,约占全

体统战干部的三分之二,56 岁以上的只有 8 人,占 9.5%,年龄结构比较合理(见表1)。

表1 上海 32 所全日制本科高校统战部干部情况

项目	人数		性别		职称				学历		年龄			
	专职	兼职	男	女	正高级	副高级	中级	其他	研究生	本科	35岁以下	36—45岁	46—55岁	56岁以上
人数(人)	39	46	33	52	8	21	45	11	68	17	28	28	21	8
占比(%)	45.9	54.1	38.8	61.2	9.4	24.8	52.9	12.9	80.0	20.0	32.9	32.9	24.7	9.5

(注:截至 2016 年 5 月 31 日)

从问卷调查、座谈交流和平时与统战干部的广泛接触而言,全市高校统战干部的综合素质是好的,精神面貌和工作状态是好的,用"思想好、政治强、业务精、作风硬"来概括是较为恰当的。

当然,我们也必须看到,高校统战工作的新形势新任务对高校统战干部队伍思想建设提出了新的更高的要求,与之相比,一些统战干部的思想素质、能力水平还不能完全适应统一战线事业发展的需要,存在着党对统战工作要求的提高与统战干部本领恐慌的矛盾,存在着统战工作日益繁重的任务与统战干部人数不足的不适应等,也的确存在着习近平总书记所批评的现象:"一些统战干部精神也不够振奋,自嘲'统战部门是自由自在,统战工作是自娱自乐,统战干部是自生自灭',觉得自己是二线部门、二线工作"。这些问题和不足虽然体现在一部分统战干部身上,但也应该引起我们的高度重视,这些思想认识得不到有效解决必然会影响到高校统战工作的开展和党的统一战线事业的发展。这些问题和不足主要表现在以下几个方面。

(一)思想认识不到位,轻视弱化统战工作

思想认识决定人们的工作态度、思路和方法。一些高校统战干部思想上并没有真正地从中国共产党领导的多党合作的政治制度,实施科教兴国、人才强国战略和国家长治久安的战略高度来认识高校统战工作的重要性和特殊意义,因而在平时的工作中存在轻视或弱化统战工作的现象。这种现象更多地反映在非独立设置统战部门的统战干部身上,他们往往把统战工作作为附带的工作去做。不重视统战工作的情况在高校院系层面就更为突出了,且不说院系一没有统战部门、二也没有专职统战干部,在一些院系党员干部的思想中,仍然存在着统战工作"中央、省市重要,学校层面次要,基层院系可要可不要"的想法,没有认识到"高校统战工作的基础在院系,重心在院系",缺乏"大统战"的意识,在院系党组织中兼任统战委员的很多干部都不知道要干些什么、怎么干,统战委员这个职务也就是挂挂名而已,因而院系统战工作的弱化现象相比学校层面则更为严重些。

(二)学习动力不足,理论素养不高

理论素养是思想政治素质的灵魂。高校统战干部大多有自己的学术专长和研究领域,相比而言,有些统战干部更加注重自己专业能力的学习和提高。统战工作是一门科学,需要花大量的时间和精力去学习领会统战理论、统战政策和统战思维,而且还需要学习掌握统战方法和统战技巧,学会与不同统战对象打交道的艺术。客观上,由于统战部门人手不足,统战干部忙于应付日常事务性工作,因而往往是"以干代学"、被动学习居多。但是,也不可否认我们的一些统战干部没有树立起政治理论学习的紧迫性和必要性,缺乏学习的自觉性和主动性,一方面,不够努力也不善于挤出时间去学习统战理论、知识和统战工作的方法艺术;另一方面,又缺少对统一战线新情况新问题的调查研究,不了解、不掌握统战对象的思想动态、所思所想。有的干部是被动式地学习,等着上级部门举办培训班,组织上安排什么就学什么。有的干部虽然也学习了,但往往是"蜻蜓点水"式,只了解一些皮毛,不善于带着问题去学习思考,即使学了,又不能很好地学以致用,举一反三。

(三) 工作动力不足,创新进取意识不强

有些统战干部认为,统战部门不是学校的核心部门,统战工作也不是学校的核心工作,做得如何在年度考核时关联度不大,获得优秀的机会也很少。统战工作的成效往往不是立竿见影的,它是一个花时间、花精力的长期过程,若干年后才有可能见到成效,常常是"前人栽树、后人乘凉",急功近利者往往感到自己的投入与产出不成比例,得不偿失。

在这样的思想指导下,面对新形势新要求,有些统战干部缺乏政治意识、责任意识、大局意识和敬业精神,思想观念比较保守,精神状态欠佳,缺乏工作动力,缺乏工作目标,缺乏进取意识,安于现状,得过且过,满足于现有的成绩,只求稳,不求新,抓机遇意识不强,存在等待观望的现象;自我加压不够,深入到基层、深入到广大统一战线成员中开展工作不够,自觉性也不高,应对和解决新情况新问题、突发问题、棘手问题的能力有待加强;工作中主动性不够,积极性不高,新方法新办法不多,常常用非专业的统战工作方法或仍习惯于按老办法、老经验应付日常工作,或习惯用行政干预的方式,缺乏包容性和亲和力,工作方式不够人性化、科学化,缺乏艺术性,这必然会影响统战工作的开展和成效。这些问题在兼职干部中更为明显,除了完成"规定动作"外,往往因身兼数职,受时间、精力等限制,"自选动作"很少做或基本不做。

(四) 工作机构不健全,干部人数少,队伍不稳定

以全市 32 所全日制本科院校为例,虽然全部设立了统战部门,但是独立设置统战部门的高校只有 10 所,专职统战干部严重不足,一般也就是"一个部长两三个兵",个别学校甚至是"一个部

长一个兵或者没有兵",专职统战干部人数最多的是复旦大学和同济大学,分别有6人和5人,最少的只有1人。其余高校统战部都为合署办公,有些高校因机构设置数有限,与组织部合署的不仅有统战部,还有党校、老干部工作办公室等一起办公,即使是独立设置统战部门的统战部部长,有的还兼任着机关党总支书记或退休干部工作(见表2)。

表2 上海32所全日制本科高校统战部门设置情况

项　目	独立设置	与组织部合署	与党办合署	与宣传部合署	合　计
数量(所)	10	15	5	2	32
比例(%)	31.3	46.9	15.6	6.2	100.0

(注:截至2016年5月31日)

全市85名高校统战部干部中专职干部只有39人,占45.9%。相比高校统战工作的繁重任务而言,专职从事统战工作的干部的人数显然是远远不够的。统战工作是做人的工作,统战干部与统战对象都有一个相互了解、熟悉、接受的过程,尤其是做党外代表人士的工作,需要有相当长时间的积累。但高校统战干部流动过快,尤其是统战部长调换过快,有的刚刚或还没有完全入门就被调离了,有的已经熟悉了工作也积累了一定人脉轮岗了,也有的干部长期从事统战工作却缺少培养和缺乏晋升机会,这些都是不利于工作开展的。据统计,从事统战工作超过6年的只有14人,其中没有一位是统战部长,38人为3年以下(见表3)。

表3 上海32所全日制本科高校统战干部从事统战工作年限

从事工作年限	3年以下	4—5年	6年以上	合　计
人　数	38人	33人	14人	85人

(注:截至2016年5月31日)

部门不独立，干部队伍不稳定，使得一些专兼职的统战干部在思想上看轻自己所在的部门、看轻自己所从事的工作，因而在工作上出现应付、对付的想法和现象。

以上这些问题的存在，究其原因，既有社会环境等客观因素的影响，也有个人主观方面的原因。从客观上讲，社会的快速发展，不断出现的新情况新问题新要求使人难以很快适应，统战干部普遍有压力感和本领恐慌并存的情况；缺乏对统战干部的系统、合理、全面、经常性的教育培训；在平常工作中，布置具体任务多，抓思想建设少；高校党委对统战干部的关心、重视、培养也不够。从主观上讲，一些统战干部的理想信念不够坚定，宗旨意识有所淡薄，没有强烈的使命感、责任感；讲究实惠、患得患失、缺乏政治的敏锐性和奉献精神；不注重自我修养和工作能力的提升，缺乏政治历练和生活磨练等。

三、加强高校统战干部队伍思想建设的一些思考

面对当前高校统战干部队伍思想建设中存在的问题，我们只有深刻认识新形势下高校统战工作的重要性，以思想领衔、思想建设为先，积极有效地抓好高校统战干部队伍的自身建设，不断开拓思路、创新方法、强化培训，帮助统战干部真正适应新形势新要求，按照中央要求切实做好高校统战工作。

（一）加强理论学习，提高思想认识，增强使命感责任感，始终保持政治定力

加强理论学习和道德修养，是不断增强党性、提高政治素质和思想认识的重要途径。统战工作政治性、政策性、理论性强，高校统战工作涉及领域广泛、工作对象众多，是统战工作的传统领域和重要阵地。因此，要做好高校统战工作，广大统战干部必须要有强烈的使命感、责任感和奉献精神，要有过硬的理论修养、坚定的理想信念、很高的政策水平，要真正认识到习近平总书记强调的"党

把统战工作这个重大任务交给大家,是对大家的信任,也是对大家的重托"。只有把思想认识问题解决了才会有做好工作的良好开端。为此,上级统战部门、市教卫工作党委和高校党委必须把理论学习作为统战干部队伍思想建设的根本任务抓紧抓好抓实,高校统战干部也必须高度重视自身的理论学习。

我们认为,当前高校统战干部的理论学习要在以下内容上下工夫:一是认真学习马克思列宁主义、毛泽东思想、邓小平理论、"三个代表"重要思想、科学发展观和习近平新时代中国特色社会主义思想;二是认真学习中国共产党统一战线的基本理论、方针政策,特别是要学习和掌握《中国共产党统一战线工作条例(试行)》基本内容和要求,熟练运用科学理论并把理论转化为实际的工作思路;三是认真学习中国共产党统一战线历史及其基本经验,继承中国共产党统一战线工作的优良传统和作风,自觉加强道德修养;四是学习与统战工作相关的经济、政治、文化、历史、哲学、法律、自然科学等各领域知识和新媒体知识与技能,拓宽知识面,夯实工作基础。通过理论学习,切切实实地提高高校统战干部的思想认识,增强宗旨意识和党性修养,保持坚定正确的政治方向和政治立场,善于从政治上观察和处理问题,严格遵守党的政治纪律和政治规矩,在坚持什么、提倡什么、防止什么、反对什么上始终保持定力,把好思想的"总开关"。

(二)加强教育培训,提升素质能力,努力成为高校统战工作的行家里手

高校统一战线成员人数多、层次高、影响大,其中"大家"多、"名家"多、"专家"多。统战工作说到底是做人的工作,核心是做思想政治工作。高校统一战线成员绝大多数工作在教学科研第一线,担负着教书育人的重要责任,把他们的思想建设搞好了,才能更好地引导广大学生,引领社会风气。统战干部同统一战线成员打交道最多,有一个谁影响谁的问题,没有坚强的党性、坚定的政

治立场、较高的理论素养是不能胜任的。同时,统战工作作为一门科学,没有很强的业务水平、工作能力和较高的技巧方法也是做不好的。加强教育培训工作是抓好统战干部队伍思想建设、补好短板的重要手段和方法。因此,上级统战部门和市教卫工作党委必须要高度重视和切实加强对高校统战干部的教育培训,在教育培训中应注重针对性、实效性。

开展教育培训前要了解统战干部的所思所想所求,遵循"缺什么补什么"的原则,有针对性地制订好培训计划、设置相应的培训课程和聘请有教学经验和实务能力的授课老师。完善教育培训的路径,做到四个结合:注重理论知识传授和工作方式方法介绍相结合;注重统战基础理论知识讲解和中央最新统战精神要求、方针政策的解读领会相结合;注重课堂传授和社会考察、现场(案例)教学、研讨座谈相结合;注重定期培训与日常专题辅导报告相结合。培训不仅仅是知识的学习和获得,也是工作方式方法的学习和获得。通过教育培训,使得统战干部进一步解放思想、更新观念,进一步树立统战意识、统战思维,增强做好统战工作的底气和本领,使自己成为善于做好高校统战工作的"行家里手"。

(三)健全工作机构,配强配齐工作力量,努力使统战干部成为党外人士之友、统战部门成为党外人士之家

一项重要的工作,如果没有相应的工作机构、缺乏稳定的工作队伍,是很难使人认定其为重要工作的,也必然会影响从事此项工作的人的积极性。中央号召全党做统战工作,并不意味着统战部门的任务变轻了,而恰恰说明统战部门的任务更重了,没有一个独立的机构又如何来承担日益繁重的任务?高校集聚着一大批统一战线各方面重要成员,但目前有相当多的高校没有单设统战部门,更不要说配强工作力量。健全工作机构、配强配齐工作力量,是做好高校统战工作的重要保障。

作为高等教育的主管部门和高校党委不仅要从"统战工作是

各级党委必须做好的分内事、必须种好的责任田"的高度来认识到健全机构、配强力量的重要性,更要把这种认识和要求真正地落到实处,贯彻在日常的工作中。从现实出发,短时内要求所有高校全部单设统战机构尚难完全做到,但无论单设还是与其他党委职能部门合署(尽可能与组织部门合署),配备好一支政治坚定、业务精通、作风过硬的相对稳定的统战干部队伍都是必须的也是可能的。同时,高校统战干部必须要有很强的统战意识,明确自己工作方面的短板是什么,以扎实的思路、举措尽快把短板补齐,认真学习和熟练掌握与统战对象特别是党外代表人士打交道、交朋友的本领和艺术,做到诚恳谦和、平等待人、廉洁奉公,对统战对象待之以诚、动之以情、晓之以理、助之以实,真正赢得统战对象的尊重和认同。

(四) 加强机制制度建设,创新工作方式方法,确保高校统战干部队伍思想建设贯彻落实

加强高校统战干部队伍思想建设,必须要紧跟统一战线形势发展和紧扣统战干部的思想实际,在工作的方式方法上进行创新。空洞的说教对什么人都不会有实际效果的,一刀切的方法也是难以解决问题的。因此,必须要分析统战干部的思想实际,依据其不同特点和需求开展有针对性的工作。一方面,思想建设要注重分类分层来开展,区分新、老统战干部的需要,区分统战部长和一般统战干部的需要,区分统战部门干部与院系(附属医院)统战干部的需要,区分不同类别高校统战干部的需要等;另一方面,思想建设要处理好三个结合:解决思想问题与解决统战干部的实际问题相结合;解决思想问题与关心培养爱护统战干部相结合;解决思想问题与端正统战干部的工作作风、提高工作能力水平相结合。在创新方式方法时,要研究统战干部接受方式的新变化,重视各种载体平台建设,完善网络培训手段,积极探索建立统战干部微信群、APP等移动载体学习终端,快速、及时增强思想建设的实效。

高校统战干部队伍思想建设是一项长期的任务,必须建立健全各项规章制度,形成长效机制,确保思想建设得以贯彻落实。一是要营造良好的开展统战工作的氛围。高校党委要把统战工作摆在重要位置,真正把统战工作纳入党委重要议事日程,纳入校、院(系)两级党政领导班子工作考核内容,纳入宣传工作计划,纳入高校党校教学内容,党委主要负责人要切实履行统一战线工作第一责任人的职责;高校各级党组织领导班子成员应当带头学习宣传和贯彻落实党的统一战线理论、方针、政策和法律法规,带头参加统一战线重要活动,带头广交深交党外朋友,真正落实好习近平总书记提出的"统战工作是全党的工作必须全党重视,大家共同来做"的要求,在学校中形成良好的统战工作氛围。在这样的氛围下工作,统战干部一定会心情舒畅,精神振奋,工作起来干劲足、出成果、见成效。二是要完善统战干部的选拔任用机制。任用合格、合适的统战干部是加强统战干部队伍思想建设的重要一环,尤其是统战部长的人选最为关键,不宜频繁调换统战部长。三是要建立统战干部思想动态分析机制。学校党委应加强与统战干部的谈心和交流,定期开展调查研究,深入了解和全面把握统战干部的思想动态,帮助他们解决各种实际问题。四是要建立统战干部集中培训和自学制度。一方面,要组织高校统战干部定期参加各级党校、干部学院或上级主管部门举办的教育培训,使其制度化、规范化,另一方面,高校统战部门要加强部门内部的集中学习和个人自学,使其常态化、长效化,在学习中尤其要结合高校统一战线的新情况新问题来学,在学习中提高把握问题、解决问题的能力。五是要健全完善统战干部的考评机制。把统战干部参加教育培训、自我学习等情况与年终考核、评先评优、晋级晋升等结合起来,激发出统战干部的工作热情和活力。

总之,思想是行动的先导,有什么样的思想高度,就有什么样的思想境界;有什么样的思想认识,就有什么样的精神动态。思想建设是干部队伍建设的重中之重,它可以起到引领的作用,高校统战干部队伍思想建设要与时俱进,贯穿在统战工作的全过程,永远在路上。

高校统战干部队伍思想建设研究

同济大学 岳继光 江 静 孙烨忱 郑晶晶

摘要： 基于新形势下高校统战工作的重要性、复杂性，加强统战干部思想建设、提升统战干部的工作能力尤为重要。本文结合同济大学统战干部队伍建设的实际情况，通过基层党委走访、部分高校调研、问卷数据分析等方法，梳理出统战干部队伍建设面临的主要问题，深入分析导致高校统战干部"本领恐慌"的深层次原因，探索提升高校统战干部队伍思想建设的有效路径。

关键词： 高校；统战干部；思想建设；路径；探索

高校统战干部思想建设是高校党的思想建设的重要内容和做好统战工作的关键。随着高校的发展和学科建设的需要，大批高层次归国留学人员被引进到高校，使高校党外知识分子的数量增长较快；多层次、国际化办学也使得高校学生的来源多元化，从而使高校统战干部队伍工作对象的学术层次、人员结构以及多样性变化较大。思想是行动的先导，有什么样的思想高度，就有什么样的思想境界，有什么样的思想认识，就有什么样的精神状态。基于新形势下高校统战工作的重要性、复杂性的现状，加强统战干部思想建设、提升统战干部的工作能力尤为重要。

一、高校统战工作的现状与面临的挑战

（一）新时期高校统战工作的现状

在2015年5月18～20日召开的中央统战工作会议上，习近平总书记发表讲话，并颁布了《中国共产党统一战线工作条例（试行）》（以下简称《条例》），提高了统战工作的地位，充分体现了中共中央对新时期统战工作的高度重视。高校统战工作也是党的统战工作总格局中不可缺少的组成部分，按照《条例》，各高校明确了统战工作的目标与任务：一是各高校党政领导已经明确分管统战工作，每年听取统战工作汇报，组织开展统战理论学习；二是建立健全了统战机构——统战部，增加了统战部门的人员编制和岗位职数；三是逐步加强了对党外人士的培养推荐工作，完善了民主党派和党外知识分子自身建设；四是构建了以新媒介为主导的多元化的共享平台，有利于宣传统战政策和相关理论，真正形成"大统战"的工作格局。

（二）高校统战干部队伍建设存在的共性问题

自2015年召开中央统战工作会议并颁布《条例》后，中央统战部和教育部随即又召开了第二次全国高校统战工作会议。自此，全国高校统战工作进入一个新的历史时期。与学校承载的"双一流"建设中的统战工作质量、高层次统战对象的数量以及未来社会需要的党外人才培养责任相比，高校统战干部队伍建设仍然存在着一些共性问题。诸如：日益增加的统战工作任务与统战干部人数不足的矛盾，日益提高的统战工作质量与统战干部本领恐慌的矛盾，统战干部队伍制度建设不够完善，统战干部理论学习、培训不足，统战干部开展统战工作方式方法缺乏创新问题等。

（三）同济大学统战干部队伍思想建设面临的挑战

高校是党外知识分子的重要聚集地，是国家重要的人才智库。

在全国高等教育领域"双一流"建设的新形势下,同济大学与许多高校一样,在提高"进校"门槛、提高待遇的基础上,进一步强化了对教职员工的考核指标。学校的党外知识分子,特别是有影响的学术带头人与学术骨干也承担着较大的压力。他们的教学科研任务重、要求高、时间紧、精力少;为国争光、为学校争荣誉的欲望强烈,急于展示自身学术价值。对统战系统组织的活动不积极、不热心,存在着"耽误时间、收获不大"的想法和顾虑。"双一流"建设形势下统战工作面临着新问题。这就要求高校统战干部必须适应统战对象的工作特点,做好自身的思想建设,改变工作作风,创新方式方法,提升统战工作素质。

二、高校统战干部队伍思想建设调研情况

(一)调研方法与抽样设计

本课题的调研对象为各高校统战工作者,调研方法主要采用问卷调研法和访谈法。为尽可能获取全面、可靠的信息,校内调研单位的选择以重点调查为主;校外调研单位的选择以抽样调查为主;同时通过网络调研等方式进行补充调研。通过校内外调研资料的对比、以及征求统战工作对象的意见和建议,全面掌握高校统战工作队伍建设的第一手信息。

2016年4—7月,课题组成员有针对性地走访了同济设计院、土木等25个院系和直属单位党委,对基层党委在引领统战成员思想、支持鼓励民主党派及无党派人士发挥参政议政和民主监督作用、发现和储备党外代表人士和建立党外后备干部队伍等方面作了深入调研,调研数目超过全校基层党组织的70%;校外的调研单位选择上以"卓越联盟单位"为范围,随机走访了南京大学、东南大学、天津大学和南开大学四所教育部直属高校的统战部,针对高校统战干部队伍建设等主题展开了交流学习。

(二）同济大学统战干部队伍思想建设调研情况

为做好同济大学统战干部队伍建设工作,课题组于2016年4~7月对从事统战工作的干部发放调查问卷51份,收回51份,有效问卷达100%;其中,男干部为27人,女干部为24人。问卷分为统战干部队伍人员的自然情况和工作情况两部分（详见附件1）,共20个小问题。抽样率超过了我校从事统战工作干部的60%,统计结果具有较大的代表性和可信性。

1. 统战干部队伍人员的自然情况

51份抽样中的年龄、学位、职级、岗位和从事统战工作时间统计结果如图1所示。

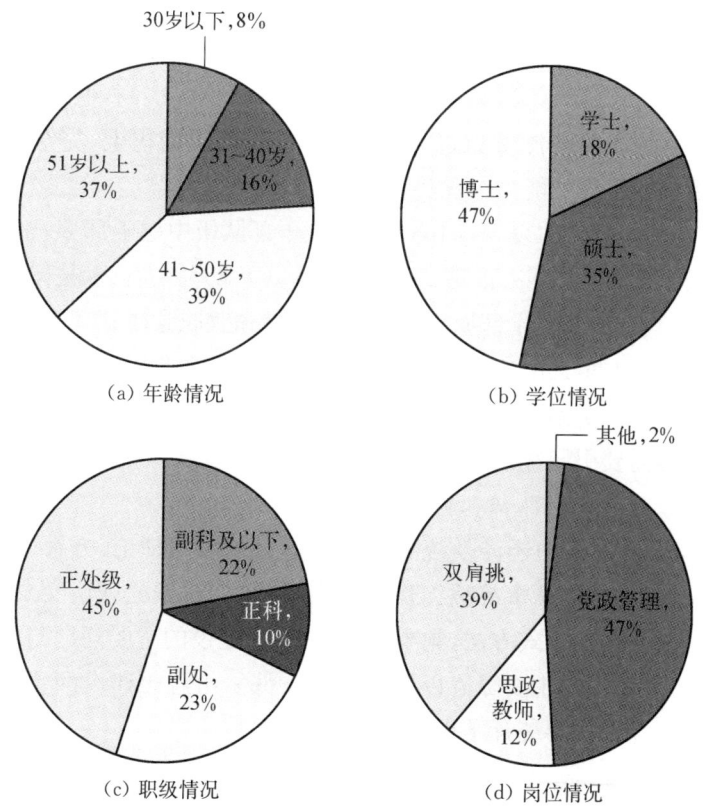

(a) 年龄情况　　　　　　(b) 学位情况

(c) 职级情况　　　　　　(d) 岗位情况

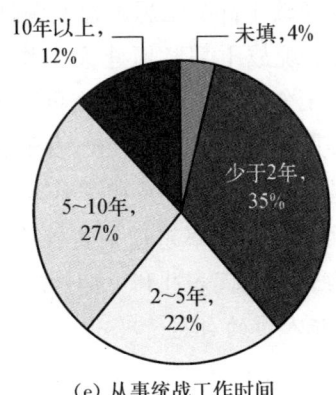

(e) 从事统战工作时间

图 1　同济大学部分统战干部抽样调查统计结果——人员情况

从图 1 统计结果可以看出,同济大学统战干部队伍的人员年龄结构合理,40 岁以上的干部达到 76%;学位层次高,取得博士、硕士学位人员的比例超过 80%;在年龄和知识结构上,完全具备从事统战工作的能力与优势。

同时,我们也发现,同济大学统战干部队伍中层干部多,正、副处级干部多达 68%,正科 10%,副科及以下 20% 左右;专技岗位人员少,其中大部分干部属于"双肩挑"人员和兼职党政管理人员,超过 80%;从事统战工作时间相对少,5 年以上的人员不到一半,只有 39%。一定程度上表明队伍存在"青黄不接"的现象,后备干部的培养需要引起重视。

2. 统战干部队伍人员的工作情况

51 份抽样中还涉及统战干部学习党的统战理论、方针、政策等文件的方式,从事统战工作的缘由,与统战对象的联谊交友,开展统战活动的方式方法,党委的作用,思想建设的主要问题与着力点,思想建设的主要障碍以及对统战干部队伍思想建设的建议等诸多问题。主要统计结果如图 2 所示。

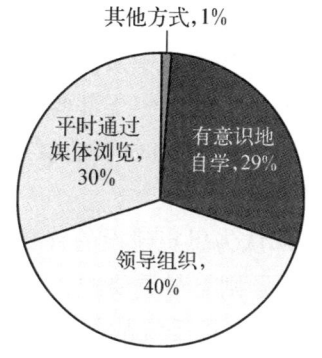
(a) 党的统战理论、方针、政策学习情况

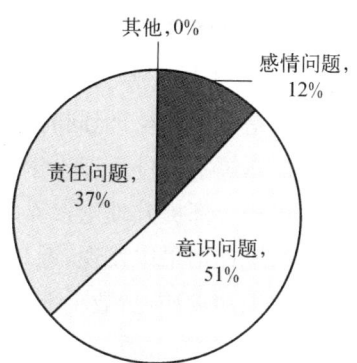
(b) 统战干部思想建设的首要问题

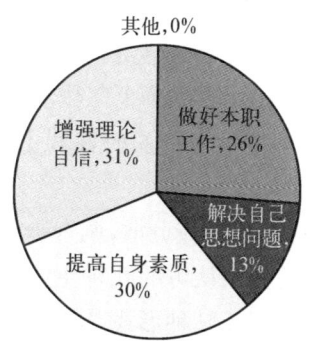
(c) 统战干部思想建设的着力点

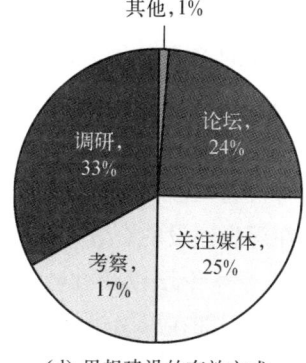
(d) 思想建设的有效方式

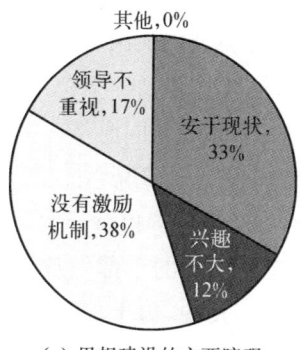
(e) 思想建设的主要障碍

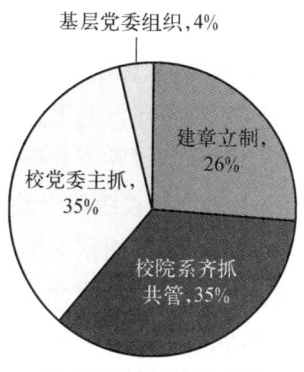
(f) 思想建设的组织实施

图2 同济大学部分统战干部抽样调查统计结果——工作情况

从图 2 统计结果可以看出,同济大学统战干部队伍的理论学习 40% 来自上级领导的组织与培训,这意味着集中组织学习和培训依然是重要途径;但同时也发现越来越多的青年干部倾向于通过新媒体等手段进行理论学习,日常自学和闲暇时间的网络学习成为年轻干部提升理论素养的路径之一。

从统计结果中发现,近 90% 的干部认为思想建设的首要问题在于意识和责任,少数干部认为感情问题则是最重要的。2016 年 2 月 1 日,市委常委、统战部部长沙海林在市委统战部机关 2015 年度工作总结表彰大会上提出,加强统战干部思想建设就要解决好思想感情问题、思想动机问题、思想观念问题和思想方法问题;思想建设的首要问题是感情问题,就是对民族的感情、对国家的感情、对党的感情、对统战事业的感情,是在什么立场上工作的问题。由此可见,我们大部分的统战干部在理论学习的及时性和主动性上仍有待进一步加强。

在思想建设的有效方式方面,抽样结果比较分散,调查研究、关注媒体、学术论坛以及社会考察依然是大家认可的几种主要形式,说明统战干部在思想建设的方式上不拘泥于某种形式,超过 60% 的调研对象认为提升自身素质和增强理论自信是思想建设的着力点,因此多样性、多途径、实践与理论相结合的方式是为大家所认可的。

调查认为,思想建设的主要障碍在于缺乏激励机制和安于现状,因此,在思想建设的组织实施方面,在校党委领导下建章立制,学校各部门和基层党委齐抓共管是统战干部的共同愿望。

(三) 其他高校统战干部队伍思想建设调研情况

课题组走访了南京大学、东南大学、天津大学和南开大学四所教育部直属高校的统战部,并对从事统战工作的干部发放调查问卷 10 份,收回 10 份,有效问卷达 100%。其中,男干部为 2 人,女干部为 8 人。问卷数量虽然很多,但基本覆盖各调研高校党委统战部的主要干部,统计结果具有一定的参考意义。

1. 其他高校统战干部队伍人员的自然情况

10 份重点抽样问卷调研的年龄、学位、职级、岗位统计结果和从事统战工作时间如图 3 所示。

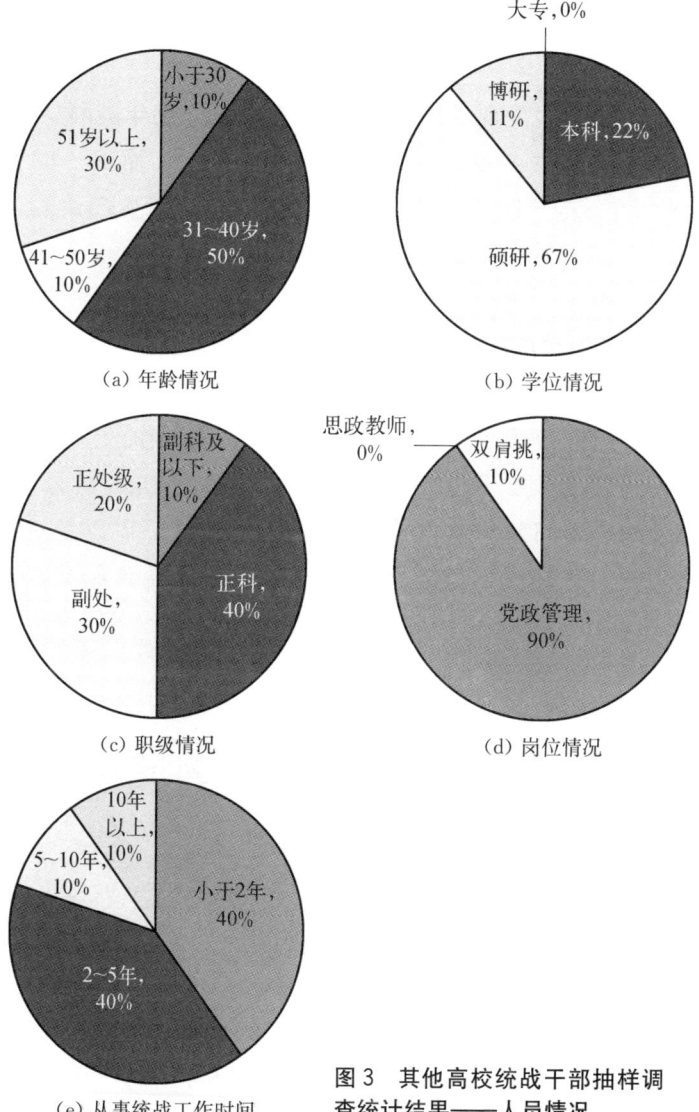

图 3　其他高校统战干部抽样调查统计结果——人员情况
（a）年龄情况　（b）学位情况　（c）职级情况　（d）岗位情况　（e）从事统战工作时间

从图 3 统计结果可以看出,其他高校的统战干部队伍学位层次高,取得博士、硕士学位人员的比例近 80%;职级梯队合理,正科 40%,副处 30%,正处 20%,呈金字塔形;此外,岗位设置较为合理,专职的党政管理人员占 90%,双肩挑的占 10%。

然而,我们也发现,统战干部队伍存在一定的年龄断层现象,如图 3 所示,31~40 岁占 50%,51 岁以上占 30%,而 41~50 岁只占 10%;在统战干队伍中,从事统战工作时间相对少,5 年以下的人员达 80%,这对需要一定相关经验的统战工作而言是一种挑战。

2. 其他高校统战干部队伍人员的工作情况

同样,10 份校外的调研问卷还涉及统战干部学习党的统战理论、方针、政策等文件的方式,从事统战工作的缘由,与统战对象的联谊交友,开展统战活动的方式方法,党委的作用,思想建设的主要问题与着力点,思想建设的主要障碍以及对统战干部队伍思想建设的建议等诸多问题。主要统计结果如图 4 所示。

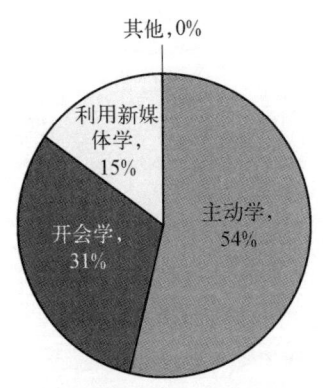

(a) 党的统战理论、方针、政策学习情况

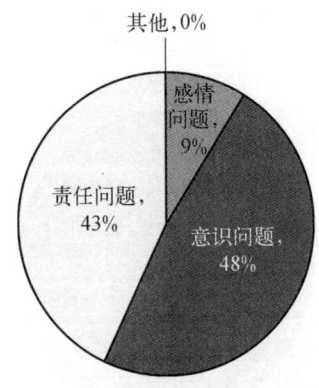

(b) 统战干部思想建设的首要问题

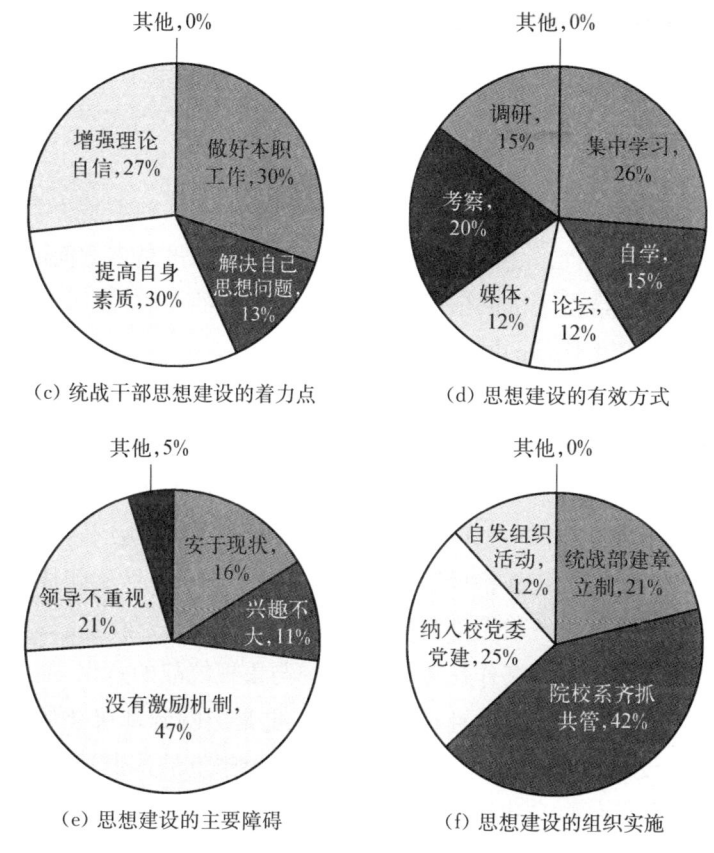

(c) 统战干部思想建设的着力点

(d) 思想建设的有效方式

(e) 思想建设的主要障碍

(f) 思想建设的组织实施

图 4 其他高校统战干部抽样调查统计结果——工作情况

从图 4 统计结果可以看出,主动学、开会学是统战干部进行统战理论、方针、政策学习的主要形式,但主动学的比例达 54%,统战干部学习的主动性和积极性是非常高的,因此,60% 的干部认为思想建设的着力点在于提升自身素质和做好本职工作。在思想建设首要问题的认识上,91% 的干部认为是责任和意识问题,鲜有干部认为是感情问题;在思想建设有效方式的认识上,抽样结果相对分散,集中学习、考察、调研和自学成为认可的主要形式。调研同样发现,思想建设的主要障碍在于缺乏激励机制和安于现状,因此,在思想建设的组织实施方面,在校党委领导下建章立制,学校各部门和基层党委齐抓共管是统战干部的共同愿望。

三、原因分析

从调研中可知,高校统战干部队伍建设存在问题不是个案,而是有一定的共性。之所以会出现种种问题,原因虽是多方面的,但主要可以从统战干部队伍思想意识、统战工作的性质、新形势变化等层面对产生症结的原因进行探究分析。

(一) 高校统战干部的全局意识有待加强

调研中发现,部分统战干部的全局意识不强,对统战工作的整体认识不到位,甚至部分干部出现"法宝"意识淡薄观念,比如仍有些统战干部存在"统战工作上层重要、中层次要、基层不要"的偏见,没有形成"大统战格局",导致基层统战工作重要性不能体现出来。也存在基层统战干部自身统战观念薄弱现象,在统战日常工作中只是单纯完成工作任务,缺乏研究与重视统战的意识,加之上级对基层统战工作重要性认识不到位,更是影响到基层统战干部队伍建设。因此,统战干部对统战工作在思想上的认识到位,对于统战干部队伍自身建设是有着指向性意义的,更是关系到统战工作能否顺利开展。

(二) 高校统战干部研究分析能力有待加强

2015年11月,国务院颁布了《关于印发统筹推进世界一流大学和一流学科建设总体方案的通知》(国发〔2015〕64号)。该文件指出"建设世界一流大学和一流学科,是党中央、国务院做出的重大战略决策",并把"建设一流师资队伍"和"加强和改进党对高校的领导"分别摆在建设任务和改革任务之首[①]。大批高层次归国

---

① 关于印发统筹推进世界一流大学和一流学科建设总体方案的通知(国发〔2015〕64号).国务院,2015-10-24.

留学人员被引进到高校，使高校党外知识分子的数量增长较快；多层次、国际化办学也使得高校学生的来源多元化，从而使高校统战干部队伍工作对象的学术层次、人员结构以及多样性变化较大。统战对象的学历层次也是越来越高，中高级知识分子增加，统战工作肩负的任务也是越来越重，这对统战干部有着更高的标准、更严格的要求。在新形势下统战干部对统战工作的新领域、新情况的把握不足，对新问题的分析、判断、研究能力不足，也就势必会成为当前统战工作顺利开展的障碍之一。

（三）高校统战干部的协同合作意识有待加强

统战工作的性质本身具有非常强的政治性与政策性，新阶段统战工作无论是在工作范围上还是内容上都面临比以往更多更新的复杂情况，工作难度大大增加。工作覆盖面广、涉及面宽，不是单靠统战部门一己之力就能做好所有工作的，需要与其他职能部门相互配合，形成合力，将统战工作做细、做深；也需要得到统战成员的理解和支持，这都成为统战工作部门与统战干部自身建设突破的关键难点。

四、建议与对策

高校统战工作的主要内容是做好党外知识分子的思想政治工作，这就对高校统战干部队伍的思想建设提出了更高要求。不仅要"严守党的政治纪律和政治规矩，树立责任意识和担当精神"，更要"努力做到政治上坚定、精神上振奋、业务上精通、作风上过硬"[1]。具体可以从以下几个方面入手：

（一）强化主动意识

高校统战干部在工作中要有主动意识，包括主动求索意识、主动工作意识、主动服务意识等。高校的统战干部必须站在时代的

---

[1] 2015年全国统战会议上中共中央政治局常委、全国政协主席俞正声的讲话。

高度去审视统战工作的重要性,增强工作的自觉性,克服"被动完成任务"的意识,加强工作的主动性与预见性,使高校的统战工作紧紧围绕学校的改革发展。要主动发动校内其他部门及全体师生的智慧和力量,得到全校各部门的支持和帮助,形成人人了解统战、支持统战、参与统战的大统战氛围,多层次、全方位推进统战工作。

同时,统战干部要积极主动改变工作方式,增强自身的服务意识和创新意识。在工作中要深入到统战成员中去,耐心听他们的意见,真心为他们着想,诚心为他们办事,用心为他们服务,把握统战风格,讲究统战艺术。统战干部要以身作则,按照"政治上坚定、作风上过硬、业务上精通、工作上勤奋"的要求严格规范自身行为,在日常工作中尊重统战对象的习惯、信仰,及时了解统战对象情况,掌握他们的思想动向,不仅关心他们的工作生活需要,更要关注他们的政治诉求和人生理想。此外,统战干部更要积极主动地拓宽工作载体、创新工作方法,以创新的思维解决不断出现的新问题、新矛盾,努力把自己培养成研究型、创新型、实干型的统战干部。

(二) 提升个人素养

习近平总书记指出:"要努力学习各方面知识,努力在实践中增加才干,加快知识更新,优化知识结构,拓宽眼界和视野,着力避免陷入少知而迷、不知而盲、无知而乱的困境,着力克服本领不足、本领恐慌、本领落后的问题。"① 在调研中我们发现,高校统战干部的学历普遍较高,硕士学历以上的占约 90%,学习能力、所学专业的研究能力是毋庸置疑的。然而高校统战工作的对象是党外知识分子,面对的是各个领域的专家学者,统战干部要与他们交朋友,加强他们的政治认同、理论认同和情感认同。而这首先需要与他

---

① 习近平总书记为第四批全国干部学习培训教材所做的序言。

们有共同语言,有共同语言才能交朋友,这就对高校统战工作干部的理论素养和文化素养提出了更高的要求。在主动学习统战知识理论和基本方针政策的同时,也要主动学习史学、政治学、法学、社会学、心理学等方面的知识,提升个人自身素质修养,并将这些知识融入统战政策理论与工作方法中,拓宽工作切入点,做好党外知识分子的思想政治工作。

(三) 建立长效机制

我们认为,思想建设的主要障碍在于缺乏激励机制和安于现状,在思想建设的组织实施方面,建议在校党委领导下建章立制,学校各部门和基层党委齐抓共管。首先,要健全长效的学习培训机制,使统战干部思想理论建设落实到实处。统战干部的任务不只是喊口号、讲道理那么简单,如果没有对统战理论政策的研究的基础、没有运用把握统战政策的能力,就不可能做好工作。因此要健全长效的学习培训机制,把统战理论的集中学习与日常自我学习结合起来,提高他们的政治和业务素质。其次,要建立完善的考核评价体系,将思想建设情况、统战工作开展情况纳入干部考评体系,激发干部的学习统战理论、加强思想建设的积极性和主动性,从而为推进统战工作营造良好的政治环境和学习氛围。

习近平总书记指出:"现在,我们党所处的历史方位、所面临的内外形势、所肩负的使命任务发生了重大变化。越是变化大,越是要把统一战线发展好、把统战工作开展好。"[①]时任中共中央政治局常委俞正声在第二次全国高校统战工作会议上强调"高校党外知识分子集中,是统战工作的战略要地。做好新形势下的高校统战工作,不仅对于推进高校改革发展、巩固壮大统一战线,而且对于如期全面建成小康社会、维护社会和谐稳定、巩固党的执政地位,都具有重要意义"。

---

① 习近平在中央统战工作会议上的讲话,2015-5-18.

当前，我国高等教育正在发生着重大变革，"双一流"建设需要凝聚高校统战各界人士共同奋斗，需要调动一切积极因素，这是历史赋予了我国高校统战干部队伍新的使命。做好调查，认清问题，适应形势，正确施策，才能真正地做好提升高校统战干部队伍思想建设、作风建设和制度建设工作。

高校统战干部素质能力建设路径探索

上海交通大学医学院　许恺恺

摘要： 高校是党外知识分子集中的领域，更是统战工作的战略要地。高校统战干部是开展高校统战工作的基础，是能否做好统战工作的根基。建设高素质的高校统战干部队伍，切实提高高校统战干部素质能力建设，是做好新时期高校统战工作的重要保证。本文结合高校统战干部特点，深入分析当前高校统战干部素质能力建设存在的问题，尝试提出以理论学习夯实思想意识，以"大统战"视角引导大局观念，以统战文化涵养工作艺术，以工作实践带动业务创新，以规范制度助力队伍建设，从高校统战工作实际出发，进一步加强高校统战干部素质能力建设，不断夯实高校统一战线工作基础。

关键词： 高校；统战干部；素质能力；建设

党的十八大以来，以习近平同志为核心的党中央把统一战线作为治国理政的重要方面，这对加强统战干部素质能力建设提出了新的、更高的要求。当前，高校统战工作面临着许多新情况新问题，高校统战对象不断扩大，工作范围不断拓展，工作的重点是政治上表现积极、学术上造诣较深、社会上有一定影响力的党外代表人士。因此,打造一支政治上坚定、精神上振奋、业务上精通、作风上过硬的高校统战干部队伍,提升统战干部素质能力,是高校统战工作任务完成的前提保障,更是适应新时期统战新形势的客观要求。

一、高校统战干部素质能力建设存在的问题

(一)对高校统战工作的定位问题

1. 外部环境对高校统战工作的定位

从高校实际情况来看,近年来的高校改革和建设,更多地向学科建设和专业人才培养等中心工作倾斜,没有从实施科教兴国、人才强国战略和国家长治久安的高度来看待统战工作,忽视了统战工作对学科建设的平台作用和人才培养的引导作用。而高校在统战工作中机构设置和人员配备的不足、经费支持的不到位、相关培训滞后甚至缺失、工作地位边缘化等因素也间接决定了高校统战工作在整个高校工作中处于非主流的"二线"地位,使得高校统战干部素质能力建设缺乏外在推力。

2. 高校统战干部的自我定位

(1)认知决定定位。在全面建成小康社会决胜阶段,在改革攻坚关键时期,在开创统战工作新局面的重要"窗口期",要实现统战工作的新突破,关键还是靠人,靠统战干部队伍。从统战干部个人来看,正确的工作定位首先要解决好思想感情问题,感情的产生来自于认识和了解。就上海高校统战工作实际来看,统战干部的频繁流动,一方面会产生统战工作人人都能做的认知错觉;另一方面,统战干部对统战事业的感情不深厚,直接影响到统战干部对自身工作的定位偏差。

(2)定位决定态度。习近平总书记着眼统一战线新的形势任务,把统战部的定位拓展为参谋机构、组织协调机构、执行机构和

督促检查机构,把统战部的职能归纳为"了解情况,掌握政策,安排人事、调整关系,增进共识,加强团结"。新的定位、新的职能,要求统战部门要有新的担当,统战干部要承担其新的责任。然而,"二线"定位使得高校统战干部工作积极性欠缺、学习要求松懈、使命意识薄弱。坊间流传"六自真言":统战部是自由自在、统战工作是自娱自乐、统战干部是自生自灭,也从侧面反映了统战干部在潜意识里认为统战部门是二线部门、统战工作是二线工作这一自我定位,使得高校统战干部素质能力建设缺乏内在动力。

(二)高校统战干部自身素质能力与统战工作要求的匹配问题

当前,高校统一战线呈现思想文化多元化、利益多元化、诉求多元化等趋势,高校统战对象不断扩大,工作范围不断拓展,高校统战干部自身素质能力与统战工作的新任务、新要求存在的差距还十分明显。

1. 统战工作的难度进一步加大

统战工作的性质本身既具有非常强的政治性与政策性,又具有人情味浓、艺术性高的特点。新阶段高校统战工作无论是在工作的广度还是深度上,都面临更多新的复杂情况。高校统战干部在面对政治上表现积极、学术上造诣较深、社会上有一定影响力的党外人士时,在工作的方式方法上急需修炼艺术。同时,新时期统战工作已不再是单靠统战部门一己之力所能做好的工作,需要与其他相关部门相互配合,形成合力,这也对统战干部素质能力提出了更高的要求。

2. 统战干部对新形势下的统战工作把握不足

在我国社会经济结构不断发生变化的同时,高校统战工作也面临新变化、新情况、新问题。但是高校统战干部在应对这些新变化、新情况、新问题的过程中,由于人员紧张、工作定位偏差等原因,存在着对精神领会浮于表面,知其然而不知其所以然,横不到边、纵不到底,在统战工作中只是单纯完成工作任务的情况。因此,高校统战干部在对统战工作的把握上急需锤炼底气。

3. 统战干部对统战工作创新意识不够

习近平总书记指出:"我们党所处的历史方位、所面临的内外形势、所肩负的使命任务发生了重大变化。越是变化大,越是要把统一战线发展好、把统战工作开展好。"统战工作在不同的历史时期有着不同的任务、要求和使命。在协调推进"四个全面"战略布局的新形势下,充分发挥统一战线的法宝作用,必须自觉转变和不断创新理念,使统一战线工作更好地适应时代要求。目前,很多高校统战干部,特别是二级学院、附属医院统战干部对统战工作创新意识的培养认识不足,不能发挥出工作的主动性与积极性,对统战工作重要性没有理解到位,只是满足于上级任务的完成,很难实现工作的创新。因此,高校统战干部在创新统战格局,激发实践活力中急需磨炼意识。

二、高校统战干部素质能力建设路径探索

从《中国共产党统一战线工作条例(试行)》的颁布到《关于加强和改进新形势下高校思想政治工作的意见》的下发,高校统战工作迎来了新的起点和新的挑战。习近平总书记在中央统战工作会议上指出:"党把统战工作这个重大任务交给大家,是对大家的信任,也是对大家的重托。"这既是对统战干部的高度认可,也是对统战干部的极大鞭策。高校统战工作要把握机遇、应对挑战,积极引导统战干部自觉"调焦对表",以更高标准、更严要求、更实作风,加强素质能力建设。

(一) 以理论学习夯实思想意识

习近平总书记在中央统战工作会议上指出,统战工作是一门科学,没有很强的业务水平和工作能力是做不好的。统战干部要深入学习党的统一战线理论和方针政策,努力成为行家里手。在新的历史纬度下,国际政治经济格局面临深刻调整,国内"四个全

面"战略加速推进,统一战线面对的形势任务发生巨大变化。要开创统战事业新局面,推动统战事业可持续发展,高校统战干部必须与时俱进,清醒认识统一战线所处的历史方位,适应形势任务的变化,不断用理论武装自己。高校统战干部的理论学习首先要解决的是一个思想观念问题。统战工作有一个谁影响谁、谁统谁的问题,统战干部在思想观念上,必须树立明确的是非观念,必须明确大是大非问题。其次是要解决思想方法问题。高校统战干部要一切从实际出发来研究和解决问题,理论联系实际,在实践中检验真理和发展真理。再次是要解决思想动机问题。从事统战工作的统战干部要正确自我定位,让统战工作的重要意思入脑入心,转化为内在的工作动力。只有这样才能在对待工作时恪尽职守,面对困难时迎难而上,遇到关键时刻和重大考验时敢于担当。学而知之,知而后行,通过扎实的理论学习不断夯实高校统战干部政治思想意识,牢固树立理想信念,不断推进高校统战工作更上一个新台阶。

(二)以"大统战"视角引导大局观念

习近平总书记指出,统战工作是全党的工作,必须全党重视,大家共同来做。各级党委要把统战工作摆在重要位置,各级党政领导干部要带头学习宣传和贯彻落实统一战线政策法规,带头参加统一战线重要活动,带头广交深交党外朋友。要坚持党委统一领导、统战部牵头协调、有关方面各负其责的大统战工作格局,形成工作合力。根据《中共中央统战部、中共教育部党组关于加强新形势下高校统一战线工作的意见》,高校成立了统一战线工作领导小组,初步形成了集中统一领导、各部处协调配合的工作格局。以上海交通大学医学院为例,由于医学院统战工作本身的架构既包含二级学院又包含附属医院,因此在统战工作重心下移的工作思路指导下,尝试在各附属医院成立统一战线工作领导小组。通过"大统战"格局的建立,一方面为附属医院统战工作营造氛围,另一方面也从外部推动身兼数职的统战干部牢固树立政治意识、大局意识、核心意识、看齐意识,能站在更高、更大的视野认识和从事统战事业。同时,"大统战"视角也为高校统战工作提供了新的思路,高校统战工作要引导广大统战干部从全局角度对焦中心工作,努力使统战工作紧密服务大局,提升高校统战工作的新定位。

(三) 以统战文化涵养工作艺术

党的十八大报告指出:"文化是民族的血脉,是人民的精神家园。全面建成小康社会,实现中华民族伟大复兴,必须推动社会主义文化大发展大繁荣,兴起社会主义文化建设新高潮,提高国家文化软实力,发挥文化引领风尚、教育人民、服务社会、推动发展的作用。"统战文化是以团结、合作、和谐、和平思想为核心,以求同存异、体谅包容为特点,以党际合作文化、民族团结文化、宗教和顺文化、新的社会阶层信义文化、海内外同胞同根文化为主要内容的特殊文化形态。高校统战文化积淀于统一战线发展的历史长河中,以润物细无声的形态影响着一代又一代的统战干部和统战对象。因此,高校统战干部要不断提高自身历史文化涵养,在精神上让责任意识、担当意识、奉献意识植根于心,在工作中让统战历史文化真正成为切入点,寓工作于文化之中,利用文化资源开展文化活动,把严肃的思想政治引导与生动的理论教育、丰富的文化活动有机结合起来,使统战工作对象在快乐轻松的氛围中,思想得到启迪,情感得到融合,精神得到升华,达到政治性、思想性和艺术性的有机统一,收到事半功倍的效果。高校统战干部必须努力做到理论成熟、知古鉴今、广采博取、精通业务,在工作实践中加快知识更新,优化知识结构,广泛结合管理学、社会学、心理学、法学以及统战成员相关学科背景等知识,才能与统战成员"搭得上话""知得了情""交得了心"。以交大医学院为例,交大医学院以各民主党派基层委员会换届为契机,引导统战干部积极参与到各民主党派组织发展历程的梳理与整理工作中,在学习历史的同时,既激发了自豪感和使命感又建立了与民主党派成员的良好互动关系。统战历史文化的涵养为高校统战干部培养协调内外、兼顾方圆的能力,提高刚柔并济的工作艺术提供了新的思路。

(四)以工作实践带动业务创新

习近平总书记指出,抓创新就是抓发展,谋创新就是谋未来。不创新就要落后,创新慢了也要落后。随着改革开放不断深入和社会主义市场经济的迅速发展,高校统战工作的内部和外部环境发生了很大变化,出现了许多前所未有的新情况、新问题,而创新思维与创新工作机制必将成为新时期统战工作的重要切入点与着力点。这就要求高校统战干部必须站在时代的战略高度,重新认识统战工作的重要性,解放思想,实事求是,与时俱进,用新的思想观念指导工作,从日常工作开始就将创新与实践工作相结合。在创新工作思维中,高校统战干部要加强政治理论、政策和时事的学习,深刻领会它们的内涵和外延,思想上更新观念,打破传统思维定式,以思想观念创新为先导,最大限度地将统战工作实际聚焦到学校和区域社会经济的发展上来,才能为统战工作实践创新提供保证,为推动统战工作的开拓创新奠定坚实的基础。在创新工作方式方法中,要进一步激发统战工作的研究思路和工作方法,针对统战工作的薄弱环节,协同二级学院、附属医院进行深入调研与探索,实施创新工作方式方法;要善于借鉴兄弟高校的先进经验和成功做法,结合自身实际,在工作实践中消化吸收;要用创新标准调整工作方法,充分利用新媒体覆盖面广和传播快捷的优势,以交流互动为起点,建立不同层次、不同条块的网络沟通平台,将新媒体作为统战工作新阵地。

(五)以规范制度助力队伍建设

制度具有长期性和稳定性的特点,高校统战干部素质能力建设离不开行之有效的机制保障,以确保工作有抓手、有依据,不断体现科学性和规范性。2015 年 5 月 18 日,《中国共产党统一战线工作条例(试行)》(以下简称《条例》)正式颁布施行。这是中国共产党成立以来第一部统一战线法规,是中国共产党对统战工作重视与规范化的重要标志,对于统战工作机制的规范化建设更是具有指导性里程碑意义,其规范的指导会使统战干部工作有规可循、有据可抓、有法可用,推进统一战线的科学性与规范性发展更为科学性与规范性。如交大医学院根据《条例》精神,制定《上海交通大学医学院关于贯彻落实〈中国共产党统一战线工作条例(试行)〉的意见》,以制度形式切实加强交大医学院统战干部队伍建设。同时,高校统战干部作为高校党务干部,其培养应纳入学校整体干部培养范畴。多渠道、多途径、多样式,分领域、分层次、分目标地提升高校统战干部素质能力,助力统战干部队伍整体建设。最后,要采取多样化、灵活性的高校统战干部考核激励机制,将考核内容与统战工作实际相结合,将激励作为考核的最终目标,自上而下、由外而内地激发高校统战干部的工作热情,提升整体工作能力,真正把统战工作落到实处。

参考文献

[1] 沙海林.统战干部要注重思想建设[N].团结报,2016-02-04(2).
[2] 李袁.当前统战干部队伍自身建设存在的问题与对策研究[J].广东省社会主义学院学报,2015(3).
[3] 樊笃涛.提升高校统战干部能力的几点思考[J].陕西社会主义学院学报,2010(3).

"互联网＋"时代高校统战工作的创新研究

上海第二工业大学　蒋文蓉

一、本研究的意义

2014年2月27日,中共中央总书记习近平在中央网络安全和信息化领导小组第一次会议上指出:"建设网络强国,要把人才资源汇聚起来,建设一支政治强、业务精、作风好的强大队伍。"团结、凝聚这一逐渐壮大的新社会群体,从中发现和培养代表人士,进行政治引领、增强共识,成为统一战线的重大使命。

在多年调研和论证的基础上,2014年底,中央统战部与中央网信办联合下发了《关于开展新媒体从业人员统战工作的意见》。这个文件的下发,对统一战线做好"互联网＋"提供了良好的顶层设计和具体政策支持。

在"互联网＋"时代背景下,高校作为培养人才的基地,应站在时代的前列。因此,高校统战工作要适应形势发展,及时准确地了解和掌握社会、校园动态和统战成员的思想变化,迅速处理各种敏感问题和突发事件,必须适应社会信息化的大趋势,积极研究和充分运用"互联网＋"技术创新开展统战工作,实现统战工作方式由传统到现代的转变。综上所述,本课题的研究具有现实和重要的意义。

二、本研究的价值

（一）理论价值

（1）运用"互联网＋"技术和手段，提高统战工作效率和工作水平。

（2）运用"互联网＋"技术和手段，增进统战人员交流和统一思想。

（3）运用"互联网＋"技术和手段，凝聚高校统战人员及发扬民主。

（4）运用"互联网＋"技术和手段，有效预防和处理突发校园事件。

（二）应用价值

（1）提供政治参与新平台。

（2）增强统战工作影响力。

（3）提高统战工作的效率。

（4）提升参政议政的质量。

三、本研究的主要思路方法

（一）视角

在"互联网＋"时代，统一战线的表述、构成、工作对象和范围将发生深刻的变化，以互联网、移动通信、云计算、大数据等为代表的媒体和技术给新时期统战工作带来了前所未有的冲击和挑战。高校统战部门如何迎接挑战，抓住机遇，发挥互联网优势，积极探索网络统战工作新模式、新方法，增强工作成效，更好地发挥争取人心，凝聚力量的优势和作用，为巩固和壮大新时期统一战线服务，是本课题研究的视角。

（二）方法

调查分析法、参照对比法和实践探索法

（三）途径

通过问卷调查、召开专题座谈会、组织有关民主人士研讨等多种形式，广泛收集了解各方面对运用互联网开展统战工作的意见和建议。

（四）目的

以网络信息技术为手段，以统一战线为实体，创新统战工作方式，实现"互联网＋"手段与统战工作的有机融合。充分利用互联网覆盖面广和传播快捷的优势，适应新时期大统战工作格局的要求，不断拓展统战工作覆盖范围，做到互联网技术和手段能延伸到的地方，就是统战工作应该覆盖到的地方，达到统战工作渠道畅通、亲和力强的目的。

四、高校统战工作中应用互联网技术的现状与问题

高等院校历来是统战工作的主要阵地，是统战对象较为集中的场所，高校统战工作在全国统战工作中占有十分重要的地位。为了了解高校统战工作中应用网络等新兴媒体的现状及存在的问题，笔者与课题组成员对本校民主党派成员、无党派人士等进行了深度访谈，并发放了网络调查问卷（https：//sojump.com/jq/9155727.aspx），收到有效问卷50份，通过分析得出以下几点结论。

（一）互联网技术在统战工作中的应用不尽如人意

目前各高校大都在校园网上开设了统战工作网站，以我校为例，在大学校园网首页—机构设置—党委系统—统战部，可进入"上海第二工业大学党委统战部"网站（见图1）。该网站由学校党委统战部主办，内容包括部门介绍、统战信息、民主党派、群众团体、参政议政、人物风采和学习园地等七大栏目，首页上还有"统战工作动态"新闻列表。网站内容较丰富，更新及时，反映了该校统战工作的方方面面。但由于校园网层级太多，信息不够扁平化，不容易引起统战系统以外的人员的注意；加上部分栏目内容不够多，

官方色彩较浓,缺少可以互动交流的平台等,因而影响力有限。对学校民主党派和无党派人士的问卷调查表明,经常关注统战部网站更新的只占5%,有时关注的占25%,很少关注的占36%,而几乎没有关注的占34%,这种情况在高校中可能是一个较为普遍的现象。调研还发现有60%的受访者从来没有访问过统战网站。

图1 "上海第二工业大学党委统战部"网站首页

问卷调查还表明,在高校统战工作中,最常用的联系方式是打电话,其次是发送短信与飞信,再次是微信群,但是利用微信群进行统战工作的极少。在座谈中,有近60%的受访者认为统战工作沟通方式比较单一,近40%的受访者认为及时性较差;有20%的受访者认为信息报送渠道不通畅。

(二)统战干部和民主党派负责人对互联网等技术存在疑虑

学校统战部领导对如何利用互联网技术开展统战工作高度重视、积极支持,专门拨出经费指定课题进行研究,但对于具体操作与实施则持审慎态度。各民主党派负责人对利用互联网等新媒体技术开展工作也持既支持又观望的态度,希望有人能带头尝试,摸索出成功经验。他们担心的理由主要是不好管理、怕出问题。

(三) 利用互联网技术对统战工作进行正面网络传播的少

问卷调查表明,随着互联网技术的普及,大多数人已经认可了网络即时通讯工具微信、QQ 等,但很少有人了解统战方面的微信公众号,加入统战工作方面的微信群数量也最少。目前各党派或统战部门的微信公众号的知名度和知晓度太低,不过调查还发现有 40% 的人认为如果有统战部门的公众号会加入,从而也展示了利用互联网进行统战工作信息传播的前景。

五、运用互联网开展高校统战工作的几点建议

(一) 提高对互联网技术的认识和掌控能力,建设一支理论和技术兼修的统战工作队伍

在互联网技术飞速发展的时代,统战工作者必须认识到,网络与信息技术带来的社会转变是前所未有的,时代要求我们不断深化统战工作内涵,探索统战工作的新渠道、新方法。高校是人才荟萃之地,统战工作更应充分发挥互联网的作用,让新兴媒体成为传播主流信息、宣传统战理论、收集社情民意、加强自身建设的有力工具和坚强阵地;应该积极了解、学习和掌握网络等互联网新兴媒体技术,并将其作为新的统战工具和手段,针对新环境、新问题开展高校统战工作;充分利用互联网技术具有的开放与互动功能,及时了解统战对象的思想动态,抓住机遇,占据主动。统战部门最好培养或配备一名熟练掌握互联网技术的年轻同志,以利于这项工作的开展,真正实现高校统战工作的新突破。

(二) 完善与丰富学校统战工作平台

目前我校已开设了统战工作网站,但各党派基层组织尚未建立自己的公开网站。建议由统战部门牵头,动员学校各民主党派基层组织也建立自己的公开网站,并且通过友情链接的方式互相连接起来,形成一个较大规模的网络统战阵地。这样做的好处是有利于信

息的公开与交流,有利于增强统一战线的凝聚力,有利于宣传我国的多党合作政治制度和党的统战工作方针与政策、宣传各民主党派的工作与成绩,提高社会对各民主党派的认知度,消除大众的陌生感与神秘感,用主流信息占领网络舆论阵地与制高点。

(三) 充分利用各种互联网工具的特点,丰富交流沟通渠道,减少统战工作层级

社会的迅速发展,尤其是网络技术的突破,要求信息及权力在组织内部实现立体传递和共享,这就要求组织的内部结构形态逐渐从金字塔形向网络化转型。因此,我们要充分利用互联网覆盖广、互动性强的特点,直接向广大统一战线成员进行正面宣传,直接听取他们的意见和建议,而不是所有的事情都要经过传统的组织形式,一级一级地向下传达或向上反馈,以减少信息多级传递过程中最容易发生的失真、滞后、流失等现象,提高统战工作的效率。

目前高校统战工作中使用最多的联系方式还是传统的打电话和发电子邮件,收集意见和讨论问题的方式主要靠开会。打电话便于实时交流与沟通,但只能一对一地进行,如果需要联系的人员过多时,则劳神费力、耗时低效,而且不利于信息的保存与文件资料的传送;电子邮件可用来发送会议通知、文件、资料等,但沟通不够实时,信息回馈较慢,而且容易被接收者遗漏和忽略;开会太多一直是困扰着高校教职员工的问题,尤其是那些身兼多职、本职工作繁忙的党外代表人士,频频开会对他们来说是一个沉重的负担;加上目前党外人士有在职和退休(在家),我校还有多个校区(金海路、成教普陀等),统一战线成员工作与办公场所非常分散,交通很不方便,这对会议召集者与参加者来说都是一个非常头疼的事情。若统战部门可以通过建立微信群与各民主党派、人民团体负责人建立密切的沟通联系,各民主党派负责人也可以与各自组织的成员建立微信群,以方便沟通交流与信息共享。还可以利用微信群召开一些在线会议,就一些问题开展实时的和非实时的交流与讨

论,以减少每次都要召开面对面的正式会议的麻烦。

（四）充分利用互联网的特点,收集社情民意,提高民主决策水平

高校党委与统战部门领导要善于利用互联网,增加信息来源的渠道,丰富信息形式与内容,提高信息传递的效率,达到信息结构的横向联系和纵向联系的有机结合,实现决策者所掌握的信息结构动态网状化,从而尽可能详细准确地占有信息,改善决策者的"理性"局限,提高决策的民主化水平。目前,九三学社上海第二工业大学支社已开通了社情民意上报网络通道,及时向社委市上报社情民意信息。

对信息的反馈,也促进了统战人员发送信息的积极性,了解敏感信息,才能使舆论引导工作有针对性。通过这类信息,快速、简洁、及时地了解情况,以便领导及时掌握舆论动向,分析和预测未来的趋势,做好预警工作。

（五）搭建各级统战网络传播平台,建立不同主题,让统战人员找到自身有兴趣的位置

随着互联网技术的发展,网络传播信息铺天盖地、良莠不齐。网络传播信息具有很大的隐蔽性,传播者处于一个极端隐蔽的地位,仅靠个人手段是无法在整个庞大的网络世界中找到恶意传播源的,这就无疑很高程度上刺激了人们在网上恶意传播虚假信息的欲望。从这一点上面来看,现在整个网络为虚假信息所充斥也就无足为奇了。这也就使网络传播的效果大打折扣,而且更为严重的是,现在网络上面充斥着许多色情、暴力的东西,在很高程度上恶化了网络传播在人们心目中的形象。

据调研,统战人员相互交流的渠道较少,了解的信息不多,而自身参与的更少。利用统战平台,搭建不同主题的平台,加强有共同兴趣的同志之间的交流。像九三学社就有文教委员会交流群、九三上海读书会、九三招标课题讨论群、九三科普团等交流平台,针对不同主题,加强了不同单位人员之间的沟通。

六、统战部门在利用互联网时要注意的问题

（一）网络上信息题目要精炼、简洁、突出重点

新兴媒体首先是"短平快"的，微博只有少于140个字，网站上的新闻和论坛里的帖子数量惊人，受众经常只看标题。所以一定要以精炼、简洁、突出重点取胜。微信信息不要超过三屏，俗称"三屏文化"，一般微信信息如果超过三屏，阅读的人就会丧失阅读的兴趣，不再访问。

（二）在互联网的传播信息中运用多媒体技术

目前，互联网传播信息的渠道很多，有网站、微博、微信等，多媒体信息即包含图片、音频或视频的信息，图片与视频比文字更吸引眼球和广为传播，报道应该调动人的感官，将文字、图片与视频更好地结合在一起。

（三）采用多种媒体工具，提高信息的覆盖率与效果

不要过于依赖一种媒体工具，要多管齐下，才能提高覆盖率与效果。推荐应用手机短信、飞信、微信等配合电话发送会议、活动通知，或发送较短的统战信息；用电子邮件、微信、QQ传递文件、资料、表格等；用微信、QQ、BBS讨论事情、召开在线会议和进行内部的沟通交流；用网站、博客、微博、QQ空间、微信展示团队风采与公开信息等。

（四）加强对互联网信息的管理，杜绝不良信息，做好安全保密工作

统战工作是一项政策性很强的工作，应用网络等互联网技术时，一定要了解它的各种性能，区分哪些工具与功能是私密的，哪些是对外公开的，做好必要的保密工作。

（五）建立网络传播日常管理制度，对互联网信息及时更新

统战工作的内容要引发统战人士的关注，就需要信息内容新，而且准确。建立良好的网络传播日常管理制度，有助于网站、微博和微信公众号的内容及时更新，增加访问量和访问频率，从而提升信息的有效性和传播性。

高校统战工作的新情况新问题及对策研究

同济大学　岳继光　江　静　孙烨忱　郑晶晶　吴　玮

摘要： 自中央统战工作和第二次全国高校统战工作会议后,高校统战工作迎来了新挑战,推进建立大统战工作格局、充分发挥大统战工作格局的合力成为新难题。在开展高校统战工作过程中如何兼顾系统性与灵活性,提升活动有效性,创新方式方法是当前的重要课题之一。

关键词： 高校统战；工作体系；系统性；灵活性

习近平总书记在 2015 年 5 月召开的中央统战工作会议上指出："现在我们党所处的历史方位、所面临的内外形势、所肩负的使命任务发生了重大变化。越是变化大,越是要把统一战线发展好、把统战工作开展好。"高校统战工作必须适应新形势要求,必须破解难题,必须创新思路,改进方式方法。

一、高校统战工作待解决的主要问题及其原因

在《中共中央统战部、中共教育部党组关于加强新形势下高校统一战线工作的意见》(以下简称《意见》)中,明确指出了高校统战

工作的范围与对象"是党外知识分子,包括各民主党派成员、无党派人士、出国和归国留学人员、少数民族师生、港澳同胞、台湾同胞和华侨、归侨及侨眷等;重点是有成就、有影响的党外人士"。近年来,随着大批高层次归国留学人员和党外知识分子充实师资队伍,高校统战成员大量增加,新形势下的高校统战工作范围更大、难度更高。

(一)高校统战工作的主要问题

学校党委、统战部、相关部门以及各所属基层党组织是高校开展统战工作的主要力量,高校统战工作的问题也要从上述部门中查找。

1. 统战工作主体部门运用统战思维开展工作主动性有待加强

《意见》明确了高校党委要承担统战工作的主体责任,党委书记是第一责任人。虽然大多数高校党委能够站在党和国家高等教育事业发展的角度做统战工作,但主动性和法宝意识有待加强,仍存在着"上级催一催,我就动一动"的现象。

2. 统战工作协作部门的协同意识有待加强

高校统战工作分散在组织部、统战部、学(研)工部、保卫部(处)、宣传部、港澳台办等多个部门,由不同的校党委领导或行政领导分管;一些高校仍未成立统战工作领导小组;还有一些高校虽然成立了领导小组,但很少开展活动,未能建立及时通报、遇事协商的机制,或多或少地存在着"统一战线不统一"现象。

3. 统战工作执行部门的枢纽作用有待进一步发挥

统战部在联系各职能部门和基层党组织做好统战工作方面的桥梁作用不强,宣传报道力度不够。各部门和各基层单位党组织的统战活动需要激发,"统战工作大家做"需要表扬,统战部"单打独斗""自娱、自乐"现象需要避免。从卓越联盟大学(由北京理工大学、重庆大学、大连理工大学、东南大学、哈尔滨工业大学、华南理工大学、天津大学、西北工业大学和同济大学等九所985大学组成,简称E9)统战部网站宣传报道可以看出:9所高校统战部的宣传报道共计620篇(见表1),其中统战活动86篇、基层统战工作报道0篇(表2),反映出统战部基层意识不强、活动不多。

表1　2016年1月至2017年8月卓越联盟大学统战部网站宣传报道稿件

单位:篇

学校编号	E1	E2	E3	E4	E5	E6	E7	E8	E9	合计
2016年	35	6	29	6	48	57	55	73	26	335
2017年	20	6	4	22	32	43	28	72	59	285
总　计	55	12	33	28	80	100	83	145	85	620

表2　卓越联盟大学统战部网站统战活动稿件

单位:篇

学校编号	E1	E2	E3	E4	E5	E6	E7	E8	E9	合计
座谈会	3	3	1	1	4	2	3	4	2	23
纪念活动	0	1	2	0	1	4	1	1	1	11
培　训	1	0	0	0	3	1	3	1	0	10
论　坛	0	0	2	0	3	4	1	6	0	16
实践考察	2	0	1	1	2	2	2	4	2	16
调　研	0	1	0	0	1	2	0	0	0	4
文体活动	0	0	2	1	2	1	0	0	0	6
基层统战	0	0	0	0	0	0	0	0	0	0
总　计	6	5	8	3	16	16	8	18	6	86

4. 统战基层部门与党外知识分子的粘合度有待加强

目前高校基层党委对做好广大党外知识分子工作的重要性和基础性认识不足,统战意识薄弱。大多数基层党组织对如何发挥"统一战线的法宝作用"理解不深、深入细致地做好党外知识分子工作意识不强、办法不多。

(二) 原因剖析

1. 感情和意识不到位

高校统战工作是一项政治性、专业性和基础性很强的工作,时间长、见效慢,需要慢慢的、渐进的、和风细雨式的思想交流;统战工作对"双一流"建设直接作用不明显;学校党委特别是基层党委领导对统战工作感情不深。感情上不去,责任和意识就会打折扣。

2. 精力不足

学校党委承担了太多的干部组织、意识形态、学生思政、信息安全、校园保卫、工、青、妇等主体责任以及人才培养、学科建设、人才队伍建设、国际交流与合作等日常众多事务,千条线,一根针,很多工作都要学校党委承担主体责任、书记承担第一责任人的责任。这么多的任务与责任制约了学校党委对统战工作的思考和梳理,精力不足的因素凸显。

3. 研究能力不强

对"双一流"建设形势下开展统战工作的规律研究不够,对学校统战工作的新领域、新情况、新问题的分析、判断、研究深度不够。还不能从党的事业、学校建设和发展以及立德树人的高度领会中央统战工作会议和习近平总书记重要讲话精神。

4. 外部压力不足

虽然党中央对整个高校统战工作要求高,但对某个具体高校统战工作并无"指标类"的硬性要求。也就是说某个高校统战工作可多做、也可少做,可细做、也可粗做,可实做、也可虚做。

5. 资源不足

统战系统从国家和地方获取的政治资源和学术资源较少。不像学科建设与教学建设那样,高校之间、学科之间、学者之间具有竞争性和挑战性,一旦拥有便意味着获取相当多的资源。

这些因素在一定程度上影响了新形势下高校统战工作的有效

开展。要解决上述问题,则需要按照中央要求,整合统战部、相关部门以及各基层党组织等统战工作力量,构建高校大统战工作格局。

二、高校大统战工作体系化建设

《意见》颁布后,各高校相继成立了党委统战工作领导小组。由党委书记担任组长,组织、统战、学工、保卫、人事、宣传、教学、科研负责人和部分基层党委书记参加,举全校之力构建了统战工作管理体系(见图1)。初步形成了党委书记亲自抓,分管领导直接抓,组织、宣传、统战和基层党组织共同抓,相关部门配合抓的大统战工作格局。

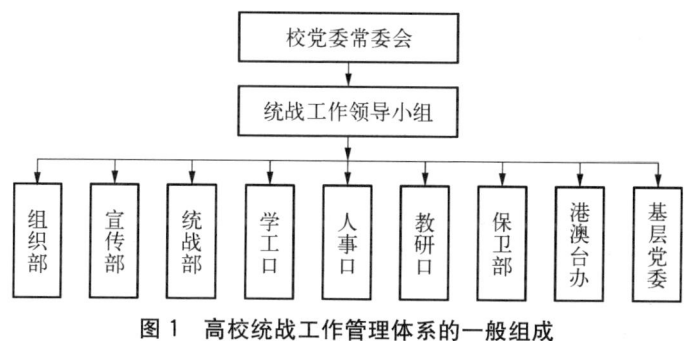

图1 高校统战工作管理体系的一般组成

（一）党委会的领导作用和主体责任

在图1所示的高校统战工作管理体系中,学校党委的领导作用和主体地位体现在三个方面:

1. 顶层设计,强化指导

高校党委必须承担起统领统战工作的责任,注重立规矩、定制度。特别是以文件和制度的形式明确并保障高校统战工作"为什么做""做什么""谁来做"和"如何做"的问题。

2. 融入校情,融入日常

按照《意见》将统战工作"纳入校党委重要议事日程,纳入党政领导班子工作考核内容,纳入宣传工作计划,纳入学校党校教学内容"。

3. 摆进自身,不做局外人

党委班子成员是高校统战工作的"司令部",要部署和统领统战工作的各项任务。"带头学习宣传和贯彻落实统一战线政策法规,带头参加学校统一战线重要活动,带头广交深交党外朋友"。

(二) 统战部的枢纽作用

统战部是高校统战工作管理体系中的枢纽,在体系中要起到上情下达、下情上递、贯彻决议决定、协调校内校外关系、服务与管理的主动型枢纽作用(其枢纽关系见图2)。

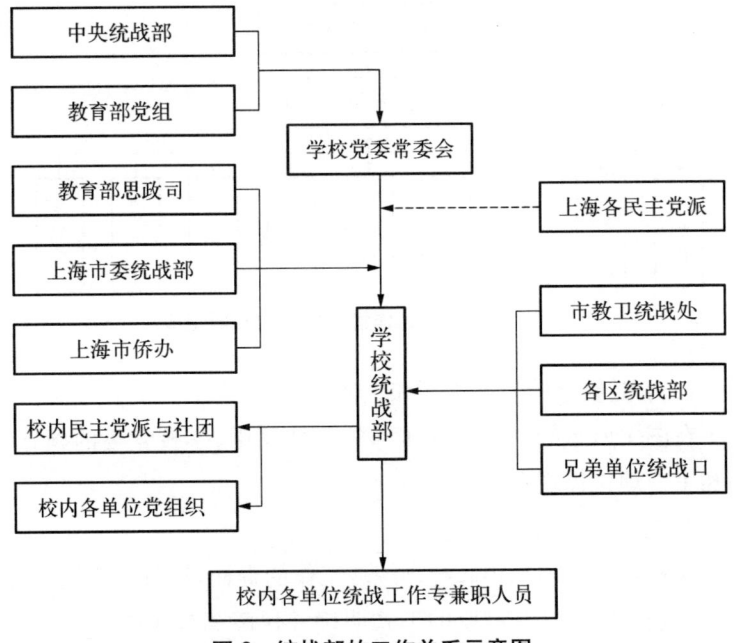

图2 统战部的工作关系示意图

1. 贯彻决议,推进执行

一是主动贯彻落实学校党委关于统战工作的决议和决定的

顺利实施；主动了解情况、掌握政策、协调关系、安排人事。为党委制定政策和决策提供保障。二是主动筹划体系内各部门、各单位统战工作的具体性事务。主动开展调查研究及时了解掌握学校统战成员的思想动态和工作信息，主动协助宣传部、学工口、保卫部、外办、港澳台办、国际文化交流学院开展党的民族、宗教政策的宣传、教育活动，做好少数民族学生工作，"抵制宗教进校园"。主动利用新媒体宣传、报道学校统战工作信息。三是主动做好学校统战成员的服务与管理工作。代表党委联系校内各民主党派及统战团体，协助他们做好思想建设、组织建设、制度建设等自身建设工作以及党外干部的选拔、使用、推荐等工作。

2. 协商联络，统筹服务

代表学校党委积极做好校外统战部门与单位的联系、协商工作。积极参加上级相关部门组织的会议、学习班、培训班及考察等各项活动。主动与上级各民主党派及统战团体的联系、协商；协助做好各民主党派组织的换届、人员推荐和其他统战事务等协商工作。

三、高校统战活动主要类型与对策

（一）高校统战活动的主要类型

《意见》颁布后，高校统战工作的体系化建设初见成效。随着统战工作的逐步推进，越来越多的高校也意识到：再好的体系、再重要的文件也需要执行；开展有效的统战活动才是高校统战工作的着力点。从 E9 高校统战部网站报道情况（见表 3）可以看出，目前高校统战活动主要有：党外人士座谈会、重要节日纪念会、培训、论坛、实践考察、校外（科技或扶贫）调研以及文体活动等，其类型比例如图 3 所示；图 4 是同济大学统战活动类型比例。

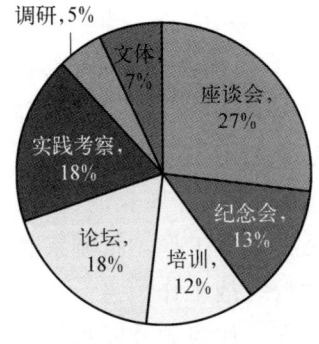
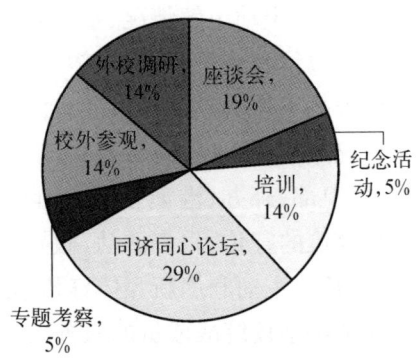

图 3　E9 统战部网站报道的统战活动类型比例图

图 4　同济大学统战部网站报道的统战活动类型比例图

从图 3 可以看出：党外人士座谈会是 E9 的主要统战"规定动作"，每个高校都有报道且占 27%。校外调研和文体活动是"自选动作"，次数最少，均不到 10%。与此相比，同济大学在专题论坛和校外调研方面做得较多，座谈会和专题实践考察活动做得较少。这些活动的开展，大致反映了目前高校的统战工作状况。

(二) 高校统战活动对策

高校统战活动要体现如下"系统性"与"灵活性"相结合的特点：

1. "定期式"与"随机式"相结合

与党外人士沟通交流是高校党委组织的重要统战活动。高校党委每年都要召开党外人士座谈会和"双月座谈会"。此外，遇到重要节日、重要活动或慰问，还会随机地听取党外人士意见与建议。这种"定期式"与"随机式"相结合的方法，是学校党委领导联系党外人士、听取意见的主要方式。

类似的活动还包括统战部举办的各类论坛、研讨会。大连理工大学、哈尔滨工业大学、华南理工大学、同济大学、上海交通大学等高校统战部都开辟了"同舟"或"同心"论坛，以"论坛"方式，定期或不定期地开展专题培训和统战理论学习及研讨,收到了良好的效果。

2."集约式"与"分散式"相结合

集中举办活动的优点是可以充分利用多渠道专家智力等资源,以提高工作效益和效率的一种统战活动方式,是"集约化"的最好体现;特别适合于统战培训、座谈、论坛以及文体活动等。此外,统战干部还可以利用一切机会下基层,随时随地地联系党外知识分子,广交朋友,谈心谈话,掌握情况,以作为在"集约化"活动中来不及表达或不便在集体场合下表达意见的补充。这种"随机化""碎片化"的活动可能更受党外知识分子和代表人士以及党内基层干部的欢迎。

以同济大学为例:学校统战部于2016年6月至2017年6月下基层做一刻钟"微采访",了解各民主党派负责人和党外代表人士自身情况和统战干部对统战工作的想法。一年来以"断断续续"方式共采访52位各类人士,其比例见图5。

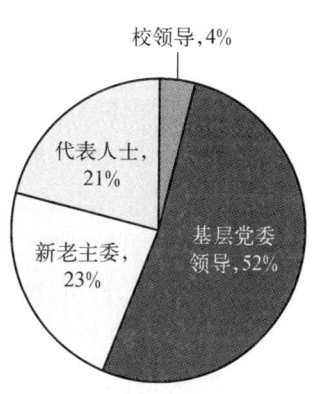

图5 同济大学统战部"微采访"人员类型比例图

其中学校党委领导2人,基层单位党组织领导27人,新老主委12人,代表人士11人。年龄最大的是90岁的民盟中央名誉副主席江景波教授,年龄最小的是31岁的知联会秘书长杜艾副教授。在同济大学网站开辟专栏,宣传报道了10位基层党组织领导的统战工作事迹,激发他们做好统战基础性工作的积极性。同时采用"微视频"方式,为32名被采访者拍摄了2分钟短片。这种随时随地的"分散式"和"碎片化"活动几乎不占用统战成员和统战干部的大块时间,深受好评。

3. "封闭式"与"开放式"相结合

"开放式"做统战工作是破解高校统战"自娱自乐"状况的关键。"开放式"的关键是能"开门"就开门,即使统战系统内部需要"封闭式"工作,也要做到对同行开门。教育部思政司近年来每年都举办的"统战部长培训班",除了教育部所属高校统战部长参加外,还采取了每个省市邀请一所高校的统战部长参加,大家共同聆听专家讲座,共同讨论工作。卓越联盟9所大学每年也召开内部联系会议,每次都邀请东道主所在城市的若干所联盟外的高校参加,互通信息,相互借鉴工作。上海市统战工作重点联系高校也建立了"联席会议"机制,15所高校的统战部长在市教卫工作党委统战处主持下,经常碰头,交流经验。

学校各民主党派的自身建设也需要在相对"封闭"情况下适度"开放"。比较恰当的方式是由学校统战部牵头,联合校内其他民主党派、统战团体举办活动,交流经验。卓越联盟中的天津大学、哈尔滨工业大学、北京理工大学、同济大学、西北工业大学以及上海市统战工作重点联系高校中的复旦大学、上海交通大学等统战部都十分注重开放式的统战活动,组织各民主党派和统战团体走出校门,到重庆、贵州、延安及河南红旗渠等红色经典地方考察、参观、科技下乡。在外出考察活动中,统战部与各民主党派、统战团体之间加深了了解、增进了感情、建立了友情。

四、结束语

高校党委和统战部要承认"双一流建设"形势下统战工作不好做这个客观实际问题,充分认识到学校统战工作"系统化"建设的重要性以及"碎片化"活动的有效性。抓住高校统战工作"如何做"这个切入点,开动脑筋,开阔思路,带头求变,率先实践,把对统战成员的思想建设与政治引领寓于"体系化与碎片化"的活动之中。

参考文献

［1］ 习近平在中央统战工作会议上的讲话.2015,5.
［2］ 中共中央统战部中共教育部党组关于加强新形势下高校统一战线工作的意见.

新时期高校统战干部能力建设的应变

上海对外经贸大学　郭　茜　朱　飞

摘要： 新时期统战工作的内容和要求都发生了显著变化，与此相对应的是统战干部的能力建设成为新形势下统战工作目标达成的前提和基础。高校是统战工作推向深入的战略要地，有其自身鲜明的特色，统战干部能力提升在当前显得尤为迫切。为此，需要精准切入高校统战工作效果不彰"地带"的病灶之所在并结合新标准和新要求，以与统战工作要求相匹配的视角重构统战干部能力建设的路径，特别是立足于大统战格局，细分统战干部和统战工作的特点、厘清统战工作的职责体系，提出高校统战干部能力建设系统性的思路和可实践性的举措。

关键词： 统战干部；高等学校；能力建设

高校是统战工作的战略要地，高校统战干部肩负的任务艰巨、使命光荣、责任重大。随着2015年5月中央统战工作会议的召开以及《中国共产党统一战线工作条例（试行）》的颁布，尤其是2016年12月召开的全国高校思想政治工作会议以及中发31号文件对党务干部队伍专职化建设、高校党委常委或不设常委的党委委员担任统战部长等内容都作出了明确规定，高校统战工作要求被提升到了新高度。然而,日益丰富的统战工作内涵和愈加严格的统战工作要求,与统战干部队伍能力、素质形成的差距逐渐突显,迫切需要弥合两者之间的距离。本调研报告重点针对不同层面统战干部,从不同维度进行分析两者的适配性。

一、高校统战干部能力建设应变的必要性分析

(一)新形势和新背景下高校统战干部的使命与担当

高校是党外知识分子相对集中的地方,在新的历史条件下,统战工作的内容不仅包括传统的工作内容,内涵还在不断深化、外延也在不断拓展,生成了许多新的工作领域、工作内容。同时,随着网络和新媒体已然成为重要的统战工作空间,依托网络和新媒体做好统战工作必将成为当前和今后一段时间内的新常态。在此需要深入思考并回应的问题是:在社会转型和发展转轨叠加时期,高校统战工作相较于历史上以往时点,统战事业共同愿景和战略目标的聚合力是否会留下更深的时代烙印?在利益多元化更加明显的今天,高校党外知识分子作为社会中思想最活跃的群体之一,统战干部的能力和素质如何转化为工作举措以有效凝合统战成员的力量?为此,当前需要首先着力破解的问题是不能固守传统工作领域和工作范围,而是需要应时而变,积极拓展工作载体,创新和丰富工作举措,防止和避免工作真空地带和工作浅表化,形成统战工作新的特色、新的话语体系和标志性工作成果,以体现统战干部应有的使命与担当。

(二)党务干部队伍专职化建设中统战干部的定位与应对

全国高校思政工作会议对加强高校党务干部队伍建设提出了明确而具体的要求,随后出台的中发 31 号文件对这一问题也作了制度化规定。加强党务干部队伍专职化建设,旨在以专业化水平和职业化精神的标准把党务工作作为一门科学来研究和实践,要求党务干部以专业化的素养和技能,专心、专注、专业于从事党务

工作并作为职业理想和事业追求，解决好不断提升党务干部队伍整体素质和动力机制等所存在的突出问题。统战工作理应也要如此，迫切需要一支能够适应时代发展变化、有较高思想政治素质和过硬业务本领的专职化统战干部队伍来做提升统战工作的成效。高校统战工作因其自身特点的政治性、思想性、专业性和艺术性要求就比较高，这也是统战干部队伍专职化的重要体现。

(三) 教育综合改革深化进程中统战干部的目标与要求

在国家积极推进高校"双一流"建设和不断深化教育综合改革的关键时期，高校中的统战成员具有专业水平精深、职称高、思想活跃等特点，他们身居非常重要的地位，能影响和带动身边群众，有的甚至能产生"粉丝效应"，潜移默化地在师生群体中产生持久的影响力，是高校事业发展必须依靠的中坚力量，如若注重加强正面引导，则能够形成强有力的正能量和联动效应；如若不能适时地化解他们的思想顾虑和矛盾，则有可能会形成负面影响，甚至产生严重的破坏性后果。所以统战工作要最大限度地发挥他们的正面功能，将其负面效应降到最低以推动学校事业不断向前发展。

二、高校统战干部能力提升的内外约束之现实考证

(一) 内在约束

1. 工作视野不够开阔

高校统战干部是统战政策的宣传者、统战工作的具体实践者，素质高低不仅关系到统战工作的成效，还会对人心向背这个"最大的政治"产生影响。为此不能为做统战工作而做统战工作，要充分结合统战工作开展的深刻时代背景，有针对性地推动工作。统战干部的工作视野一定要宽、格局一定要大、站位一定要高，要从比较高的层次理解统战工作的使命和意义，从战略高度谋划和推进统战工作，才能取得更好的工作成效。但在实践中，统战干部的着眼点常常过于细小，常常缺少开创性的思维，这恰恰是很多统战干

部视野不够开阔的表现,实际上也是统战干部的工作底气不足的反应。

2. 认知能力不够全面

统战工作具有系统性和科学性,高校统战工作的开展,不能脱离服务中心工作的总基调。高校党外知识分子工作,工作对象思想活跃,对社会有独立的认知,有的甚至还是学术领域的权威,在与他们进行思想、工作交流过程中,需要形成话语体系的有效对接,才更容易被他们所接受。是否善于把握高校统战工作的规律性,并在重大原则性问题、大是大非面前,旗帜鲜明地亮剑、牢牢把握话语权和主导权,是检验统战干部对统战工作认知的重要标准。

3. 工作成效不够明显

实践证明,做好统战工作不仅需要以共同的事业发展目标去引领,需要以组织的力量去凝聚和团结更多的统战成员,还需要依靠统战干部的工作能力和人格魅力所形成的感染力。但在实际工作中,往往由于认知的不足以及囿于自身工作能力等原因,无法达成预期的工作效果。踏实、真诚,是统战工作中最高的艺术,如果心浮气躁,华而不实,拈轻怕重,不深入基层,不深入服务对象,不关注联系对象的实际需求,统战成员就不会响应。统战工作在秉持底线的同时,要充分突出其艺术柔性,把工作干好,身体力行,严格遵守党纪国法,严格遵守规章制度,成为自觉维护党员干部形象的表率,才能具有成效。

(二) 外在约束

1. 人岗匹配程度不高的约束

高校中统战干部的配置,尤其是单独设置统战部门的统战干部配置,实事求是地说,有一部分只是为干部轮岗交流而做的一种简单的人事安排,并非完全从人岗匹配度去做的干部人事安排,这种现象并不鲜见。统战工作的成效既有背后组织的因素,亦有个人的因素。针对统战成员开展工作,既依循明晰的工作要求,也需要统战干部的工作艺术和工作技巧,这应该也是统战干部配置时需要予以考量的重要因素。

2. 统战工作目标提升的约束

中央统战工作会议以后,统战部基本职能从原来的"十六字"拓展为"二十四字",体现了对统战部以及统战干部履职尽责的新要求。近年来统战工作的内容不断拓展延伸,既包括党外代表人士的培育和重点关注对象的有效引导,也包括要充分地发挥更大范围统战成员的作用;同时,统战成员诉求日渐多元,参政建言意识很强。因此,在统战工作传统模式基础上,需要进一步丰富统战工作的方式方法,开创新格局,构筑网络搭平台,增强统战工作的向心力,达成统战工作的目标。

3. 统战干部定位更新的约束

高校党委常委或者不设常委的委员担任统战部部长将直接参与党委决策,统战部部长与高校党委形成直通车机制,更有利于高校党委直接了解统战工作,及时研究解决统战工作的重大问题。而与此同时,也要求统战部部长具有大统战格局的思维并能有效形成工作的协同机制,通过意见直通车更能形成有利于统战成员成长与发展的制度和举措,通过党委决策机制的推动更加凸显统战力量的地位和作用,进一步强化统战成员的存在感与获得感。

三、统战事业发展视阈下统战干部能力提升的分析

(一)统战体系多层次框架下统战干部能力建设的聚焦点

1. 系统化统战干部结构

不同层面的统战干部具有不同的职责和使命,统战干部应当具有相匹配的工作素质和能力。高校统战干部能力的提升首先要解决人、岗、能相匹配的问题,这是保证统战工作能够有序开展的前提。高校党委对统战工作负有主体责任,既有统战工作领导小

组,也有专职统战干部,还有兼职统战干部;有职能部门统战干部,还有院系统战干部。各自具有不同的职责和功能定位,具体工作的覆盖面和接触面也各有差异,因而能力和岗位要相适应,否则无法符合具体统战工作推进落实的要求。见图1。

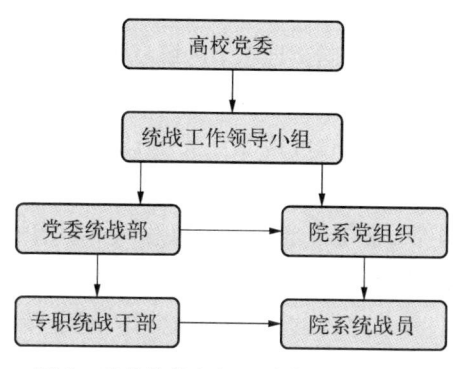

图1 高校统战组织和统战干部结构图

2. 层次化统战工作目标

破解统战干部人岗错位的问题,思路之一就是要细分统战工作的目标和内容,将其分解为不同的工作要求和举措,比如说需要有专门的统战干部对接中央及其以下各级党委对于统战工作的方针、政策和要求,形成体系性的工作指引,吃透把握好工作要领,形成契合高校党委的总体工作安排,其中,职能部门专职统战干部对统战工作的通盘考虑和把握尤为重要。作为基层的统战工作者,不能就基层看基层、就统战做统战,也要站在全党全国全局的角度,结合高等教育的特点和发展趋势,立足于高校自身情况,客观分析,全面认识,把握重点,准确定位,密切关注和准确研判国际、国内形势,努力提高做好统战工作的能力和科学化水平。

3. 科学化统战工作举措

要使统战工作始终围绕中心服务大局,在诸多领域中更好地发挥作用,使统一战线智力密集、资源丰沛、协调关系等优势得以更加充分发挥,其中的一个前提就是要有一支遵循统战工作规律、坚持科学工作理念的统战干部队伍。缺少科学的统战工作理念和方法,再好的目标愿景也难以实现。统战工作的科学化要做到四具备,即具备科学指导理念、科学思维方式、科学工作态度和科学工作途径,这是检验统战工作是否达到科学化的重要标准。

(二) 统战工作脱虚向实理念下的统战干部能力建设的落脚点

1. 坚持考核统战工作的成效

高校统战工作成效的可检测性要求日益增强,统战工作脱虚向实的趋势非常明显。尤其是在统战成员范围日益扩大、统战工作的内涵不断丰富、在统战成员的角色意识不断增强的背景下,不只是简单地沟通传递信息,而是要将他们的诉求切实地予以落实,切实体现出他们参政建言的成效,将他们的能量转化为高校改革和发展的生产力,不只是将他们作为高校统战工作开展的对象,更要彰显他们的在高校建设发展中的主体地位,这才是检验统战工作成效的目标指向。

2. 坚持聚合统战成员的力量

高校统战成员要成为高校事业发展名副其实的"生力军""智囊团",避免沦为"局外人""门外汉",这是高校统战工作的基本立足点,为此,统战工作不能只是关注党外代表人士的培育,他们固然重要,可以满足结构性要求,也可以树立典型示范力量,但只是发挥了少数人的作用,还要团结和发挥最广大范围统战成员的力量,要做到全覆盖、无遗漏。这是符合统战工作大团结大联合的基本理念。

3. 坚持细化统战工作的举措

思想工作是统战工作的基础,做好思想工作对党外知识分子尤为重要。对统战工作对象的思想政治工作要坚持采取"基因式"融入的方式,通过滴灌的方式进行沟通和交流,对统战成员的思想工作力争做到"落细落小落实"。统战干部要充分认识到统战成员的个体差异性,分析其特点以便精准采用具有区分度的统战工作举措,有针对性化解矛盾和难点,分类争取和联合不同对象,以求形成最大"同心圆"的效果。

四、高校统战干部能力提升空间的探索与建议

(一)从意识到理念并落实到行动,促进统战干部能力的生成

1. 以拥抱互联网开创统战工作新天地

习近平总书记指出,各级领导干部特别是高级干部,如果不懂互联网、不善于运用互联网,就无法有效开展工作。统战干部通过主动拥抱互联网,加强对相关法律法规和网络信息技术的学习与应用,熟悉网民共同语言,正视网络民意及其表达方式的存在,切实掌握统战成员在网络中的表现情况;要学习"开放、平等、协作、分享",学习践行互联网精神和"包容、共济、民主、开放"的网络文化,学会运用互联网开展统战工作,通过在线上走群众路线,加强线上互动、线下沟通,进一步加强网络议程设置能力,争取互联网中统战力量的"最大公约数",引导统战成员在净化网络空间、弘扬主旋律等方面展现正能量并回应关切,凝聚共识,建立网络传播话语权。

2. 以融合化宣传推动统战工作新发展

要做好统战大宣传,形成统战工作效应。把统战门户网站和微信公众号等媒介打造成新媒体环境下统战新闻舆论工作的重要阵地,主动发声,回应关切,引导舆论,增进共识,努力在第一时间把统战故事讲起来,让统战声音响起来。通过系统性策划并宣传,增强统战成员的存在感和获得感。创新宣传理念和方式方法,形成高音、中音、低音的和声,增强针对性和实效性。只有把握好规律,才能有针对性地用"一把钥匙开一把锁",做到应对有方、举措得当。高校统战干部要增强做好统战宣传工作的责任感和使命感,善于抓住"窗口期",把统战宣传工作主动融入大统战格局;还

要结合高校统战成员特征积极探索加强统战宣传工作的新路径、新方法、多角度、全方位地宣传统战工作的新作为、新亮点,不断扩大统战工作的影响力。

3. 以切入式调研形成统战工作新成效

对问题的调查研究不能只追求形式而忽略实质,惯常所选择的通过问卷调查去了解统战工作的动态这种方法需要以更科学的眼光去审视和检讨。在工作实践中要避免两种倾向:一是面向统战成员的调查研究,宁当"坐菩萨",不深入基层,蜻蜓点水,不深入把握其动向以探索其规律而得出简单粗暴的结论;二是面向统战系统服务者和管理者的调查研究,不善于通过深度访谈的方式与同行交流以及利用会议、座谈等机会获取第一手调研信息。高校统战干部要深入基层一线进行调研,要把调查研究作为推动工作的重要手段,以调研为抓手,通过调研发现统战工作存在的问题,摸清底数,了解信息;统筹谋划,上下共同施策,化解问题,提升总结,创新拔高,形成一批高质量、有境界、有分量、有深度、有参考价值的研究成果,打通落实高校党委落实统战工作决策部署的"最后一公里",为持续深入推进统战工作提供有力保障。

(二) 从视野到格局以优化工作定位,着力培育高威望统战干部

1. 强化工作规矩意识,树立统战干部良好的工作作风

统战干部引导统战工作更好地走向实践,而不是单纯停留在纸面上,重点是要求党派基层组织和统战团体的工作和活动聚焦于高校中心工作。强化工作过程中以情动人、以情化人的工作方式方法,对党外人士常常要高看一眼,对统战成员要能宽容。需要把握好分寸的是:对人宽容,而不能对己宽容。统战干部绝对不能降低对自己的要求,而要有高度的责任意识,紧紧围绕各自的工作领域,立足岗位,结合实际,针对统一战线各领域的新变化、新要求,注重落实,不断创新工作方式方法并探索工作途径及载体,着力建立健全有关工作制度和工作机制,不断开

创工作新局面,以良好的工作作风和严明的纪律意识赢得统战成员的尊重和支持。

2. 打造全盘思维模式,形成统战干部开阔的工作视野

高校党外代表人士的言行具有外溢效应,有的甚至在公共舆论空间颇具影响力。因此,高校统战工作的好坏效果并不局限于高校范围,还会因为溢出而产生巨大的社会影响。基于这一事实,需要着力改变以往只管一方的工作模式,必须对高校中心工作、对党委的工作职能有更加深刻的把握和有能力的担当。立足于新的工作要求,统战部部长的职责范围也发生了深刻的变化,可以概括为四不能:不能只局限于统战工作对象,还要着眼于全校师生员工;不能只关注统战工作本身,还要全面深入把握高校党委的工作内容;不能只立足于统战部门工作立场,还要有全局的思维意识;不能只孤立地开展统战工作,还要能将统战工作有机融入高校总体工作中予以推进。

3. 落实统战工作举措,实现统战工作推进的更大成效

统筹做实基础性工作,比如对于统战政策和法规的精准理解和掌握、对统战成员的总体了解和把握、对重点关注对象和党外代表人士特点的接触和沟通、对统战工作领域动态的关注和研判等等,应立足于学研结合,不仅需要思想理论支撑,更需要工作经验的积累。基于上述思考,搭建有特色有实效的平台载体是统战工作落到实处的重要抓手,统战干部要结合实际,因地制宜,主题化谋划、载体化设计、系统化推进;要着实发挥统战成员的作用,让统战成员充分发挥党外监督作用,广泛参与民主监督,比如联系工作实际探索统战成员对高校党委"四书四会三报告"工作的推进与落实的监督就是一项有益的尝试。

(三)从点面结合扩展至全覆盖,明确院系统战干部职责范围

1. 构建校院统战工作协同机制,上下联动

高校党外知识分子绝大部分都沉淀在院系,因此高校党委要

高度重视并健全机制,充分发挥院系统战工作的重要作用。比如,通过院系党组织把一部分优秀人才留在党外,有计划地输送一部分加入民主党派,以保证民主党派基层组织的活力和党外代表人士的培养;又比如,坚持既重使用,又重管理,对党外人士实行动态化管理,并坚持做到对党外代表人士培养工作纳入到院系党委工作的人才工作体系;再比如,院系党组织还可以通过主动关注所有统战成员,发挥院系为教职工一线服务管理的优势,更有针对性地开展统战工作。高校党委要在院系配备专兼职统战员,确保统战工作重心下移,依靠院系统战干部力量,夯实基层统战工作基础;同时还要通过明确院系统战职责任务,制定并不断完善二级单位党组织加强和改进统战工作的指导性意见,明确基层统战工作内容和职责,并加强工作考核,坚持把统战工作作为院系党组织书记述职评议的重要内容。

2. 打造院系统战工作品牌活动,营造特色

丰富多彩、形式灵活的统战活动是统战工作的有效载体。在校院层面,要共同打造统战工作品牌活动,可以采取轮值的方式循环举行,以充分调动不同党派基层组织和统战团体积极性和创造性。还可以立足于区、校统战工作的协同,根据区、校联动以及跨系统、跨单位统战工作联动的需要,联合开展统战活动,提升统战活动的层次。在活动策划中,要围绕服务统战成员成长发展需求和发挥其应有职能作用进行谋划,比如建立"读点经典""金点子工程""定向交友""统战同心家园""教师结对帮扶少数民族学生"等特色工作品牌;也可以根据学科专业特色和自身优势引导党外人士积极参与科技咨询、扶贫帮困、捐资助学等社会服务活动,用实际行动支持社会主义建设事业;还可以立足学校事业发展的中心工作,比如结合全国高校思政工作会议精神,发挥统战成员作为教学科研一线工作者身份在院系层面开展"课程思政"建设的研讨与交流并形成可复制和可推广的案例。

3. 明确院系统战工作重点内容,突出主线

高校党委要加强对基层统战工作的指导,制定基层统战工作指导手册和考核指标体系,明确基层统战工作内容和职责,突出统战工作全覆盖无盲点这一基本要求。院系党组织围绕落实统战工作主体责任这一主线,要成为高校党委统战工作有效的延伸和触角,以强烈的政治责任感和全局性意识为高校党委及时全面把握统战动态,并能有针对性地解决难题、化解矛盾、积极主动地引领统战工作推进提供强有力的支撑。院系统战干部在工作过程中,要摸清家底,做好党外知识分子的分类指导工作,加强党外知识分子的思想教育,做好党外代表人士的发现、教育和培养工作,积极推动少数民族学生和信教师生的教育服务和管理工作,发挥统战工作一线工作者的优势和院系统战工作的前沿阵地作用。

综而述之,基于推进高校统战干部队伍专职化建设的理念,新时期高校统战干部能力的建设需要不断深入把握高校统战工作的规律,突出统战工作中意识形态把控的根本价值,形成对统战成员人心与力量的有效聚合的最终目的,始终坚持以统战工作图景描绘的目标作为统战干部能力提升的着力方向,从而更好地呼应改革的召唤、适应形势的需求、回答时代的命题。

参考文献

[1] 杨小平.新形势下统战干部应具备六种素质[N].团结报,2015-09-22(4).
[2] 习近平.加快推进网络信息技术自主创新 朝着建设网络强国目标不懈努力[J].中国信息安全,2016(10)23.
[3] 何文卿.以更高更开阔的视角凝聚力量[N].人民政协报,2016-07-13(1).
[4] 白英.加强干部队伍建设是做好统战工作的关键[N].辽宁日报,2017-02-16(2).
[5] 龙大为.完善机制 协同创新 构建大统战工作格局[J].湖南省社会主义学院学报,2016(4):39-40.

增强市属高校院系统战工作有效性的研究

上海工程技术大学　朱洪春

摘要：新时代高校院系统战工作的地位和作用愈显重要和突出，院系统战工作是高校统战工作的重要基础，是新时代统战工作重心下移的落脚点、向基层组织延伸的着力点。课题组以上海市属高校院系为研究对象，进行理论研究和实践分析，深刻分析新时代增强高校院系统战工作有效性的重要意义，提出在统战工作形势与环境日益复杂、统战工作范围与对象持续拓宽、统战工作任务与要求不断提高的背景下，要深入查找分析影响高校院系统战工作有效性的因素，并以问题为导向，提出增强院系统战工作有效性的路径思考，为加强和改进高校院系统战工作提出对策建议。

关键词：院系统战工作；有效性；路径思考

统一战线是党的事业取得胜利的重要法宝。习近平总书记在中央统战工作会议上强调，统战工作是全党的工作，必须全党重视，大家共同来做。各级党委要把统战工作摆在重要位置，各级党政领导干部要带头学习宣传和贯彻落实统一战线政策法规，带头参加统一战线重要活动，带头广交深交党外朋友。

院系统战工作是高校统战工作的重要基础,是新时代统战工作重心下移的落脚点、向基层组织延伸的着力点。特别是在新时期新形势下,高校院系统战工作的地位和作用愈显重要和突出,呈现出许多新的发展态势,同时也面临着不少新问题,进一步加强高校院系统战工作已成为形势发展的必然。

课题组以上海市属高校院系统战工作为研究对象,进行理论研究和实践分析,查找市属高校院系统战工作存在的主要问题及原因,进而提出增强院系统战工作有效性的路径思考,为加强和改进院系统战工作提出对策建议。

一、增强高校院系统战工作有效性是新时代高校统战工作的重大课题

(一)增强院系统战工作有效性是加强高校党的建设的内在要求

中央对新时期高校党的建设提出新的更高要求,全国高校思想政治工作会议指出,要加强高校党的建设,发挥党组织政治核心作用,高度重视思想政治建设。统战工作是高校党的建设工作的重要内容,《中国共产党普通高等学校基层党组织工作条例》明确指出高校党委的主要职责,应做好统一战线工作,对学校内民主党派的基层组织实行政治领导,支持他们依照各自的章程开展活动;支持无党派人士等统一战线成员参加统一战线相关活动,发挥积极作用。全国高校思想政治工作会议指出,高校党组织要做好党外人士工作,加强思想引导和团结教育,多同各类代表性人物交朋友。相应的,院系统战工作是高校院系党的建设重要组成部分。《中国共产党普通高等学校基层党组织工作条例》对高校院系党组织的主要职责描述中提到,要宣传、执行党的路线方针政策及学校各项决定,并为其贯彻落实发挥保证监督作用;要领导本单位的思想政治工作,这其中,就包含了对院系党外知识分子的思想政治工作。做好高校统战工作特别是院系统战工作,有利于调动一切积

极因素，凝心聚力，引导和团结广大师生牢固树立"四个意识"，把握好教学科研管理等重大事项中的政治原则、政治立场、政治方向，确保社会主义办学目标得以实现。

(二) 增强院系统战工作有效性是提升高校统战工作水平的重要支撑

高校统战工作的阵地在院系，基础也在院系。《中共中央统战部、中共教育部党组关于加强新形势下高校统一战线工作的意见》强调，要充分发挥院（系）在高校统战工作中的基础性作用。从高校统战工作对象来看，院系统战工作对象数量众多，根据上海市教卫工作党委2016年统计显示，高校教师中近半数为党外人士，其中院系党外人士占院系人数的比例更高，他们在教学、科研、管理一线，承担重要工作，发挥骨干作用，并在相应的学术、管理领域发挥重要的影响力。从落实高校统战工作任务来看，工作着力点在院系。进行统战工作信息收集，开展统战工作调研，做好党外代表人士队伍培养、选拔、使用和作用发挥，都离不开院系的支持。院系统战工作质量影响着高校统战工作的全局质量。

(三) 增强院系统战工作有效性是深化高校内部治理的必然选择

随着高等教育改革的推进，高校内部治理体系正在发生深刻变化，院系办学自主权愈加凸显，高校工作重心在院系、活力在院系越来越成为共识。教育部等五部门《关于深化高等教育领域简政放权放管结合优化服务改革的若干意见》中强调，要加快推进高等教育领域"放管服"改革，完善高校内部治理，强化院（系）党的领导。深化改革、健全和完善内部治理，关键在人，这其中，党外知识分子是不可忽视的重要组成力量。高校院系中不乏学术造诣高、社会影响力大的专家学者、民主党派负责人、统战团体负责人、各级人大代表、政协委员和广大党外知识分子，他们多具有高学历、高职称或高职务，是院系发展的一支重要力量。了解关心他们的情况，调动他们的积极性，发挥他们的优势，对于提高院系教学质量、人才培养质量和科学研究水平,具有着重要意义。

二、新时代高校院系统战工作面临的挑战和压力前所未有

(一)统战工作形势与环境日益复杂

当前,国际国内形势深刻变化,不同思想文化交流交融交锋,社会思潮多元多样多变;全社会对高等教育改革的呼声日益高涨,高校内部治理结构正发生深刻变化;高校归国留学群体日益壮大,根据上海市教卫工作党委2016年统计,市属高校归国留学教师数约占专任教师数的16%;互联网等新的传播渠道迅速发展,给高校的思想文化建设带来复杂影响。高校统战工作、特别是院系统战工作面临很多新情况新任务新课题。高等教育的改革与发展对高校统战工作提出了新的要求和挑战,也增加了院系做好党外知识分子工作的紧迫性和艰巨性。

(二)统战工作范围与对象持续拓宽

《中共中央统战部、中共教育部党组关于加强新形势下高校统一战线工作的意见》中,对新时期高校统战工作的范围和对象做了明确,主要对象是高校党外知识分子,具体包括民主党派成员、无党派人士、出国和归国留学人员、少数民族师生、港澳台侨等。与过去相比,统战工作对象的群体不断扩大,对高校来说,既包含约50%的党外教师,也包含约16%的归国留学人员等,人员总数超过高校教师总数的一半。不断壮大的统战工作对象中,人员整体素质持续提升,年龄呈年轻化趋势,其中不乏在专业学术和管理领域具有较强影响的,或具有较大发展潜力的人员。不同统战成员的学缘背景、发展需求正在呈现多元化差异,给院系统战工作开展带来了挑战。

(三)统战工作任务与要求不断提高

一方面,随着中央统战工作会议、全国高校统战工作会议的召开,对高校统战工作提出了新要求、新期待,高校统战工作的任务

也在不断加码,要求愈加提高,原本做好代表人士等"少数人"的统战工作,逐渐转化为做好党外人士"多数人"的工作,对高校统战工作的压力不言而喻。另一方面,在落实各项工作任务过程中,压力层层传递,任务逐级落实,统战工作重心必将转移到院系,对院系而言,如何贯彻上级精神,学习统战工作方法,落实统战工作任务,对院系党组织和统战工作者提出了更高要求。

三、市属高校院系统战工作有效性缺失的主要影响因素

(一) 自主性的统战工作意识尚未养成

市属高校院系自主性开展统战工作的意识比较缺乏,主要体现在对统战工作的认识上有误区:一是过时化误区,认为统战工作已经过时,对基层可有可无,没有将统一战线"法宝"作用根植于头脑中;二是部门化误区,一提到统战工作,觉得是统战部门的事,院系主要抓业务,跟统战工作距离较远;三是神秘化误区,觉得统战工作理论深奥、政策性强,火候难把握,工作不出活儿,是"看不见的工作",因此无从下手;四是极端化误区,把党外知识分子当作异见人士,下意识地推到对立面,不注意包容引导。因此,院系在开展统战工作时,没有深刻认识到统战工作对中心工作的推动促进,无法自觉主动地开展统战工作,工作的有效性很难得以显现。

为了解高校院系自主开展统战工作的情况,课题组以统战工作新闻报道数量作为观测点进行了调研。调研数据显示,市属高校中,独立设置统战部的高校,学校层面和院系层面统战工作报道率都远远高于合署办公设置统战部的高校(图1);从新闻视角来看,独立设置统战部的高校,院系层面统战工作新闻只占整个学校统战工作信息报送量的三成不到,而合署设置统战部的,院系统战工作新闻报道占比则更低,还不到1%。较低的新闻报道率从一定程度上反映出院系对统战工作开展还不够重视,自主工作的意识尚未养成。

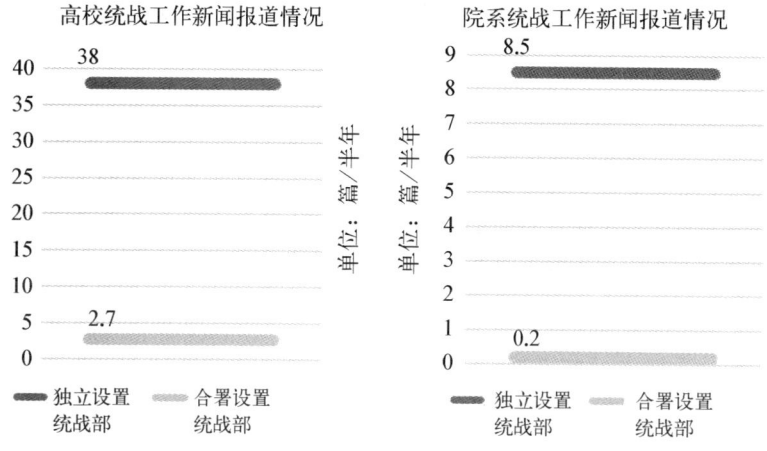

图 1 市属高校统战工作新闻报道情况

(二)专职化的统战工作队伍还不健全

人员是制约院系统战工作有效性的另一个主要因素。从市属高校院系统战工作现状来看,专职化的统战工作队伍还不健全,具体体现在:一是专职人员比较缺乏。在对上海市属高校统战部门设置情况梳理后发现,在学校层面的统战工作人员配备上,已设立统战部(含合署办公)的 29 所市属高校中,配备专职统战工作人员有 17 所,仅占 58.6%(图 2)。学校层面统战部门组织机构设置和人员配备尚不健全,院系的统战工作队伍就更加薄弱,市属高校院系一般都不单独设置统战员岗位,也没有人员专门从事统战工作。二是职责任务不够清晰。除了院系党组织书记这一院系统战工作的第一责任人,大部分市属高校的院系党组织中还设立了统战委员一职,另有上海工程技术大学等在院系设置了统战工作联络员岗位,但院系党组织对统战委员、统战员(或统战工作联络员)等的职责定位还不够具体,岗位要求也没有明确,为工作开展带来了难度。三是结构来源不太合理。在院系统战委员或统战员(统战工作联络员)的组成上,以上海工程技术大学为例,约 80% 是由专任教师兼任,另有15%是由院系组织员、党支部书记等兼任,兼职人员超过95%,且兼任统战工作的专任教师基本没有从事统战工作的经历。四是教育培训还不到位。调研中发现,目前市属高校院系统战工作人员的专业教育培训还比较缺乏,一方面学校党校鲜有针对院系的统战工作专题培训,另一方面依靠学院自身力量开展统战工作人员培训难度很大,这在相当程度上制约了院系统战工作创新活力和健康发展。调研中,上海工程技术大学、上海对外经贸大学等依托学校党校开展的统战工作专题培训中,将参训人员范围扩大到了院系统战工作人员,一定程度上弥补了专业知识的缺失。综上,专业人员的缺乏、对统战工作理论的认识缺失和能力缺陷,成为影响统战工作有效性的重要因素。

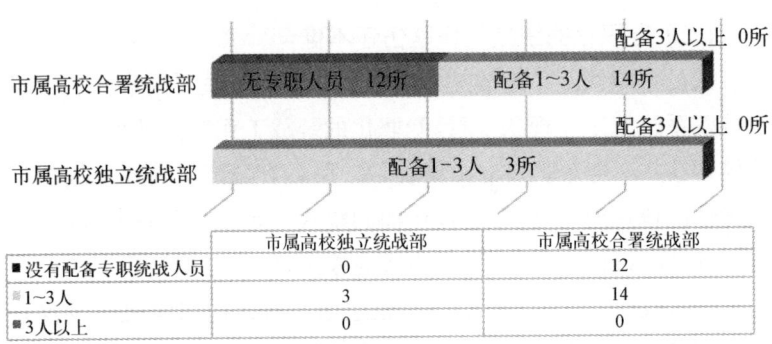

图2 市属高校专职统战工作人员配备情况

(三)立体式的统战工作机制仍不完善

高校院系统战工作有效性缺失的另一个主要因素是工作机制不够完善,具体表现为:一是系统化的顶层设计不健全。与高校党委统战工作有部署、有计划、有任务、有总结不同,院系的统战工作在计划任务、活动开展、经费保障等方面的考虑比较欠缺,在院系党组织的年度工作计划中,对统战工作的总体谋划篇幅较少,内容单薄。二是规范化的工作程序未建立。统战工作涵盖的党外知识分子工作、民主党派和无党派人士工作、民族工作、宗教工作、港澳台侨工作、党外代表人士队伍建设工作等,涉及的政策要求和工作口径很多,标准化规范化的程序流程建设相对滞后,在专职工作人员缺乏的情况下,院系往往对如何开展好统战工作没有头绪。三是立体化的管理机制有缺失。从最近三年上海市教卫工作党委对高校落实党建工作责任制检查及对院系进行延伸检查情况来看,目前高校中对院系统战工作的指导、监督、评价机制较为欠缺。公开的资料和调研情况显示,目前上海市属高校中,上海师范大学探索设立了院系统战工作评价指标,开展年度考核检查;上海大学、上海工程技术大学将统战工作纳入院系党建责任制指标体系中,开展年度集中述职、检查,但院系统战工作在整个院系工作或院系党的建设工作中的占比仍处于较低水平。高校在制定的各项统战工作制度或条例中,直接指导或约束院系统战工作的内容也比较缺乏。

四、增强高校院系统战工作有效性的路径思考

结合上述研究分析,课题组认为,增强高校院系统战工作有效性要从文化路径、队伍路径、机制路径、组织路径等方面综合设计。

(一)文化路径——统战文化的包容性增强院系统战工作引力

"文以载道,以文化人。"要增强院系统战工作有效性,首先以统战文化为引领,有助于在院系形成做好统战工作的基本共识。统战文化的精髓是求同存异、体谅包容,其目的是争取人心,凝聚力量,依托统战文化"和而不同,以德服人"的核心内涵,"开放包容,共生共存,多元一体"的精神特质以及"合调合拍的党际合作文化、共建共享的民族团结文化、重信重义的阶层和谐文化、同根同源海内外联谊文化、和顺和善的宗教融合文化"等为基本内容的统战文化,可以充分发挥其凝心聚力、引领支撑、激励鼓劲的功能作用,为院系的发展提供智力支持和精神动力。

(二) 队伍路径——统战人才的专业化形成院系统战工作合力

增强院系统战工作有效性,队伍是关键。要改变以往院系工作中"不讲统战工作,不做统战工作,不考统战工作"的情况,需依靠具有统战工作专业素养的人员主动作为、科学作为。要督促院系党组织书记守好主责主业、耕好责任田,强化"第一责任人"意识;要建立专业化、有梯队、有分工的院系统战工作队伍,每个院系应至少有1~2名专职人员专门负责统战工作的方案起草、工作执行、检查反馈等;要加强统战工作人员培训,校院两级层面应定期组织专门培训,解读统战工作政策,讲解统战工作方法,交流统战工作体会,提高做好统战工作的意识和能力。

(三) 机制路径——管理方式的柔性化保障院系统战工作活力

传统的院系管理中相对比较简单刚性的方式制约着院系统战工作的创新活力,院系的统战工作在开展中,管理方式应趋向人性化和柔性化。院系在开展统战工作时,可以借鉴柔性管理的价值观和理念,面对党外知识分子,应该采用非强制性的方式,依靠人性化的管理方式,在其心目中产生一种潜在的说服力,从而激发其内在潜力、主导意识和创造精神,并把组织意志变为党外知识分子自觉的行动。在与党外代表人士交朋友、充分尊重、依靠并发挥党外代表人士作用的过程中,激发党外人士的主体觉悟,实现统战工作的目标。

(四) 组织路径——组织形式的多元化激发院系统战工作动力

要做好高校院系统战工作,须精准定位院系统战工作的内涵和任务计划,关键在于落实责任,因此要牢牢抓住院系落实统战工作责任这个"牛鼻子"。每年由学校党委与院系党组织签订统战工作责任书,列出任务和时间表,并给院系党组织一定的空间,把目标逐级落实到学院统战员、基层党组织统战委员等,层层落实责任。对院系统战工作的考核内容,可根据上海市教卫工作党委下发的高校统战工作重点任务清单的目标,结合实际制定问题清单、任务清单(表1);同时还要创新考核方式,将日常检查与年终考核相结合,通过书记述职、查阅台账、座谈交流、实地走访的方式,全面客观了解工作落实情况,解决好"考什么"和"怎么考"的问题。在推行考核初期,可以将统战工作纳入院党的建设相关指标中统筹考量,后期逐步过渡到单列指标、单独考核、单独评审。

表1 院系统战工作指标

内容	条目	一级指标	条目	二级指标
党外知识分子工作	1	开展党外知识分子思想政治工作	1	加强党外知识分子思想政治引导,提升政治素质
			2	建立联谊交友名单,积极开展联谊交友活动
	2	做好出国和归国留学人员统战工作	3	建立留学归国人员信息库,定期完善人员信息
	3	做好网络意见人士相关工作	4	摸清工作底数,建立重点名单,加强联系引导情况
	4	支持党外知识分子成长进步、发挥作用	5	积极为党外知识分子搭建平台,鼓励作用发挥
民主党派和无党派人士工作	5	支持民主党派和无党派人士参与政治协商	6	建立民主党派和无党派人士名单,掌握其中各级人大代表、政协委员的履职情况
	6	支持民主党派和无党派人士开展考察调研、建言献策、社会服务等活动	7	掌握民主党派和无党派人士考察调研、建言献策、社会服务的基本情况
	7	支持民主党派和无党派人士开展民主监督	8	"三重一大"事项听取民主党派和无党派人士意见
			9	支持民主党派和无党派人士参与民主监督情况
			10	党政联席会议邀请民主党派成员和无党派人士列席

(续表)

内容	条目	一级指标	条目	二级指标
民族工作	8	引导、教育、关心、团结少数民族师生	11	开展中华优秀历史和中华传统文化教育活动，组织参观爱国主义和民族团结教育基地
	9		12	为少数民族学生提供学业帮扶、就业指导；为少数民族教师提供子女入学、医疗卫生便利服务
	10	发挥专业优势为少数民族地区培养人才，支持经济社会发展	13	组织教师赴少数民族地区挂职锻炼，组织毕业生报名参加西部计划或选调生，为赴少数民族地区工作
宗教工作	11	防范校园传教，抵御境外势力利用宗教进行渗透	14	教育引导师生自觉遵守法律法规和校纪校规，严禁在校园传播宗教、发展信徒、设立宗教活动场所、举行宗教活动、建立宗教组织
党委对统战工作的领导	12	党委（党总支）书记履行统一战线工作第一责任人职责，党政领导干部带头学习宣传和贯彻落实统一战线政策法规、带头参加统一战线重要活动、带头广交深交党外朋友	15	党政领导干部学习宣传和贯彻落实统一战线的政策法规
			16	党政领导带头参加统一战线活动
			17	党政领导带头与党外代表人士开展联谊交友活动
	13	加强统战工作队伍建设	18	配备统战联络员
	14	为党外代表人士提供必要的财务支持和政策保障	19	组织党外代表人士参加国情考察、主题实践、革命传统教育等活动，提供必要的财务支持和政策保障情况

参考文献

［1］ 习近平.中国共产党第十九次全国代表大会报告.2017,10.
［2］ 岳继光.高校基层统战干部队伍思想建设路径探索[J].上海市社会主义学院学报,2017,(1):46-51.
［3］ 高磊.关于推进高校党的基层统战工作科学化的思考[J].广东省社会主义学院学报,2010,(3):42-44.

新形势下高校党外知识分子工作的有效途径探讨

——以复旦大学为例

复旦大学　张骏楠　葛庆华　邱兰芳　邱　悦

随着我国改革开放的不断深入和社会主义市场经济的不断发展，社会结构发生了巨大的变化，新时期统一战线具有空前的广泛性、巨大的包容性、鲜明的多样性和显著的社会性，在这样的时代背景下，新时期高校党外知识分子工作也面临许多新情况、新问题。课题组结合2016年中央统一战线领导小组对复旦大学统一战线一系列重大决策部署实地调研检查反馈意见，深入走访基层院系，全面梳理新形势下高校党外知识分子工作的新情况新问题，探讨新形势下高校党外代表性人士的培养、党内党外协调统筹、统战工作"上热下凉"困局破解等途径，进一步落实中央关于统战工作的一系列重大决策和部署，推进大统战工作格局的构建。

一、新时期高校党外知识分子特点

（一）代表性更广，但缺乏旗帜性人物

新时期高校党外知识分子的数量不断增加，成员类型多样化，所涉及的领域拓宽，群体代表性更加广泛。与老一辈高校党外代表人士相比，"旗帜性"代表人物较为缺乏，老一辈党外代表人士不

仅学术造诣高,而且经历了与中国共产党风雨同舟、患难与共,为争取新民主主义革命胜利而共同奋斗的历史时期,具有很强的政治把握能力和合作共事能力,他们的代表性是鲜明的,公认的,旗帜性的。新一代高校党外代表人士在专业领域普遍具有较深造诣,但是缺乏老一辈天然的历史历练,在长期钻研业务工作的同时,淡化了政治素质和组织领导能力的培养,参政议政和社会活动能力稍显不足,"旗帜性"人物较为缺乏。

(二)文化水平和专业化程度更高

随着时代和社会的进步,专业细分程度加深,高校党外知识分子文化水平和专业化程度更高,他们普遍具有中高级职称,不乏本专业领军人物。以复旦大学为例,纳入学校统战工作视野的党外知识分子中,有党外院士9人,文科资深教授7人,国家千人计划专家27人,973、重大科学研究计划首席科学家20人,教育部"长江学者奖励计划"特聘教授27人,国家杰出青年科学基金获得者29人,国家青年千人23人(以上统计数据中,部分人员有交叉)。在2014年复旦大学党委统战部对沪上六所高校360位统战成员的调研问卷统计来看,受访对象65%具有硕士以上学历,70%具有高级职称。

(三)海归人才占比增加

随着全球化的不断深入,积极引进海外优秀人才是我国实施人才强国战略的重要举措,国家和地方陆续颁布了"千人计划"、"上海市千人计划"等一系列吸引海外人才政策,高校聚集了越来越多优秀海归人才,他们是统战工作的新的着力点。2012—2014三年中,复旦大学新进专任教师351人,其中归国留学人员占比57.5%;2015年引进各类高层次人才121人,其中直接从海外引进人才占比70%。在青年教师群体中,归国留学人员的比例也呈上升趋势,截至2016年底,复旦大学在国外取得学位的全职人员有700人,在35岁及以下青年教师中,归国留学人员的比例接近

50%,海归人才在高校知识分子的比重中不断加大,对高校的统战工作方式方法提出了更高的要求。

(四) 党外代表人士成长周期普遍较长

高校党外代表人士均具有较高的学术成就,是专业领域的领军人物,这些成就的取得需要多年的实践和积累,尤其是人文学科、医科,他们取得最佳成果的平均时间普遍晚于其他学科。从年龄上看,博士毕业是高校教师的"准入门槛",相较于社会其他领域,起步年龄偏大,复旦大学党委统战部对沪上六所高校统战成员的问卷调查也验证了这一点:党派成员中50岁以上的占到总人数的50%以上。从成长路径来说,纳入统战视野的高校党外代表人士最初多是在专业领域崭露头角后才被发现的,相较于老一辈代表人士,他们的成长经历较为单一,要从学术型人才逐渐转变为具有较强政治把握能力、参政议政能力、组织领导能力、合作共事能力的代表性人士,需要一定的培养时间。

(五) 多样性和流动性增加

新时期高校党外知识分子是一个广泛的群体,他们教育背景多元,专业不同,个性有差异,诉求多样,受到全球化的影响,价值取向也更加多元。随着市场经济的发展,社会选择增多、高校之间的竞争白热化以及生活压力的增加,高校党外知识分子队伍相对稳定的状况被打破,不同行业之间、高校之间、甚至同一所高校的院系之间(如复旦大学一位历史系教授成功转型为法学院教授)的人才流动加大。在课题组深入复旦大学17家基层院系的统战工作调研中发现,高校中青年知识分子在刚刚崭露头角的时候流动性最强,各院系对人才流失普遍感到焦虑。

二、新形势下高校党外知识分子工作现状与问题

(一) 工作现状

新时期高校党外知识分子呈现出与以往不同的特点,统战工

作也面临着新情况新问题。课题组对全校 33 家基层党委发放了二级院系(医院)统战工作调研问卷,走访调研了 17 家基层院系单位、33 家分党委中,32 家有专人负责统战工作;76%的院系把统战工作列入党委年度工作计划;52%的院系党委每年至少召开一次党外人士座谈会;58%的院系党委没有建立党员领导干部与党外代表人士联谊交友名单;52%的院系建立了 70/80 后党外优秀人才名单,67%的院系建立了统战成员信息库;81%的二级院系(医院)认为需要加强对基层院系统战干部的统战实务培训。

通过对 17 家基层党委进行调研,课题组详细了解了院系学习宣传和贯彻落实统一战线系列方针政策情况、院系统一战线工作相关机制和举措、基层单位重点党外人士、党外后备人才(含归国留学人员)基本情况等信息,也收集到了如生命科学学院针对引进海归人才的 mentor 计划、五官科医院落实党委主体责任做好统战工作等好的做法,但在调研中也发现了一些共性问题,如基层党委统战意识有待加强、统战工作流于表面、对引进归国留学人员的评价体系以业务为主导等。

(二) 主要问题

根据问卷调研、走访调研结果,结合新时期高校党外知识分子特点,经过认真分析总结,目前复旦大学高校党外知识分子工作存在的主要问题如下:

1. 亟需探索高层次党外代表人士工作有效机制

高校不乏在专业领域出类拔萃的党外人士,但成长为"旗帜性"人物的仍属凤毛麟角,有些成长过程还带有一定的偶然性。历史上复旦大学曾同时期出现三位党派中央副主席,目前担任党派中央副主席职务的旗帜性人物为零。高层次党外人才的影响力主要局限于学科领域,学校和院系对他们的评价体系也以业务成就为主导,对其政治把握能力、参政议政能力、组织领导能力、合作共事能力等综合素质的培养缺乏合理规划。营造良好环境,加强源头调研，抓住关键环节，把握高层次党外代表人士的成长规律，建立和完善高层次党外代表人士培养、选拔、使用、管理相结合的长效机制迫在眉睫。

2. 党内党外统筹协调不够

统一战线是一项系统性工作，需要各部门统筹协调、科学谋划。加强组织部、统战部和基层党委的联动，关注党外优秀人才的政治取向，建立沟通联动机制，有利于党外知识分子最大限度地发挥作用。以复旦大学为例，目前党内外的协调还仅局限于重要文件下发、重要人选沟通、工作布置等环节，党委组织部、统战部、党校"两部一校"、党委统战部与基层党委、党委统战部与相关职能部处等三个层面的联动不够充分，在源头调研、组织发展、定期沟通、联合培养等方面还较为薄弱。2016年12月学校党委下发了《关于印发〈复旦大学关于建立和完善统一战线工作联动机制的实施办法〉的通知》，从党委层面保障大统战格局的构建，相信随着联动机制的有效落实，全校将形成各方齐抓共管、有效统筹的良好局面。

3. 基层党组织统战意识有待加强

通过调研，课题组发现，多数基层院系（医院）党组织对统战工作缺乏主动思考和布局，满足于配合着做，对统战工作的认识还停留在较浅的层次，如不能深入理解高层次党外代表人士培养选拔的重要意义，对党员领导干部与党外代表人士联谊交友工作理解停留于表面，近60%的院系没有建立联谊交友名单，有的只是联系少数几位党外代表人士，有的"联谊交友"细究下来原来只是日常的业务交流；有些院系把有党外人士参加的座谈会视为召开了党外人士座谈会等。

4. 党外知识分子思想政治工作任重道远

新时期党外知识分子构成更复杂、思想更活跃，全球化趋势深刻影响着党外知识分子价值观和精神世界，政治诉求、思想观念和价值取向呈现多元化特点。高校党外知识分子的多样性决定了其思想政治工作不可"一刀切",既要充分考虑群体性,又要结合"个体性",既要充分发扬党的优良教育传统,又不能采取与党员一模一样的教育方式。课题组对学校党外知识分子思想政治工作情况进行了梳理,发现目前党外知识分子思想政治工作还没有常态化、体系化,引导党外知识分子有序参与学校和社会政治生活的渠道还不够多,思想政治引导工作与党外干部队伍培养结合不够,联谊交友工作还不够深入等。如何在多元化意识的背景下,通过做好党外知识分子思想政治工作,是新时期统战工作面临的一大挑战。

5. 归国留学人员统战工作不够深入

进入新世纪以来,高等学校汇集了大量的优秀归国留学人员,他们是推动高校事业发展和地方经济社会进步的重要力量。通过走访调研,课题组发现,院系(医院)非常关注归国留学人员的事业发展,关心他们的生活困难,但缺乏针对归国留学人员特点的政治引导和思想教育手段;校欧美同学会、侨联等归国留学人员平台在二级院系单位中的宣传还不够深入,不少二级党委领导不了解平台的性质与作用;高校归国留学人员参与社会管理的通道不够通畅;归国留学人员中的代表人士的发现、培养工作有待加强。

三、加强新时期高校党外知识分子工作的有效途径探讨

2017年3月4日下午,习近平总书记在全国政协十二届五次会议民进、农工党、九三学社委员联组会上的重要讲话中强调,伟大的事业,决定了我们更加需要知识和知识分子,更加需要知识分子为国家富强、民族振兴、人民幸福多作贡献。我国广大知识分子要以时不我待的紧迫感、舍我其谁的责任感,主动担当,积极作为,刻苦钻研,勤奋工作,为全面建成小康社会、建设世界科技强国作出更大贡献。

深入学习贯彻习近平总书记关于知识分子工作的重要讲话精

神,进一步加强和完善新时期高校党外知识分子工作,需要深入研究探讨新形势下高校党外知识分子工作的有效途径,切实提高做好党外知识分子工作的能力和水平,更好地团结党外知识分子为国家、上海市和学校的建设作出更大贡献。

(一)着眼大统战格局的建立,理顺工作机制,促进党外知识分子工作

贯彻落实《中国共产党统一战线工作条例(试行)》精神,从顶层设计层面推动全校大统战格局的构建。首先,要加强学校党委对统战工作的领导,比如成立"党委统一战线工作领导小组",从校级层面统筹统战工作;其次,要建立统战工作联动机制,加强党内党外协调,理顺关系,从全局来研究、协调和督促统战工作,合力做好党外知识分子工作;第三,要加强调研工作,深入排摸党外知识分子结构特点,用全局性、战略性思维来统筹谋划,引导各民主党派在发展新成员时既能避免"近亲繁殖",又能体现自身界别特色,避免趋同发展。同时,指导各民主党派在开展活动、服务社会、发挥作用时也能较好地体现其界别特色。

(二)加强基层党组织统战意识,加快基层统战干部队伍建设

加强对基层统战工作的指导,督促各基层单位设置统战委员、统战干部,加快基层统战干部队伍建设,明确统战工作的职责和分工。加强统一战线教育培训工作,深刻领会中央关于统一战线的新思想新要求,准确把握新形势下统战工作的重要原则、重点任务和工作要求。加强对统战工作的监督检查,将统战工作纳入基层党组织的年度考核和述职范畴,对考核结果优秀的进行表彰,对不合格的责令整改,尽快改变统战工作"上热下凉"的现象。

(三)强调思想引领,主动对接高校思想政治工作,做好高校党外知识分子思想政治工作

坚持把握好理论与实际相结合、解决思想问题与解决实际问题相结合、政治引导与民主监督相结合三个重要原则。一是进一

步深入贯彻落实《关于进一步加强和改进新形势下学校宣传思想工作的实施意见》等文件,扎扎实实地做好党外知识分子的意识形态和思想政治工作。二是开展各类培训学习,使党外知识分子在提升理论水平的同时,加深对国情、社情、校情的了解。三是进一步做好各级党员领导干部与党外代表人士联谊交友工作,发挥联谊交友的引导、沟通、纽带和协调作用。四是从各层面引导党外知识分子积极有序地参与学校和社会政治生活。五是注重改进工作方法,分类关注,个性化引导和培养,把党外知识分子的思想政治工作与党外干部队伍建设结合起来。六是进一步发挥高校民主党派、群众团体的平台作用,加强联络,解决困难,加强对党外知识分子的凝聚力,引导他们与党同心同行。

(四)加强调研,把顶层设计和个性化培养结合起来,从源头解决高层次党外代表人士缺乏的问题

要解决旗帜性人物不多的难题,一是要摸清家底,扩大基数。高校人才密集,如何更有效地发现人才、个性化地培养高层次人才,唯有深入调研,完善源头管理。要通过调研加强人才储备,科学把握高层次党外代表人士在不同成长阶段的规律。二是要抓住关键环节,把高层次党外代表人士的培养、选拔、使用、管理纳入学校发展的顶层设计和整体规划中,发挥学校党委总揽全局、统战部门组织协调的作用,从体制、机制上保障建立总量合适、梯队合理的党外代表性人士队伍。三是要制订个性化的培养方案。在把握政治坚定、业绩突出、群众认同等标准的基础上,要综合考虑党外代表人士的个性特点、岗位特点和组织需求,拓宽渠道,科学地为党外代表人士"量身定制"培养规划。

(五)以归国留学人员工作为新的着力点,探索新时期高校知识分子工作新抓手

一是加强对归国留学人员的调研工作,深入了解归国留学人员在思想动态、政治参与、事业发展、日常生活中普遍存在的问题,

同时积极搭建符合广大归国留学人员诉求的平台,积聚他们为国家、上海市建设和学校事业的发展发挥积极作用的正能量。二是加强对归国留学人员的培养、培训和举荐工作。各级党委在及时做好物色工作的同时,合力制定符合归国留学人员特点的培养和培训计划,并及时做好举荐工作,充分发挥他们在建言献策、引荐人才、服务社会等方面的作用。三是进一步在院系党委和归国留学人员中宣传欧美同学会、侨联等统战团体,发挥好这些平台团结、联络、凝聚人心的作用,帮助归国留学人员熟悉国情、了解社会、知晓政策,以尽快融入新环境。

新时代,中央对做好党外知识分子工作提出了新的更高要求,高校要认真深入地学习贯彻习近平总书记关于知识分子工作的重要思想,贯彻落实全国高校思想政治工作会议和全国党外知识分子统战工作座谈会精神,进一步加强对党外知识分子工作的领导,引导广大知识分子更加紧密地团结在以习近平同志为核心的党中央周围,为服务国家战略、上海市建设发展和学校"双一流"建设贡献智慧和力量。

新时期高校党外知识分子工作方法和长效机制研究

——基于上海市部分高校的调研分析与对策建议

上海交通大学 汪后继 朱春玲 张养波
汪佳莹 林彦 付荣 付媛媛

摘要：高校是知识分子云集之地。新时期高校的知识分子呈现出新特点,高校思想政治教育工作提上前所未有的高度;随着高校推进国际化以及高层次人才引进等战略,党外知识分子的比重逐年提升,高校党外知识分子队伍的状况也与时俱进地发生着深刻的变化,使得现阶段高校统战工作面临新的挑战和机遇。积极探索新时期高校党外知识分子工作的方法和思路,扎实有效推进党外知识分子思想引领工作的长效机制建设,对于高校发展具有重要意义。

关键词：高校党外知识分子；工作方法；长效机制

知识分子,顾名思义,就是文化水平较高、知识比较丰富的人,其中不少是学有所长、术有专攻且在某个领域、某个方面的行家专家。党外知识分子,是中国共产党对没有加入中国共产党的知识分子的称呼,包括各民主党派、工商联中的知识分子和无党无派的知识分子。他们是爱国统一战线的重要组成部分,是国家人才队伍的引导者和推动者,是建设创新型国家、实现中国梦的重要力量。习近平总书记出席中央统战工作会议时强调,党外知识分子工作,是统一战线的基础性、战略性工作。近年来,随着高校推进国际化以及高层次人才引进等战略,党外知识分子的比重逐年提升,成为统战工作的战略要地。高校党外知识分子学历层次高、学术能力强、思维活跃、具有独立意识和批判精神、价值取向多元化、政治参与热情高,他们的思想状况不仅关系到学校的稳定和社会的发展,更直接影响到青年学生的思想教育工作和未来发展。因此,高校党委必须高度重视党外知识分子的思想引领工作,深入了解新形势下高校党外知识分子的思想状况,强化工作体制和机制建设,增强高校党外知识分子思想引领工作的时效性和时代性。

一、现实基础——新时期加强党外知识分子统战工作的重要性和必要性

作为知识密集型群体,高校知识分子是国家经济发展和社会进步的重要生力军,在当下文化多元化、政治民主化、经济全球化的背景下,高校党外知识分子的统战工作面临着巨大的挑战,如党外高校知识分子一定程度上存在思想不够团结、年龄结构等趋于复杂化的问题,而高校党外知识分子统战工作又存在针对性较弱、缺乏制度化和系统化的工作机制等问题。

通过文献梳理发现,现有研究主要通过定性研究的方法,探讨了高校党外知识分子政治参与、干部培养、思想政治教育等几个方面的统战工作路径,缺乏数据的支持和系统性的决策结构。基于以上现实基础,本研究将通过文献法和问卷法,进一步阐述高校知识分子统战工作的重要性和必要性。

本次研究中,我们通过朋友圈及工作网络向包括上海交通大学、华东政法大学、上海海事大学、上海大学、杉达学院等在内的几

所高校开展问卷调查以及相关工作访谈。回收有效问卷205份，访谈21人次。

（一）重视党外知识分子思想引领工作是牢牢把握社会主义办学方向的重要环节

2016年底，党中央召开全国高校思想政治工作会议，习近平总书记发表重要讲话，深刻回答了高校培养什么样的人、如何培养人以及为谁培养人这一根本问题，也为新形势下高校开展各项工作指明了方向。高校历来是意识形态的兵家必争之地。在访谈中，访谈对象也很坦诚地告诉我们现在校园里一些意识形态领域面临的问题，对于正值价值观和人生观形成过程的青年学生来说，造成了一定的负面冲击。加强党外知识分子的思想引领，引导他们对中国特色社会主义建设的高度认同，是高校党委牢牢把握社会主义办学方向、为社会主义培养建设者和接班人的必经道路。

（二）加强党外知识分子统战工作是构建和维护和谐校园建设的重要举措

高校党外知识分子是高校教职工队伍的重要组成部分，而且绝大多数处于教学科研的第一线，学校大量的教学任务由他们承担，科研任务由他们来完成，学术活动由他们来组织，社会活动需要他们积极参与。特别是在对外开放和市场经济条件下，高校党外知识分子社会交往面不断扩大，价值取向日趋多元，各种改革措施对其利益触动较深，也容易受国内外各种思潮影响。只有深入做好他们的团结引导工作，有效协调好与之相关的利益均沾关系，激发他们的工作热情和参与潜能，积极投身到高校的各项工作和建设中来，高校的和谐和科学发展才有可能实现。

（三）凝聚高校的党外知识分子是各高校乃至高等教育发展的重要力量

高校党外知识分子中，既有教育工作者又有科技工作者，或者两者兼而有之，他们既要完成繁重的教学工作，还要承担科技项目的研制开发和技术成果向生产力转化的工作。学校党外知识分子的状况如何,直接影响到学校的办学水平和教育质量的提高,也直接关系着学校的发展和稳定。一所学校能否真正做到对党外知识分子在政治上充分信任,工作上大胆支持,生活上热情关心,在教学科研中充分发挥他们的作用,这不但关系到能否全面贯彻落实党的统战政策的问题,而且将直接关系到能否全面贯彻落实科教兴国战略、培养合格人才、加速社会主义现代化建设进程的问题。

二、现状调研

本研究主要通过两个方面开展实证研究:一是高校党外知识分子的思想政治状况,通过调研进一步了解新时期高校知识分子思想政治状况的新特点;二是高校党外知识分子统战工作的现状,通过调研梳理现阶段工作面临的困境和挑战。

(一) 新形势下高校党外知识分子的思想政治现状

1. 政治理论基础薄弱

目前,高校党外知识分子基本坚持社会主义道路,整体认同中国共产党的领导,也有深厚的爱国主义情感。但相对于中国共产党党员以及党内学习而言,高校党外知识分子缺乏更高的政治热情,对共产党的政治理论缺少系统性的学习,个别党外知识分子在一些深层次的理论问题上认识不清楚,以致在对一些核心问题的判断上态度模糊甚至有错误的认识。在我们的问卷调研中,有42.9%的受访者表示很少参加学校组织的政治理论学习,甚至有11.6%的受访者表示学校很少组织相关政治理论学习。2014年在高校甚至社会上引起很大反响的《老师,请不要这样讲中国——致高校哲学社会科学老师的一封公开信》也从侧面反映了新时期高校教师的政治理论方面的基础薄弱和参差不齐。我们深刻意识到大力提高并加强包括党外知识分子在内的高校教师政治素质的必要性。

2. 价值取向多元化,思想更加复杂

伴随着经济体制改革和多元文化的冲击,各种社会思潮和价值观念也影响着高校党外知识分子,致使新时期党外知识分子的价值取向发生明显变化。长期的海外学习以及工作和生活背景下,西方的民主、自由和人权思想对党外知识分子的思想认识、价值观念、宗教信仰等都产生了较大的影响。有些人受市场经济的负面影响,功利思想膨胀,个人主义倾向滋长,更加看重物质利益和个人价值的实现,主流价值观淡漠;有些党外知识分子不能正确地认识和摆正个人与他人、集体、国家的关系,职业精神欠缺,政治意识淡漠。

3. 思维活跃,主体意识增强

在过去,高校的许多党外知识分子只知埋头教书、做学问,很少顾及自身的价值及实现方式。近年来,我国高等教育跨越式发展,高校党外知识分子尤其是海外留学回国的知识分子数量激增,他们大都思维活跃、国际视野开阔,对自身身份和价值有了更为深入的认识,并努力寻找自我实现的机会和途径,以使自身的价值得到最充分的实现,参政议政、建言献策、民主管理和监督等意识进一步提高。92%以上的受访者表示很关注中国现阶段发展和自己所在学校、学院的发展,65%的受访者希望有机会参政议政、建言献策等,其中法律、管理社科类的受访者比例高达89%。他们希望充分发挥自身的知识优势和智力优势,在民主氛围浓厚的高校现实环境里最大限度的根据自己的专业特长、兴趣爱好安排工作、参与社会活动、参与学校发展建设。如今高校党外知识分子已在学校的教学、科研、管理等岗位上挑起大梁,并扮演着至关重要的角色,主体意识显著增强。

(二)高校党外知识分子统战工作面临的困境和挑战

1. 高校重视程度不够

高校思想政治教育工作中,一直存在"重党内、轻党外"的情况,而对于党外知识分子的工作,存在"重业务、轻思想"的现象。对党员的教育管理和大学生思想政治工作比较重视,而对党外知识分子的思想建设和引领工作重视得不够,普遍存在对党外知识分子的专业能力和教育教学水平关注得多,而对党外知识分子思想政治方面的要求、教育和思想引导工作关注得少、研究得少。很多高校开展党外知识分子思想引领工作的组织机构不健全、人员配置不到位。通过访谈,我们也了解到不少高校过去甚至没有专门负责统战工作的部门或者人员,有的为合署办公,统战干部寥寥无几。这种情况虽然近两年里得到了一些改观,但普遍存在的情况是二级单位人员配置不到位,"统战领导与干事"身兼数职,分身乏术。

2. 思想引领工作缺少平台、工作办法陈旧

目前绝大多数高校尚未成立类似社会主义学院的专门平台,也缺少其他有效开展工作的平台等或者无人做的情况。习近平总书记在中央统战工作会议上强调指出:做党外知识分子工作,不仅要增强责任意识、配强工作力量,还要改进工作方法,学会同党外知识分子打交道特别是做思想政治工作的本领。这对加强高校党外知识分子思想引领工作提出了更高的要求。当前,高校对党外知识分子的思想引导工作普遍存在工作办法不多、本领不足的问题。面对新形势下党外知识分子呈现的新特点,一些高校的工作方式仍停留在用过去老的办法被动应对,显然已无法适应党外知识分子工作出现的新问题。

3. 互联网的高速发展以及新媒体的广泛应用

近年来,互联网以及各类信息技术支撑的新媒体的快速发展,对我们周遭的政治、经济、文化以及社会环境产生了巨大的影响。知识分子作为掌握科技前沿、积极尝试新鲜事物的一个群体,已着实成为网络新媒体时代的主动参与者、生产者或者创造者。互联网新媒体时代的传播方式呈现多元化、个性化、交互性、快速性、广

泛性和全球性、开放性、丰富性等特点,以互联网为代表的新媒体已成为思想文化信息的集散地和社会舆论的放大器。国外敌对势力正利用网络开放性的特点和技术优势,大肆宣扬西方意识形态、政治制度、文化思想,主张政治多元化、经济私有化、领土分治化、学术国际化,以此混淆是非,宣传西方"民主""人权"价值观和宗教信仰。这些西方文化思想借助互联网进行广泛传播,更具有欺骗性和隐蔽性。一些法制观念淡薄、道德缺失的不法分子也利用网络传播着各种有害信息。这种环境对高校党外知识分子思想建设和价值观变化产生不良影响,给高校的稳定、改革和发展带来许多不利因素。这使得高校党外知识分子的思想引领工作所面临的环境更加复杂,既有机遇又有挑战。

三、对策建议——探索高校党外知识分子统战工作长效机制

1. 建构对党外知识分子队伍进行思想引领的工作网络

党外知识分子队伍的思想政治工作是一项重要而又繁重的任务。高校党委务必高度重视,这也是做好对党外知识分子进行思想引领工作的前提。学校统战部门应在学校党委的统一领导下,充分行使部门职能,理顺工作关系,建立工作网络,与校内党政群团各部门相互配合,发挥合力作用。形成统战部门牵头、有关部门参加的党外知识分子工作领导机制和党外知识分子工作联席会议制度,定期召开有关会议,协调研究解决党外知识分子工作中的有关问题,配备专门力量抓党外知识分子工作。对党外知识分子进行思想引领的统战工作不是单纯某一个部门的事情,是一项需要各方面的协调、配合与投入,各部门共同参与的"系统网络工程",多元化、多层面工作体系的构建是高校统战工作必然的逻辑选择。统战部门应明确自身的牵头协调责任,增强做好党外知识分子思想引领工作的主动性,并注重会同组织部门、人事部门分析研究其思想、工作和生活情况,促进形成由党委领导,统战部协调,组织

部、人事处、工会等相关部门参加并密切配合、互相支持的大统战格局。

2. 丰富对党外知识分子进行思想引领的工作平台和载体

习近平总书记指出,我们党历来有一个好办法,就是组织起来。其一,理论学习平台。要采取举办理论学习班、时事政治讲座,通过考察、调研等形式,组织党外知识分子进行党的基本理论、基本路线和基本纲领以及理想信念、职业道德的教育,引导广大党外知识分子,特别是中青年党外知识分子将个人价值的实现与建设有中国特色的社会主义事业有机地结合起来。其二,思想交流平台。加强党外知识分子联谊组织建设,建立联系沟通、联谊交友,情况通报、交流信息、参政议政、建言献策等思想交流活动平台,更好的发挥联谊会等组织、团体在学习教育、培养人才、建言献策、服务社会、联谊交友等方面的作用。其三,网络宣传平台。信息时代,互联网以及自媒体的发展为我们获取信息提供便捷的渠道,党委、统战部门工作人员要充分利用网络平台开展党外知识分子的思想引领工作。

3. 创新对党外知识分子进行思想引领的工作方法

新形势下,随着党外知识分子群体发生变化,思想引领工作方法必须随之变化。总体来说,积极运用辩证的思维不断创新工作方法是提升党外知识分子思想引领工作实效的必然要求。增强做党外知识分子思想引领工作的本领,就要创新思想引领工作的内容、形式、方法和机制,把解决思想问题与解决实际问题相结合,把开展思想工作与落实政策相结合,尽可能做到有的放矢。一是创新主体教育活动形式。紧密结合高校党外知识分子的思想实际,在确保政治方向和原则的基础上采取寓教于乐的形式开展教育活动,提升思想引领工作的吸引力、感染力。二是注重分类施策,开展个性化教育引导。高校党外知识分子包含了民主党派、无党派人士、归国留学人员等各类群体,在不同的年龄阶段有不同的政治诉求和现实利益。针对不同领域、不同岗位、不同年龄层次党外知识分子实际情况,采取因人、因地、因时制宜的方式和合理的、循序渐进的方法,"私人订制"个性化思想引领方案,可以更好地提高工作的针对性和实效性。三是重视调查研究。发挥高校的科研优势,及时把握他们的思想、心理动态和研究,分析他们的需要变化趋势。四是充分利用新媒体技术。新媒体是高校党外知识分子喜欢的联络方式,要运用新媒体新技术使工作活起来,推动思想政治工作传统优势同信息技术高度融合,增强时代感和吸引力。巧妙利用网站、博客、微博、微信等,不失时机的对党外知识分子进行"润物细无声"的思想引导。总体看来,新时期党外知识分子的思想引领要注重科学引导,以理服之,以情动之,使他们感受到党的温暖,从而不遗余力地为社会发展献策献力。

4. 健全对党外知识分子的干部培养、举荐和任用机制

高校党委要转变观念、拓宽视野,把对党外知识分子的物色培养和举荐使用纳入学校党的干部队伍建设的总体规划之中,发挥党外知识分子代表人士队伍的思想示范引领作用。习近平总书记在中央统战工作会议上讲话强调,培养使用党外代表人士,是我们党的一贯政策。要加大党外代表人士培养、选拔、使用工作力度,努力培养造就一支自觉接受中国共产党领导、坚定不移地走中国特色社会主义道路、具有较强代表性和参政议政能力的党外代表人士队伍。一方面,高校相关部门要通过各种形式,培养和发现人才,建立健全党外知识分子人才库,安排他们参加各种学习和社会活动,努力为他们成长和提高创造条件,提供机会,使他们从政治思想上逐步成长和成熟起来。另一方面,要有计划地做好党外后备干部队伍建设,大胆提拔、放手使用党外知识分子,把他们充实到学校各部门的领导岗位。再者,将人才库中德才兼备,能与共产党真诚合作,具有创新意识和管理才能的高素质优秀人才举荐到各级人大、政协和政府部门进行政治安排和实职安排,并切实保证

他们有职有权有责，为他们健康成长、发挥作用创造条件。同时，学校统战部要会同有关部门，做好人大代表和政协委员中的党外候选人的推荐提名工作，加强与学校以及校外机关、企事业单位相关组织、统战部门的沟通联系，认真做好党外干部的发现、推荐、培养并协助组织部门做好考察工作，不断完善党委及其部门负责人与党外代表人士联谊交友制度，建立党外代表人士举荐和考察责任制，通过事业激励，为党外知识分子施展才华、参政议政等创造良好的环境和条件。

总之，党外知识分子在新时期统一战线工作中占有重要的地位和作用。高校党外知识分子承担着教书育人的重任，不仅是社会正义的坚守者和弘扬者，更是人类文明的传承者和创造者。我们要坚持对党外知识分子的思想引领，探索工作的长效机制，实现高校党外知识分子思想政治工作常态化，推动高校和谐校园建设和我国高等教育事业的发展。

参考文献

[1] 李小宁.新形势下做好党外知识分子工作的几个问题[J].上海市社会主义学院学报,2015(5):3-5.

[2] 宋建设.新形势下党外知识分子思想现状调查和工作方法创新[J].辽宁省社会主义学院学报,2016(3):34-36.

[3] 马胜杰.做好高校党外知识分子思想引导工作[J].北京教育,2015(12):59.

[4] 陈晓萍,史明霞,刘小峰.新形势下高校留学归国人员统战工作探微[J].陕西社会主义学院学报,2014(2):34.

[5] 孙士国,亢晋军.高校党外知识分子的思想特点与政治引导[J].辽宁省社会主义学院学报,2015(2):5-7.

[6] 吴优,张晓娜.试论新媒体时代高校党外知识分子思想政治教育创新[J].兰州教育学院学报,2015(6):69.

[7] 郭唐梨,韩英.新媒体背景下统一战线家园建设简论[J].中共桂林市委

党校学报,2015(3):64-65.

[8] 骆云霞,李宝富,石勤.新时期高校党外青年知识分子思想状况分析[J].重庆社会主义学院学报,2007(2):62.

[9] 金更兴.新时期高校中青年党外知识分子政治引导困境及对策研究[J].重庆社会主义学院学报,2016(2):74-77.

[10] 郎学田.高校党外知识分子思想政治现状及对策研究[J].党政干部学刊,2011(6):35-36.

[11] 王临平,陈虎.把握党外知识分子新特点,发挥高校统战工作有效性.http://www.marx.whu.edu.cn/tzjd/llyj/2015-11-01/52.php.

[12] 戴晓明.党外知识分子和高校统战工作.http://www.marx.whu.edu.cn/tzjd/llyj/2015-11-01/47.php.

新形势下加强和改进高校党外知识分子工作探究

——基于网络载体创新的研究视角

华东理工大学　顾嘉乐　宋晓涛　焦家俊

摘要： 新形势下高校党外知识分子的统战工作面临着诸多机遇与挑战，尤其是对高校统战工作理念、方式、机制等的变革和创新。本文主要阐述了新时期新环境下进一步做好高校党外知识分子工作的必要性以及当前面临的挑战。面对新形势下的新问题，本文借助SWOT分析矩阵进一步探究在网络新载体视角下创新高校党外知识分子工作的有效性问题，分别从网络新媒体的内部优势(S)与劣势(W)、外部机会(O)与威胁(T)四个维度进行分析，针对提出的问题和挑战，提供了对应的解决路径与方案。

关键词： 党外知识分子；高校；网络；创新

　　本课题组对复旦大学、上海交通大学、同济大学、华东理工大学等部分高校进行了问卷抽样调查，共发放问卷100份，回收有效问卷98份，发放人群为高校统战工作者和党外知识分子群体。在研究分析阶段采用了SWOT分析法。该方法是用来确定企业自身的竞争优势、竞争劣势、机会和威胁，从而将公司的战略与公司内部资源、外部环境有机地结合起来的一种科学的分析方法。如今,该方法不仅用于企业内部的态势分析,还被广泛应用于各个研究领域。本文将运用 SWOT 分析法,从网络新媒体的内部优势(Strengths)与劣势(Weaknesses)、外部机会(Opportunities)与威胁(Threats)四个维度重点研究网络新媒体对高校党外知识分子工作的效用。

一、概念界定

本文所指的党外知识分子就是指没有加入中国共产党的,具有大专以上的文化水平,从事科研、教育、文化传播、技术应用、企业管理等专业技术工作的脑力劳动者,其中包括参加各民主党派的知识分子和没有参加任何党派的无党派知识分子。

相对于传统媒体,如报纸、广播、电视、杂志等的大众传播方式,本文所指的网络新媒体是指基于数字化的媒体形式,利用数字技术、网络技术,通过互联网、宽带局域网、无线通信网、卫星等渠道以及电脑、手机、数字电视机等终端,向用户提供信息和娱乐服务的传播形态。

随着当今社会和信息技术的不断更新发展,在现代统战工作理论研究中,网络新媒体已成为不可忽视的重要因素。尤其是以微信、微博、QQ 等为代表的新媒体越来越受大众和青年群体的关注。

二、网络载体创新高校党外知识分子工作的必要性

改革开放以来,党和政府高度重视知识分子,提出了知识分子是工人阶级的一部分、科学技术是第一生产力等重要论断,努力营造尊重知识、尊重人才的社会氛围。党的十八大以来,党和国家对知识分子政治上充分信任、思想上主动引导、工作上创造条件、生活上关心照顾,努力为知识分子提供建功立业的舞台,不断为知识

分子办实事、做好事、解难事。在中央统战工作会议上,习近平强调"党外知识分子工作,是统一战线的基础性、战略性工作"。新时期对进一步做好高校党外知识分子工作赋予了新高度和新要求。

高校统战工作的发展,总是与中国社会特定的发展状态相关,呈现出阶段性的特点。当前,随着网络技术的不断创新与发展,人们的生活和工作发生了颠覆性的变化。这意味着现阶段统战工作研究与实践中,网络载体已经成为一个不可忽视的因素。在统战工作的新形势和新要求下,高校党外知识分子的统战工作也可通过网络这一新的载体实现工作机制的转型和变革,开创"大网络、大统战"的新局面。党外知识分子是高校统一战线工作的重要对象,对高校建设与发展起着推动作用,高校肩负着重大历史使命,要努力探究和创新高校知识分子工作体制机制,切实加强和改进教育系统知识分子工作。

在国家深化改革、信息科技更新变化,不断推进与提出经济新常态的背景下,高校党外知识分子的统战工作面临更多的机遇与挑战,尤其是对高校统战工作理念、方式、机制等的变革和创新。因此对网络载体下进一步加强和改进高校党外知识分子工作的探究具有重大的理论价值和实践意义。

三、新时期高校党外知识分子工作面临的挑战

(一)党外知识分子思想变化多元,是新时期高校党外知识分子统战工作的重要挑战

随着改革开放的深入和社会主义市场经济的快速发展,现代社会思想更加多元多样多变。高校党外知识分子的成长环境与思想状况也随之发生变化,尤其是在理想信念、社会价值观、利益诉求等方面,呈现出多元化的特点和趋势。近来年,随着国内高等教育事业的快速发展以及国际化教育趋势的愈加显著,高校党外知识分子人数不断增加,特别是具有海外留学背景的党外知识分子

人数明显增加。中西教育文化与社会思潮的碰撞，更易产生多元化的思想。高校党外青年知识分子教师群体的思想观念、意识形态、理想信念等在信息化大背景下也更易发生变化和呈现新的特点。高校知识分子是一群在社会中有重要影响的高知队伍，其思想、言行举止等将对社会发展起到一定作用。因此，需正视新形势下存在的思想认识多元化、差异化的新情况，正确处理好一致性和多样性关系，不断巩固共同思想政治基础。

（二）信息网络下高校党外知识分子工作缺乏系统管理和长期规划是当前面临的又一重大挑战

高校党外知识分子是为学校和社会提供建言献策、建功立业的重要力量，让其利用各种线上线下平台参与学校与社会的建设与发展是非常有必要的。在本课题组调查的上海市各大高校中，均已设立专门的高校党委统战部网站，但在实际运营中，还存在缺乏专业人员的网站设计与管理、网站信息更新不及时、缺乏为党外知识分子提供的建言献策平台、办公自动化和信息化发展与更新速度较慢等问题。党外知识分子利用网络平台进行的政治参与、工作交流等的互动机制还不够健全，党外知识分子多样化的诉求还无法得到及时反馈，亟待解决如何充分发挥网络新媒体和网络平台的作用来提高统战工作成效。新时期做好党外知识分子工作提到了新的高度，因此对高校统战工作者而言，如何加强自身综合能力和专业水平也是一大挑战。统一战线工作是凝聚人心的工作，需要统战工作管理者对党外知识分子工作有长远的目标和规划，借助信息网络载体来创新高校统战工作，开辟高校党外知识分子工作的新局面。

（三）网络新媒体的应用和普及，成为高校党外知识分子工作的新挑战

随着互联网科技的发展，网络已成为人们生活和工作不可或缺的部分。对于高校的党外知识分子来说，在日常教学、科研等工

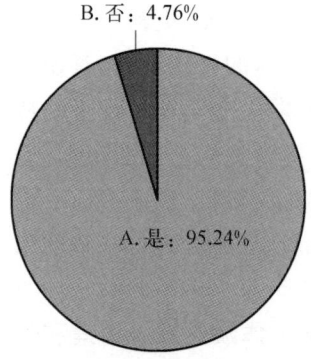

图 1 关于"微信是否已成为日常工作和生活的必备通讯方式"的调查统计

作中,传统的黑板授课、会议、活动等形式在当今网络时代已不具优势。网络新媒体工具,如微信、QQ、微博等已渐入工作和生活中,并从中获得便利。据本课题组调查数据显示,95.24%的高校统战工作者和党外知识分子群体已将微信作为日常工作和生活的必备通讯方式(图1)。大部分高校统战工作者和党外知识分子群体倾向于使用电子网络平台来进行交友聊天。网络新媒体应用的大众化趋势为高校传统的党外知识分子统战工作提出了新的挑战。在工作中,要学会充分发挥好网络新媒体的优势,实现其使用效率的最大化。

四、运用 SWOT 分析网络新媒体下的高校党外知识分子工作

(一)网络新媒体对高校党外知识分子工作的内部优势(S)

网络新媒体为高校党外知识分子工作扩大覆盖面。相比传统的电话、会议、信件等工作形式,网络速度快、具有开放性、覆盖面广是其特点。新媒体工具已逐步发展成为高校统战工作中必备的通讯和交流方式。根据"第六次全国人口普查"数据显示,我国具有大专以上学历的知识分子共有 11 964 万人,其中党外知识分子占 75.1%,数量已达 8 986 万人。各大高校也面临着党外知识分子人数的日益增多的情况。借助网络媒体的应用和普及,可以提高统战工作的服务宽度和广度。通过网络平台吸引更多党外人士的政治参与,加强海内外知识分子的联系以及中青年知识分子的加入,扩大党外知识分子在高校和社会的影响力和作用发挥,运用网络技术可以达到事半功倍的成效。

网络新媒体为高校党外知识分子工作提高灵活性。相比统战工作传统的座谈、线下交友活动、会议等工作形式,互联网模式下的工作方式更为灵活,形式更为丰富多样,信息传递更为高效。信息化时代越来越多的人倾向通过网络平台来发声,统战部门可通过网络论坛、电子邮件、微信或 QQ 交流群等为广大党外知识分子提供更为便捷的建言献策、参政议政渠道,开创一个更为公开、自由、开放的交流平台。通过开放式的平台,更有助于党外知识分子在透明化的体系下履行民主监督的职责,有效推动高校民主政治的发展。如在开展党外知识分子专题教育和培训工作中,可借助不同的网络培训平台实现线上线下相结合的培训方式,既能节约时间和成本,也能提高学习效率。

网络新媒体为高校党外知识分子工作促进交流互动。联谊交友是高校统战工作的根本方法,传统的联谊交友形式有:民主协商会议、座谈会、走访慰问、联谊活动、社会考察与调研、电话沟通等。在大数据网络下,通过微信交流、电邮沟通等已成为增进高校统战工作和党外成员交流的主要渠道。据本课题组调查数据显示,在信息网络时代,微信已成为高校统战工作者和党外知识分子首选的交流和通讯方式(图2)。可见,网络新媒体在创新高校统战工作的道路上发挥着重大作用,其影响力不可替代。网络新媒体可以不受时间、空间、地域、经费等的限制,更快速有效地建立沟通与联系,甚至可以打破传统工作层级界限,在扁平化的工作和交流模

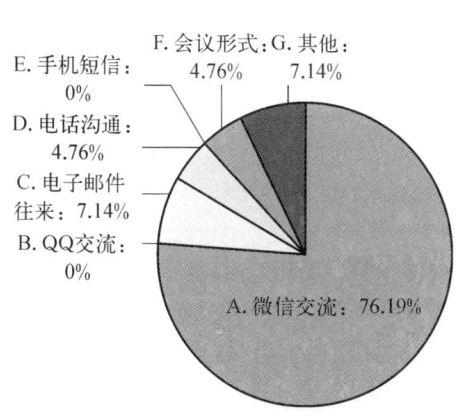

图2 关于"信息网络时代最优的日常工作通讯与交流方式"的调查统计

式中运行。其同步性、即时性、有效性的特点是传统工作方式无法达成的。这对于相对组织松散、工作繁忙、分散的党外知识分子来说,无疑可以节约沟通成本,实现在第一时间通过网络达成联络。

(二) 网络新媒体对高校党外知识分子工作的内部劣势(W)

信息网络大背景下,高校内的网络统战工作还缺乏专业人员的管理。越来越多的高校统战工作者和党外知识分子在统战工作新环境中倾向于借助新的网络载体,尤其是当前高校党外知识分子队伍呈现年轻化的态势,新一代青年知识分子更离不开互联网所带来的便利。但在实际运行中,高校内部还缺乏专业的网络技术人员对网络新媒体和平台问题的处理,缺乏统一管理,对通过网络提出的诉求不能得到及时回应,缺乏网络突发事件的应急处理方案等。这无疑对高校统战工作者来说是亟待解决的问题。

网络新媒体还未在各高校统战工作中充分发挥其优势和效用也是一个不容忽视的问题。虽然大部分高校已建立了统战工作网站,但这只是信息化网络时代高校统战工作的一小部分,还需放眼未来,加快健全统战工作网络管理制度和机制,而不仅仅是停留于网站维护的表面工作。据本课题组调查数据显示,高校统战部网站的关注度并不高,多数人员只会在需要了解信息时上网查看,高校统战部网站的吸引力和建设力度还不够(图3)。因此,要加大发挥网络新媒体对高校统战工作的作用,在网站的日常更新与管理、党外知识分子代表性人物和事迹的宣传、建言献策网络平台和党外知识分子互动交流平台的建设等方面加

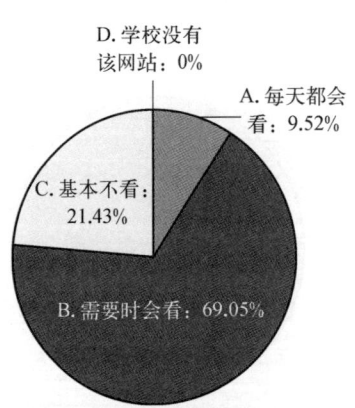

图3 关于"各高校统战部网站关注度"的调查统计

快创新与发展,真正体现出网络为高校统战工作带来的新效益。

此外,由于传统高校统战工作具有行政化的特点,在网络这个自由开放的大平台中,传统高校统战工作面临着突破创新的考验。网络平台为统战工作提供了更为公开、透明、开放、自由的平台,也突破了金字塔式的层级管理模式而趋于扁平化的管理方式。这对于高校统战工作的管理模式、工作理念、工作方式等都是新的突破和考验。

(三) 网络新媒体对高校党外知识分子工作的外部机会(O)

网络新媒体的应用和普及为高校党外知识分子主动建言献策提供了新的平台和机会。传统的座谈、会议、信访等建言方式已无法满足信息化时代的发展,网络赋予了新的契机,如网络论坛、电邮、微信等可以更加快速、有效地为党外知识分子参政议政、履职献策提供便利。新的网络渠道能及时传播社情民意,又能实现随时随地开展建言献策,有助激发代表人士的履职热情、拓宽履职渠道,更好促成民主科学的决策。根据中国互联网信息中心发布的第 29 次《中国互联网络发展状况统计报告》显示,我国大专及以上学历人群中互联网使用率在 2011 年已达 96.1%,已处于基本饱和状态。由此可见,未来高校党外知识分子工作势必呈现网络化和信息化的发展趋势。

网络新媒体的应用和普及为高校党外知识分子工作开创了新的互动交流载体。以微信、微博、QQ 等为代表的新的网络载体受到大众的热爱,尤其是近年来手机微信的大量普及,使微信成为了必不可少的日常办公载体之一。网络打开了新的联系交友方式,随着移动媒体的快速发展,"微协商""海燕博客"等新的工作载体应运而生。其特点是移动性强、互动性高、传播性快、影响性大。较之传统的工作交流方式,网络移动载体更受高校党外知识分子,尤其是中青年知识分子的喜爱。借助新的网络载体更有助于实现跨地区、跨领域的联谊交友,实现一对多、多对多的互动交流形式。

高校传统的统战工作模式在新形势下面临了前所未有的挑战,因此,按照当下高校党外知识分子工作的新环境和新要求,未来的高校统战工作必须与网络紧密结合,与时俱进,突破创新,努力为高校统战工作开辟新的道路。

(四)网络新媒体对高校党外知识分子工作的外部威胁(T)

互联网是一个放大镜,可将问题放大化,扭曲事实。现代网络社会是一个开放的时代,在社会各界的舆论导向和不同思潮的作用下,部分党外知识分子的思想和言论也会受到一定影响。在面临国内社会矛盾与冲突、国际政治与社会问题、社会突发性和紧急事件之时,易形成过于片面或偏激的思潮引领,将局部问题扩大为全局问题,将个人行为放大为群体行为,从而影响社会主义意识形态的正确树立以及社会的和谐与稳定。

相对于高校统战工作的传统方式来说,采用网络新技术带来的工作和效率的提高显著,但也存在着不可避免的网络安全和风险问题。在实际工作中,信息安全问题是重点,如不能提供一个安全、稳定、可靠的网络交流与互动载体,会导致无法让党外知识分子真正实现建真言、献良策,还会存在对网络信息和言论真伪性无法辨别的情况,无法体现民主、科学的决策。面对外部突发入侵的网络病毒、出现的系统漏洞等问题也需引起关注,需配套健全网络安全相关机制,防患于未然。

表1 网络载体创新高校党外知识分子工作SWOT分析矩阵

外部因素战略 内部优势	优势(Strengths) 1. 为高校党外知识分子工作扩大覆盖面; 2. 为高校党外知识分子工作提高灵活性; 3. 为高校党外知识分子工作促进交流互动。	劣势(Weaknesses) 1. 网络统战工作缺乏专业人员的管理; 2. 网络新媒体未充分发挥其优势和效用; 3. 传统高校统战工作面临突破创新的考验。

(续表)

机会(Opportunities)	SO 战略	WO 战略
1. 为高校党外知识分子主动建言献策提供新的平台和机会； 2. 为高校党外知识分子工作开创新的互动交流载体。	发挥网络载体优势，充分调动高校党外知识分子积极性。	打造网络新媒体"移动+互动"平台，创新高校党外知识分子工作。
威胁(Threats)	ST 战略	WT 战略
1. 互联网是一个"放大镜"，党外知识分子思想和言论会受到一定影响； 2. 存在不可避免的网络安全和风险问题。	配强高校统战工作力量，完善高校统战工作网络平台建设与管理。	健全高校网络统战工作的体制机制，保障网络统战工作的健康、长远发展。

五、网络载体创新高校党外知识分子工作的基本路径

（一）SO 战略：发挥网络载体优势，充分调动高校党外知识分子积极性

随着网络新媒体逐渐成为日常生活和工作不可或缺的因素，越来越多的高校统战工作者和党外知识分子在新环境中对借助网络载体创新高校统战工作持有积极乐观的态度。据本课题组调查数据显示，97.62%的高校统战工作者和党外知识分子对借助网络新媒体创新高校统战工作表示支持(图 4)。党外知识分子在各高校所占比例较大，其学历高、职称高、层次高，近年来还呈现年轻化发展态势，他们是学校教学、科研的骨干力量，同时也是中国特色社会主义事业建设道路上的重要力量。其中很多也是各级人大代表、政协委员，在社会各界中担任着重要职务。还有归国留学人员、归侨、侨眷、少数民族及港澳台代表人士等，他们在各领域、团体、行业中均占有举足轻重的地位和影响。各高校要充分发挥各

类网络载体的优势,优化网络统战工作环境,开辟更多线上线下建言渠道、交友平台,为党外知识分子履职建功提供最大支持。还要积极发挥网络平台的宣传作用,传播党外知识分子代表人物的正能量和旗帜性精神,进而提升他们的积极性和主动性,更好参与到学校、社会的建设发展中。

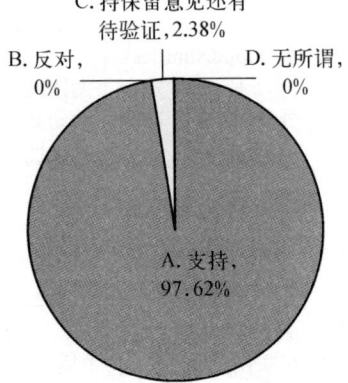

图4 关于"借助网络新媒体创新高校统战工作支持率"的调查统计

(二) WO 战略:打造网络新媒体"移动+互动"平台,创新高校党外知识分子工作

网络为进一步探索高校党外知识分子参与学校、社会、国家的民主管理的方式和途径提供了新机遇,对于凝聚广泛共识、主动建言献策、积极建功立业有着积极的意义。新媒体的快速发展和广泛接受度,使其逐渐从电子网络平台发展为移动互联网平台。随着手机的大众化普及,出现了以微信、微博为代表的"掌上互动载体",这些便捷的即时通讯工具为统战工作联谊交友开创了新的路径,其优势显而易见。借助网络新媒体、线上线下的互动交流平台,能更有效地发挥党外知识分子参政议政、民主监督的职责,更好发挥他们的主观能动性和自身优势。在互联网环境下,秉持"互联、互动"的工作理念,实现"移动+互动"式的工作和服务方式,这是对传统高校统战工作模式的一大突破,同时也为进一步做好党外知识分子工作开创了新的局面。

(三) ST 战略:配强高校统战工作力量,完善高校统战工作网络平台建设与管理

面对高校统战工作愈发明显的网络化趋势,各高校应加强对统战工作的重视,努力配齐、配强高校的统战工作力量,加大人力、

财力、物力等的支持,尤其是在新形势下需配备一支专业化的网络信息管理队伍,完善高校统战部的网站、微信平台、建言献策及互动交友平台等的建设。高校统战部网站的开发建设是高校统战工作迈入网络化发展的基础,如何充分发挥统战部网站的传播与宣传作用是关键。网络平台的引入和发展还需要配备相关的日常专业技术与管理人员。这对现有的高校统战工作者是个不小的考验。在顺应网络化发展阶段,需努力提升高校统战工作者的综合能力和专业素养,不断学习与改进,转变传统工作理念和方式,学会运用网络新载体实现统战工作的突破与创新。

(四) WT 战略:健全高校网络统战工作的体制机制,保障网络统战工作的健康、长远发展

网络是一把双刃剑,在带来工作效益提升的同时,也会存在各类网络隐患,各种舆论的引导、信息情报的泛滥等为网络统战工作带来负面效应。党外知识分子的言论与思想也会受到社会经济不稳定的冲击,形成部分偏激的舆论,影响社会和谐。因此,各高校亟待建立正确的网络舆论导向机制,夯实思想政治基础,在赋予党外知识分子自由言论权利的同时,给与积极、正确的思想引导,以保证网络统战工作的健康、稳步发展。此外,还需加快健全网络安全机制和有效的统战网络管理机制,先从制度和体制上为高校统战工作打牢基础,建立好长期有效的运营管理体系,为高校统战工作的网络化发展做好长远的目标和规划。

网络信息化的快速发展推动着高校统战工作网络化趋势的发展。本文论证了在新形势下借助网络新载体创新高校党外知识分子工作的有效性和推动性作用。较之传统的高校统战工作方式,网络新媒体有其灵活性高、互动性强、覆盖面广等特点,有助于调动党外知识分子的积极性和参与度,从而提高统战工作的深度和广度,提高工作效率。网络新载体的引入和普及为高校党外知识分子工作开创了新的路径和工作模式,为创新高校统战工作新局

面打下良好基础。然而,在充分发挥网络带来的优势和便利之时,也不能忽视传统高校统战工作的有效途径和手段。如"面对面"的工作交流方式在情感和思想沟通上有其独特的价值和意义,是信息技术所不能替代的。在未来的统战工作中,要坚持优势互补,互相促进。学会在新环境新情况下,依照问题创新发展路径,不断完善工作机制,为高校统战工作的创新发展之路做出贡献。

参考文献

[1] 王平,李梦园.谈新媒体环境下高校统战工作的创新[J].辽宁师专学报(社会科学版),2016(2):83-84.

[2] 佟岩,袁博.高校党外知识分子思想政治工作思考[J].辽宁行政学院学报,2015(6):78-80.

[3] 杨世鹏,王春明,董建.高校网络统战工作探析[J].高教论坛,2016(3):6-8.

[4] 何正玲.网络载体:高校党外知识分子统战工作的新路径[J].辽宁工业大学学报(社会科学版),2011,13(5):67-69.

[5] 李眸,陈步伟.加强高校党外知识分子统战工作研究[J].学校党建与思想教育,2016(12):20-22.

[6] 李双翼.新媒体时代高校统战工作研究[J].中国冶金教育,2016(5):104-106.

[7] 王玉柱,施海燕."互联网+"时代社会组织统战工作挑战与创新——兼论"微协商"的实现机制[J].上海市社会主义学院学报,2016(3):10-15.

[8] 杨世鹏,董建,王春明.基于SWOT分析做好高校网络统战工作的思考[J].高教论坛,2016(4):3-6.

[9] 中国互联网信息中心.第29次中国互联网络发展状况统计报告[EB/OL].(2012-01-16)[2017-08-17] http://www.cnnic.cn/hlwfzyj/hlwxzbg/hlwtjbg/201206/t20120612_26720.htm.

[10] 中华人民共和国国家统计局.2010年第六次全国人口普查主要数据公报[EB/OL].(2011-04-28)[2017-08-17] http://www.gov.cn/test/2012-04/20/content_2118413.htm.

高校党外知识分子工作机制创新研究

上海财经大学　徐　萍　袁国辉

摘要：党外知识分子工作，是统一战线的基础性、战略性工作。高校党外知识分子工作是其不可忽视的内容。随着高校改革的不断发展，高校党外知识分子工作得到了加强，但是在党外知识分子的交流与沟通、合作与发展，完善党外知识分子工作方式方法，党外知识分子工作机制创新等方面还存在问题。构建和完善高校党外知识分子工作机制，一是加强党外知识分子思想政治教育机制，二是完善党外知识分子引导管理和组织协调机制，三是创新党外知识分子激励机制，四是健全党外知识分子服务工作长效机制，五是优化高校党外知识分子工作监督机制，六是注重高校党外知识分子工作方法和艺术机制等工作机制创新。

关键字：高校；党外知识分子；工作机制创新

党外知识分子是指没有加入中国共产党的知识分子，其中包括参加各民主党派的知识分子和没有参加任何党派的无党派知识分子。党外知识分子工作，是统一战线的基础性、战略性工作。党外知识分子工作是学校统战工作的重要组成部分，地位特殊，意义重大。

一、高校党外知识分子工作机制研究的意义

高校肩负着人才培养、科学研究、社会服务、文化传承创新、国际交流合作的重要使命,高校党外知识分子是人才队伍中的重要组成部分,是统战工作的重要对象。高校党外知识分子工作更是统战工作的重点领域之一。随着高校改革的不断发展,这就要求党外知识分子工作在新常态下必须有新作为和新发展,积极创新党外知识分子工作机制,为实现中华民族伟大复兴的中国梦贡献智慧和力量。

(一) 有利于提高认识,推进高校统战工作科学化水平

推进统战工作科学化发展,就是坚持科学发展观的要求,在统战工作过程中坚持以人为本,充分尊重高校党外知识分子的物质和精神需要,了解他们工作和生活状况,与他们沟通、谈心、交朋友。研究高校党外知识分子工作机制,探索统战工作内部运行机制和外部利益协调机制,总结经验方法,找出统战工作的内在机制和规律,促进统战工作机制符合党外知识分子工作的需要和时代发展的趋势,从而推进高校统战工作的科学化水平不断提高。

(二) 有利于凝心聚力,发挥党外知识分子在"双一流"大学建设中的积极作用

"双一流"大学建设,是国家在高等教育领域的又一项重点建设工程。我国高校"双一流"大学建设,即世界一流大学和一流学科建设,就是要将高校发展为世界顶级的、学科基础扎实的高等学府。高校中多数党外知识分子具有高学历、专业基础扎实和学术造诣深的特点,他们居多是学科带头人,深入统战工作机制理论研究,有利于促进统战理论水平的提高,给党外知识分子工作提供科学的理论指导。特别是激励机制的创新,有利于激发党外知识分子积极建言献策的热情,为学校学科建设、学校管理、制度建设等

方面发挥应有的作用。有利于在统战实际工作过程中与党外知识分子敞开心扉交流，真心实意谈心，平等互助交友，在现实生活和工作中帮助和团结党外知识分子，形成建设"双一流"大学建设的巨大合力。

（三）有利于缓解矛盾，促进社会和谐稳定发展

高校党外知识分子是重要的人才资源，在全面建成小康社会之际，他们在和谐社会建设方面发挥着不可替代的作用。高校民主党派和无党派人士就经济社会发展重大问题进行考察调研，其在反映社情民意、协调社会关系、维护社会稳定、开展对外交往和社会服务等方面发挥着积极作用。高校党外知识分子工作机制的创新发展，有利于调解党外知识分子之间的利益纠纷，缓和党外与党内人士的矛盾，积极为社会和谐发展提出宝贵的建议和对策，促进高校党外知识分子破解和谐社会发展难题，厚植社会和谐稳定，为社会的和谐稳定发展贡献力量。

（四）有利于激发活力，服务经济社会发展和中国梦的实现

实现中国梦，必须凝聚中国力量。高校党外知识分子工作机制的研究，就可以深化对党外知识分子政治愿望、工作需要、生活困境和行为动机的了解，挖掘行为动机背后的原因，达到"春江水暖鸭先知"的目的，从而在开展统战工作和激发党外知识分子活力时"对症下药"，采取适宜的对策和工作机制，做到有的放矢。在"互联网＋"等高科技快速发展背景下，发挥党外知识分子的聪明才智，积极倡导"大众创业，万众创新"，有助于实现经济协调发展，社会和谐稳定，文化多元并进，生态绿色环保，为实现"两个一百年"宏伟目标、中华民族伟大复兴的中国梦而服务。

二、高校党外知识分子工作情况的分析

做好高校党外知识分子工作，处理好与他们的关系，坚持和维护大团结大联合的主题，前提是要对党外知识分子各种情况了然

于心,必须充分了解高校党外知识分子工作的现状。

(一) 高校党外知识分子思想状况发生了重大变化

随着我国进入社会转型期,高校党外知识分子的思想状况也发生着重大的变化。呈现出与以往不同的思想特点,参政议政热情不断高涨,独立意识、竞争意识、创新意识不断增强,个性化特征日益显现,思想比较活跃,追求新异,价值取向多元化,具有突出的时代特色。高校党外知识分子勇于表述自己观点和见解,追求自身利益,他们也关心国计民生,关注国家社会政策变化和导向,敢于为自己的事业和理想而奋斗。

随着我国经济社会的快速发展,市场经济带来的影响具有双面性,在促进党外知识分子竞争意识、自主意识、创新意识不断增强的同时,自由主义、个人主义、享乐主义、功利主义等也充斥腐蚀着人的思想。党外知识分子虽然对主流意识形态不反对,他们认同改革开放以来我国取得的巨大成果,认同中国共产党的领导核心作用,特别是十八大以来,我国在制度改革、经济发展、社会稳定,在内政外交国防、治党治国治军方面取得的巨大的成就,新一届领导集体给党外知识分子刷新了印象,在高校党外知识分子的内心深处取得好感。但是,一些党外知识分子对非主流意识形态思想也不排斥,特别是在当今一些西方国家到处推崇"普世价值"的影响下,有时那些有留学经历的党外知识分子还更倾向于国外的思想和观点。特别是一些年轻一代留学归国人员,对国外某些思想持有百分百赞同的态度,对于国内某些现象则表现出强烈不满,有时还在教学科研工作过程中大力渲染,这对于"95后""00后"的影响极大,一些学生反响热烈。对于党外知识分子的思想动态,统战相关部门要引起足够的重视和引导。

(二) 高校党外知识分子工作尚有提升空间

加强与高校党外知识分子的交流与沟通、合作与发展,完善党外知识分子工作方式方法,加快党外知识分子工作机制创新,是当下统战部门工作的重要任务。但是受传统党外知识分子工作思想传统的束缚,对党外知识分子工作中出现的新情况、新特点、新形势研究不够深入,认识还不全面,特别是对党外知识分子工作机制不够健全,不适应社会转型期党外知识分子工作需要的认识不到位。在对党外知识分子的思想引导、组织协调,工作岗位安排,激励方式,活动交流等方面尚未建立一套具有可操作性、系统的、行之有效的工作机制,党外知识分子工作方法日渐陈旧,有些领导干部采取一些简单粗暴的工作方法,做党外知识分子工作也往往采取居高临下的态度,遇到不同意见就以权压人,一言堂的会议形式往往导致多数党外知识分子会上同意,会后反感抵触。统战活动内容缺乏创新元素,为了维持以往统战成果,一些统战工作人员采取"稳过渡"的工作态度,党外知识分子活动仅仅流于形式,仍然是"老掉牙"的内容,导致党外知识分子参与活动的积极性日益锐减。

(三)高校党外知识分子工作队伍和服务平台亟待完善

加强工作队伍和服务平台的建设是做好党外知识分子工作的一项重要任务,也是一项复杂的系统性工程。一方面,目前高校党外知识分子工作队伍存在工作队伍结构不合理的问题,主要表现在党外知识分子工作干部培养力度不够,导致统战工作队伍后备力量不足。刚从事统战工作的人员经验不足,缺乏统战工作实践经验。而如今高校党外知识分子数量多,学历高年轻化,思维活跃,敢于挑战权威,这就为新形势下党外知识分子工作提出新内涵和新挑战。有些统战工作人员在做党外知识分子工作的过程中往往表现出心有余而力不足的状况,因为不了解党外知识分子的家庭生活情况、工作状况、实际需求、行为动机等,这在实际工作过程中往往出现令人尴尬的局面。另一方面,党外知识分子的服务平台和机制还不健全也是各高校中客观存在的问题之一,有些党外知识分子生活上遇到困难,没有给予及时资助帮扶的机构;当工作上有困难时,没有快速有效解决问题方案的机制;与同事有不同意见发生矛盾时,没有有效缓和气氛、调解矛盾的对策;心理咨询机构也有待充实专业素质扎实、能够迅速提供解决心理问题对策的尖端人才。总之,高校统战相关部门要从工作机构、机制入手,改进工作方法,配强工作力量,不断提高党外知识分子工作水平,这就要求必须大力培养规模适度、结构合理、素质优良的工作队伍;打造符合实际、配置齐全、充满人文关怀的服务平台。

(四)高校党外知识分子工作面临新情况和新特点

全球化背景下,时代在发展、科学技术不断进步以及互联网、大数据、云计算、人工智能等的迅猛发展,社会文化也呈现多元发展的趋势,各种社会思潮的兴起潜移默化地影响着高校党外知识分子的思想、价值观和行为方式。新形势下,高校党外知识分子呈现出思想活跃、价值趋向多元化、学习能力强、容易接受新事物等新情况和新特点;高校党外知识分子呈现年轻化、高学历的特征,他们参政议政热情高,自主性强,竞争意识强,富有个性,科研能力和学术造诣深,他们勇于追求自身的利益,敢于表达自己的政治诉求。因此,在做党外知识分子工作过程中,这些新情况、新问题都不容回避,必须积极面对,要转变思想观念,找出新的工作对策,完善新的服务体系,创造新的工作机制。

三、高校党外知识分子工作机制创新的途径

工作机制的建立和完善是构建高校党外知识分子工作新格局的重要保障。党外知识分子在我国知识分子当中是占绝大多数的群体,高校是党外知识分子分布密集的地方,必须加快党外知识分子工作机制创新,积极做好党外知识分子的各项工作,促进他们成为先进思想文化的倡导者、主流价值观的自觉践行者、学术研究的开拓者、技术专长的创造者、中国共产党执政的坚定捍卫者。

（一）加强党外知识分子思想政治教育机制

思想政治工作是经济工作和其他一切工作的生命线,"无论过去、现在和将来,这都是我们的真正优势"①,思想政治教育作为中国共产党的优良传统,必须毫无疑问地继承和发展。统战工作者要更新党外知识分子思想政治教育的形式、方法和内容,创新思想政治教育机制,学会同党外知识分子打交道,特别是做思想政治工作的本领。全球化背景下,经济一体化、政治多极化、文化多元化发展的趋势不可逆转,由此带来的各种社会思潮也如雨后春笋般兴起,如潮水般涌向社会的各个角落,自由主义、功利主义、民粹主义、历史虚无主义等潜移默化地影响着党外知识分子的思想、意识、情绪、态度、价值观、行为方式。这就要求做好统战工作,警惕社会思潮的负面影响。加强党外知识分子的思想政治教育工作,与他们交友谈心和走访慰问,关注他们的思想和困难,帮助他们树立正确的政治立场,端正价值取向,提高思想意识,增强辩证思维能力,切忌走极端。思想政治工作就如统战工作的"安全阀""稳压器",统战相关部门要加强合作,在党外知识分子中持续开展坚持和发展中国特色社会主义学习实践活动,进一步凝聚政治共识,不断增强对坚持和发展中国特色社会主义的道路自信、理论自信、制度自信,切实承担起作为中国特色社会主义的亲历者、实践者、维护者和捍卫者的政治责任。调动他们致力于中国特色社会主义事业的积极性、主动性和创造性,努力在实现中国梦的伟大进程中奋发有为、建功立业。

在当今"互联网+"的时代,网络的飞速发展,对人们的生活、学习、工作都发生着深刻的影响,"截至 2017 年 6 月,中国网民规模达 7.51 亿,互联网普及率达到 54.3%"②。统战部门要充分利用

---

① 邓小平.邓小平文选(第三卷)[M].北京：人民出版社,1993：144.
② 中国互联网络信息中心.第 40 次中国互联网络发展状况统计报告[R].2017.

互联网这一平台,在网络阵地上占有一席之地,利用 iPad、手机等移动终端的便利性以及网络的实时性、快捷性、传播范围广等特点,借助微信、微博、QQ、微信公众号等平台进行宣传教育。针对党外知识分子的各项工作,高校各部门、各院系在共同努力与合作的基础上,形成完整的思想政治教育合力机制,增强思想政治工作的影响力,取得思想政治教育的实效。

(二)完善党外知识分子引导管理和组织协调机制

建立和完善多部门合作的引导管理和组织协调机制是统战工作的重要职责。《中国共产党统一战线工作条例(试行)》中指出,要在党委统一领导下,坚持"充分尊重、广泛联系、加强团结、热情帮助、积极引导"的方针,统战部作为党委主管统一战线的职能部门,统战部要在党委的统一领导下,"承担了解情况、掌握政策、协调关系、安排人事、增进共识、加强团结等职责",与学校组织部、宣传部、人事部等部门工作者加强沟通与交流,形成统战部牵头、各部门参加的党外知识分子工作协调机制。为做好党外知识分子工作,各部门要明确职责,共同商量对策,严格按照统战部门的各项要求,在各自工作过程中加强意见交流与协调,互相合作与支持,形成"一方'有求',八方'点赞'"的互动氛围,促成高校统战工作事业蓬勃发展的新局面。

做好党外知识分子工作,很重要的一点是做好其思想政治的引导管理工作,要形成引导管理好关键少数、组织协调好领头骨干的工作机制,高度重视其积极作用,发挥他们对其他党外知识分子的指导、引导和服务功能。2015 年 5 月的中央统战工作会议强调:"国家机关和国有企事业单位党外知识分子工作的重点对象是:具有高级职称的党外知识分子,学科带头人或者重要业务骨干中的党外知识分子,担任中层以上领导职务的党外知识分子,其他有成就、有影响的党外知识分子。"许多高校党外知识分子在校内和校外都深孚众望,社会联系广泛,影响力大,要发挥他们的积极作用,统战工作者对他们的工作要细致,服务要热情,关心要到位,以平等的态度探讨各种问题。我国正处于社会转型期,新情况新问题也不断出现,人与人之间的关系也复杂多样,高校党外知识分子之间多样的利益关系和矛盾摩擦也是客观存在的,因此,高校统战工作者要优化利益协调机制,比如完善人与人的意见反映机制和利益协调和保障机制。有利益差异的存在,就可能有矛盾的发生,统战相关部门就是要做好意见反映工作。一是要鼓励党外知识分子反映意见;二是要将建议反映到党委。在对党外知识分子的科研基金、职称评定、岗位晋升、人才培养计划指标等方面要有制度保障,组织部和统战部要建立健全协调配合机制,在对党外知识分子干部培养、挂职锻炼、调动任免前交流意见,做到公平公正、阳光透明。

(三)创新党外知识分子激励机制

创新激励机制是指通过人性化的人才激励机制,具有竞争力的薪酬制度,畅通的晋升渠道,鼓励创新、容忍失败的创新环境和文化氛围等,充分调动创新人才的积极性,激发和保持员工创新的激情和热情。高校必须发挥一切激励因素和激励机制的作用,激励党外知识分子参与到教学、科研、管理等工作中来,突出他们的特色与专长。继续贯彻落实科教兴国,人才强国战略,利用好物质激励、思想激励、政治激励、精神激励、榜样激励、活动载体激励、荣誉表彰、职称保障激励、人才选拔和岗位晋升等激励机制,激发党外知识分子的专业特长与创造智慧,使其各尽所能,履行职责,各尽其力,激发工作热情,提升奉献情怀,让一切创新活力竞相迸发,服务"十三五"时期高等教育事业发展,以及高校一流大学和一流学科的建设。

美国心理学家威廉·詹姆斯通过调查研究发现,人在没有激励条件下,一般只发挥个人能力的 $20\%\sim30\%$,如果有良好的内、外部激励条件,则可以发挥个人能力的 $80\%\sim90\%$。可见,激励在调动人的积极性方面有着巨大的作用①。为此,在新形势下,要融合各种激励机制,寻求党外知识分子潜力的最大公约数,最大限度地激发和释放他们的"双创",即大众创业和万众创新的热情与活力,为全面建成小康社会,围绕"十三五"发展规划,聚合高校党外知识分子的智慧和力量。

(四) 健全党外知识分子服务工作长效机制

健全高校党外知识分子服务工作长效机制是统战工作的必然要求。我国全面改革进入攻坚期和深水区,随着经济社会结构的深刻变动,党外知识分子的利益格局和对自身的要求发生了很大的变化,高校党外知识分子工作也面临新的挑战,党外知识分子数量不断增多,趋向年轻化,思想独立,有自己的想法和规划。作为高校党外知识分子工作工作者,要树立热情服务意识,扎根于工作岗位之上,立足于统战工作实践之中,积极创造条件满足党外人士的合理要求和需要。习近平总书记教育我们,要有"板凳要坐十年冷,文章不写一句空"的执着坚守。做党外知识分子工作,就要耐得住寂寞,经得起诱惑,守得住底线,立志做大事,不要立志做大官。统战工作干部要从党外知识分子的实际需求出发,多与他们和声细语交流沟通,倾听他们的声音,了解他们的困难和需要,及时针对性地伸出援助之手,让党外知识分子感受到统战工作者的热情、服务和温暖。

服务好党外知识分子,要"坚持广泛团结、热情服务、积极引导、发挥作用的方针,做好出国和归国留学人员统一战线工作",高校既要支持党外知识分子留学,又要积极创造各种便利条件,如解决高校党外知识分子落户住房、子女入学、薪金福利、养老保险等切身利益问题与后顾之忧,破除户籍、地域、身份、学历等偏见,完善急需和特殊人才引进办法,以吸引和鼓励他们回国。高校要营

---

① 车科.基于科研人需求特点的有效激励[J].云南科技管理,2010(6):13.

造留学归国人员能创事业、做出佳绩的环境氛围,为党外知识分子尽可能地提供完备的科研实验设备和优美的工作环境,创设各种科研基金和人才培养计划。因为归国留学知识分子在国外学习、工作、生活过程中,学到了许多前沿知识和技术专长,高校统战工作者就是要更新激励机制,激发党外知识分子的潜能,促使他们懂得"天下为公,担当道义,是广大知识分子应有的情怀",激励他们为学校学科建设、教学工作、管理制度等发挥应有的作用。

(五)优化高校党外知识分子工作监督机制

高校党外知识分子工作顺利有效进行,完备的工作监督机制作用不可小觑。首先,要加强党委对统战相关工作的督查力度。统战部门要自觉接受党委领导和监督,维护党委总揽党外知识分子工作的全局作用,领导干部要定期向党委报告党外知识分子工作状况,反映党外知识分子的意见和要求。其次,落实党外知识分子工作绩效考核和反馈机制。绩效考核和反馈机制是对统战工作的一种激励举措,注重对统战工作的综合考核,坚决落实责任追究制度,对于党外知识分子意见和需要不予重视的要按照规定给予相应警告和处罚,完善工作绩效考核机制有利于促进党外知识分子工作者的热情和暖心服务的态度。再次,完善党外知识分子对统战工作的监督。各民主党派参加党委有关方针政策、重大决策部署执行和实施情况的检查,参加廉政建设情况检查、其他专项检查和执法监督工作,各民主党派的监督虽然不同于权力监督,但在对党外知识分子工作的监督上起着不可替代的作用,可以通过意见、批评、建议的方式对党外知识分子工作进行监督。最后,统战工作相关部门自觉接受舆论监督。为此要注重高校党外知识分子工作的实际效果,解决来自党外知识分子生活、工作、科研、教学等方面的实际问题,切实落实网络舆论监督制度。

(六)注重高校党外知识分子工作方法和艺术机制

做好高校党外知识分子工作,应注重工作方法和策略,讲究工作艺术。第一,跟上适应时代要求的宣传方法和艺术。宣传方法对于高校党外知识分子的统战工作特别重要,特别是在互联网迅速崛起的时代,根据高校党外知识分子年轻化、思想活跃、容易接受和学习新事物和技术的新情况,高校统战工作者要紧跟时代的变化和发展,利用好网络这一重要平台,占据互联网领域的"制高点",更好地宣传统一战线工作的目的、理论、意义、方针和政策。第二,突出统战工作针对性的方法和艺术。做好新形势下的高校党外知识分子工作,必须讲究工作方法和艺术,正确处理多样性与一致性的关系。党外知识分子的个性化特征明显,在做他们的思想政治工作时,既要有广泛性的规范,又突出针对性的要求,切忌"一刀切",做思想工作要突出差异性,包容党外知识分子不同的思想和观点,允许开会过程中不同意见和看法的存在,鼓励会上发声,尊重他们的话语权。第三,掌握统战工作规律性的方法和艺术。"自由不在于幻想中摆脱自然规律而独立,而在于认识这些规律,从而能够有计划地使自然规律为一定的目的服务"①,社会转型期,必须立足大局,直面问题,探索和掌握规律,发挥统战工作者的主观能动性,不断增强责任意识,挖掘新的工作方法和艺术,促进统战工作"因事而化、因时而进、因势而新"。

参考文献

[1] 邓小平.邓小平文选(第三卷)[M].北京:人民出版社,1993:144.

[2] 中国共产党统一战线工作条例(试行)[Z].2015-05-18.

[3] 习近平.在哲学社会科学工作座谈会上的讲话[N].人民日报,2016-05-19(2).

[4] 习近平.习近平谈治国理政[M].外文出版社,2014.

[5] 李清环.关于新形势下加强高校党外知识分子工作的思考[J].教育现

---

① 马克思,恩格斯.马克思恩格斯选集(第3卷)[M].北京:人民出版社,1995:153-154.

代化,2016(40).

[6] 徐庆国.新形势下党外知识分子工作问题研究[J].湖南省社会主义学院学报,2015(6).

[7] 陈吉庆.高校党外知识分子统战工作机制创新路径[J].文化学刊,2015(11).

[8] 孙景学.加强高校党外民主监督机制的思考[J].边疆经济与文化,2014(6).

[9] 马利.新常态下高校党外知识分子思想政治工作途径探析[J].辽宁工业大学学报(社会科学版),2016(3).

基于高校附属医院视角的新时期党外知识分子工作途径的研究

——以上海中医药大学附属曙光医院为例

上海中医药大学附属曙光医院　马俊坚

摘要：本课题立足高校附属医院视角，分析高校附属医院党外知识分子的含义、结构、特点与优势；梳理高校附属医院党外知识分子工作的现状；并选取创新党外知识分子政治思想工作载体、完善培养关怀与考核激励机制建设、构建党外知识分子发挥作用的平台、落实落细对党外知识分子的服务工作等切入点，开展问卷调研、实证研究、经验总结和理论探索，对新形势下高校附属医院党外知识分子工作，提出具有参考意义的路径和建议。

关键词：高校附属医院；党外知识分子工作；途径

高校附属医院因其本身发展的规律，具备了党外知识分子比例高、智慧密集、社会联系广泛、影响力较大等特点与优势，广泛活跃在医院医疗、教学、科研工作一线，承担着救死扶伤、立德树人、科技兴院等各项任务。做好新时期高校附属医院党外知识分子工作，具有十分重要的意义。

一、研究背景与意义

习近平总书记在中央统战工作会议上指出：党外知识分子工作，是统一战线的基础性、战略性工作。做党外知识分子工作，不仅要增强责任意识、配强工作力量，还要改进工作方法，学会同党外知识分子打交道特别是做思想政治工作的本领。

当前，党外知识分子已成为高校附属医院改革发展中一支不可或缺的力量。在经济全球化、国际学术交融、世界政治环境深刻改变、网络信息迅猛发展的背景下，卓有成效地开展党外知识分子工作，既是高校附属医院党委落实新时期党的统一战线工作要求的具体实践，也是医院改革发展的内在需求。

做好新时期高校附属医院党外知识分子工作，有利于进一步巩固党外知识分子的政治把握能力，增强凝聚力、创造力，充分调动党外知识分子服务发展、服务大局的积极性，有利于推动医院科学发展，有利于教学医院立德树人任务的实施，对于更好地落实公立医院改革任务和"健康中国"2030规划，服务上海建设具有全球影响力的科技创新中心，具有重要意义。

二、高校附属医院党外知识分子工作的现状

对于目前高校附属医院开展党外知识分子工作的情况，课题组通过问卷调查和访谈方式进行了调研。

（一）关于党外知识分子的学习培训机制建设

医院文化方面，68.52%的调查对象认为医院"具备有利于党外知识分子发挥作用，实现自身全面发展的医院文化氛围和环境"。88.89%的党外知识分子参加培训学习的主要途径是"各类业务培训、学术会议"，59.26%参加"民主党派或统战团体开展的培训活动"的占59.26%，"参加上级统战部门举办的培训班"的占27.78%。在政治理论学习方面，46.30%的党外知识分子参加过医

院党委组织的政治理论学习会,经常参加所在科室每月的政治理论学习的占 20.37%,29.63% 的党外知识分子偶尔参加科室学习。由此可以看到,目前附属医院党外知识分子学习培训机制较为健全,但在参加政治理论学习方面还有所欠缺。

(二) 关于党外知识分子建言献策平台创建

问卷调查发现,77.78% 的受访者认为医院为党外知识分子建言献策、服务社会创建了良好平台。57.41% 的党外知识分子曾参与医院院领导民主评议、中层干部考核、义务咨询等会议或活动。向医院建言献策的渠道方面,在党派开展活动时建言献策的占42.59%,通过参加医院业务座谈会、专题研究会以及各类实践活动时发表意见的占 38.89%,27.78% 的党外知识分子则通过参加民主党派双月座谈会进行发言,在党派微信群中提出建议与意见的占 18.52%。以上数据显示,党外知识分子建言献策平台建设较为健全,沟通渠道较为畅通,传统的建言献策方式仍为目前主要渠道,新媒体在其中的运用尚不广泛。

(三) 关于新时期高校附属医院加强党外知识分子工作的看法

调研显示:在强化党外知识分子沟通关怀机制方面,受访者更倾向于"运用新媒体,拓宽沟通渠道"(64.81%),其次是"积极帮助解决党外知识分子在工作、生活和社会保障等方面的合理诉求"(59.26%),"对民主党派、统战团体等开展的自发性活动加强分类指导"(53.70%),"探索建立医院领导班子成员与学术带头人、领军人物、青年学者联系制度"(51.85%)、"充分发挥双月座谈会的作用,强化沟通反馈机制"(48.15%)也占有较高比例。

在完善党外知识分子培养机制方面,调查对象认为重要的依次为:"在党外知识分子的业务发展和能力提升上给予支持和帮助"(77.78%),"鼓励、引导党外知识分子积极投入医院建设、公益活动、服务'一带一路'国家战略、参政议政,进一步构建党外知识分子充分发挥作用、服务大局的平台"(74.07%)、"分层次、有重点地把引进人才、海外留学归国人员和本土培养人才中的党外知识分子工作落实落细,细化考核、激励制度"(55.56%)、"加强政治理论学习,巩固共同的思想政治基础,增强党外知识分子的政治把握能力"(53.70%)。

调研中,受访者还反映,医院在发挥党外知识分子优势方面最需要加强的措施有"密切联系、关心培养党外知识分子"(72.77%)、"进一步营造'尊重知识,尊重人才'的人文环境"(64.81%)、"加强相关职能部门在党外知识分子工作方面的联动机制,形成合力,做好党外知识分子的服务和凝聚工作"(53.70%)。显示党外知识分子的成长与发展需求更注重于细节关怀、沟通渠道与人文环境。

三、高校附属医院加强党外知识分子工作途径的思考

上海中医药大学附属曙光医院作为一所具有110年历史的三级甲等综合性中医医院,在医院高级专业技术职称的人员中,党外知识分子占53.6%。多年来,医院党委高度重视做好党外知识分子工作,取得了较好的效果。

(一)建章立制,创新机制载体

高校附属医院党委要注重发挥统战工作整体效应,探索创新工作机制和载体。

一是要在坚持运用好"双月座谈会"平台的基础上,提升"双月座谈会"的实效性,创建党外知识分子为医院事业出谋划策的民主协商机制。如曙光医院党委在上海中医药大学党委构建"大统战"格局的统一部署下,充分发挥民主党派政治协商,民主监督和参政议政作用,在传统"双月座谈会"制度基础上建立意见建议反馈机制,将民主党派在"双月座谈会"上反映的情况进行进一步了解,能解决的问题立即解决;解决难度较高的开展调研,制订可行性方案;短时间内无法解决的,作出解释说明。座谈会后,党委将了解、解决、说明的情况向与会的党派负责人进行集体回复或个别谈心

交流，强化双向沟通，让民主党派提出的建议有落实，问题有解答，使民主党派的出谋划策得以"落地"。例如，在医院运行和改革发展重大决策前（如曙光东院和研究型中医医院建设等），党委多次通过座谈会、个别谈心等形式征求民主党派负责人的意见和建议，促进了医院领导班子的科学决策。医院东院实现跨越式发展，研究型中医医院建设于2016年获中华中医药学会政策研究奖。

二是要提升党外知识分子在医院管理工作中的参与度，通过发挥民主监督作用，将党外知识分子发挥作用的机制落到实处。如曙光医院党委邀请民主党派负责人担任医院党务公开工作监督员、列席党代会和部分党内活动。在医院的院领导民主评议、干部考核等重大工作中均邀请民主党派负责人、政协委员参加，担任评委。一系列举措使党外知识分子真正深入参与到医院的民主管理中，在开展实践、作出贡献的同时，也密切了与党员、干部的联系，提升了能力。

三是要全面运用各类沟通渠道和新媒体工具，强化经常性联系机制。医院具有工作繁忙、时间不规律的特点，而网络媒体，尤其是新媒体传播的灵活性及良好的互动性更决定了其传播面、辐射面的不断增强。因此医院党委要重视新媒体的影响力，充分运用微信等新兴的网络载体丰富沟通渠道，使其与传统的会议、谈心方式发挥优势互补的作用。如曙光医院党委通过医院局域网、民主党派微信群、专家自媒体等现代网络平台，并依托医院沟通桥梁"员工沙龙""院长信箱"等，拓宽与统战对象的互动沟通渠道，并以邮件、电话、访谈、座谈、短信、参加活动等形式加强与党外知识分子经常性联系机制建设。

四是要建立支持保障机制，积极落实工作经费，形成规范的制度。切实保证党外知识分子参加会议、学习、考察以及民主党派经常性活动的经费，并为少数民族联、欧美同学会等统战团体开展活动提供经费支持和会务协助，为深化民主党派、统战团体基层组织建设,满足党外知识分子个人和团体自身学习发展的需求,提供有力支撑。

五是要建立党外知识分子工作联动机制。党外知识分子工作是统战工作的重要内容。医院党委要立足"大统战"格局构建的高度来进行推进,具体应体现在:部署工作,不忘思考统战工作;听取工作汇报时,不忘听取统战工作汇报;制定重大决策,不忘征求党外人士意见;召开重要会议,不忘邀请党外人士代表参加;落实作风建设整改措施,不忘向党外人士代表反馈,以党外知识分子统战工作为契机,推动"大统战"格局构建,并依托统战工作优势,深化党外知识分子工作内涵。同时,党外知识分子工作并不仅仅局限于统战部门,其内涵涉及人力资源、医疗、科研、教学、管理等多个领域。相关职能部门要在医院党政统一领导下各司其职、形成合力,及时沟通信息、协调具体工作,形成联动机制。

(二) 多管齐下,创新思想政治教育载体

习近平总书记在中央统战工作会议上强调:要引导党外优秀人才自觉学习中国特色社会主义理论,自觉践行社会主义核心价值观,自觉弘扬中华传统美德。全国高校思想政治工作会议精神指出,高校教师要坚持教育者先受教育,努力成为先进思想文化的传播者、党执政的坚定支持者,更好担起学生健康成长指导者和引路人责任。高校附属医院的党外知识分子,大多承担着研究生导师以及课堂教学、临床教学等各类教学任务,大学生耳濡目染他们的言传身教,对其自身世界观、人生观、价值观的形成具有重大影响力。党委要充分认识党外知识分子思想政治教育的重要性,切实做好引导,创新教育载体。

一是要建立并坚持落实行之有效的政治理论学习制度。确定学习内容,通过医院局域网、微信学习链接等传递给党外知识分子,有步骤地定期组织学习。通过对教育内容的选择和有针对性的侧重,将党外知识分子思想政治教育工作纳入医院政治理论教育整体工作中进行统筹安排,促进党外知识分子对党的政策、理论的学习理解,巩固共同的思想政治基础,增强党外知识分子的政治把握能力。如曙光医院党委采用"请进来"的方式,特邀党校教授和学校领导来医院作"不忘初心,继续前进——学习习总书记'七一'讲话精神"专题讲座和《十八届六中全会精神解读》专题报告等,邀请党外知识分子骨干与中共党员一起聆听讲座、共同接受教育。组织中共党员和统一战线专家"走出去",到街道社区、社会主义新农村参观和服务。

二是要善于增强思想政治教育的感染力,提升学习教育的灵活性,善于挖掘、展示身边先进典型的鲜活事例,突出教育效果。如在纪念中国共产党建党95周年之际,曙光医院党委结合医院创建全国文明单位的目标,挖掘和收集各条线的感人事迹(中捷中医中心合作、援疆工作、唐山大地震40周年纪念、南丁格尔志愿服务、医疗救援成功案例等),运用视频、演讲、诗朗诵、互动小游戏、现场采访等生动丰富的表现方式,多元展示白衣天使服务发展、服务患者、爱岗敬业的精神风貌,赢得"精彩、务实、生动、感人、接地气"的肯定。这样的教育方式,受到了包括中共党员和党外知识分子在内的医院广大员工的普遍欢迎,教育效果显著,值得推广。同时,在平时,医院也注重开展对党、内外专家、岗位能手等的宣传,弘扬先进,树立典型,发挥榜样的力量。

三是要重视发挥传统文化的力量。中华优秀传统文化是习近平总书记治国理念的重要来源之一,蕴含着博大精深的中华传统美德内容。中医药界的党外知识分子中很多都具备颇为深厚的中国传统文化底蕴和较高的古典文学修养,并保持着浓厚的兴趣。医院党委要注重将传统文化元素融入统战文化建设,以中国传统文化为纽带,筑造共同的文化基础。如曙光医院作为具有110年历史的中医医院,党委通过海派中医文化的传承与发扬、院史陈列室、老照片、中医泰斗书法作品展出等形式弘扬中医药文化和中华优秀传统文化,吸引各年龄层次的党外知识分子,进一步凝聚共识。

(三) 激发活力,创新人才培养载体

一是以贯彻落实"党管人才"方针为抓手,加强党外干部队伍建设。要从细节入手,关心支持民主党派的后备干部选拔、培养和发展,协助民主党派开展干部考察培养、改选换届、组织发展工作。医院党委书记应定期与民主党派负责人个别交流,商议党外干部梯队建设。如曙光医院党委定期梳理党外知识分子名单,提供给民主党派和统战团体作参考。党委把党外知识分子的培养使用纳入干部人才队伍建设的总体规划,有计划、有步骤地进行培养选拔,选派党外知识分子参加海归人才研修班、知识分子联谊会、党派考察学习进修等。通过一系列的干部人才培养举措,激发党外知识分子活力。医院科主任中党外知识分子所占比例约21%,他们发挥优势,在学科发展和医院管理中作出重大贡献。

二是"以人为本",建立符合医院发展规律的特色人才培养模式。如曙光医院根据自身发展需求与特点,坚持实施"曙光人才工程",形成"学科/学术带头人领衔,第一梯队、第二梯队紧跟"的格局。规划传统型人才、创新型人才、发展型人才等各类人才发展路径,结合个人自身特点制定个性化培训方案与目标,为医疗、护理、医技、教学、科研、后勤、管理等各专业人才提供发展平台;把人才培养与医院文化建设、海派中医特色紧密结合,注重人文素养、传统文化在中医人才培养中的交融;推动党外知识分子发挥专业技术优势,引领学科建设。在医院的党外知识分子中,有1位"全国名中医"、6位"上海市名中医",也有中青年专家和崭露头角的"小辈英雄"。2013~2016年人才培养项目中,党外知识分子占总项目39.1%。医院六个海派中医流派基地主要负责人中,党外知识分子占66.7%。医院2013~2016年国家自然基金立项课题中,党外知识分子负责的项目占总数的31%,2017年占50%。医院还通过召开曙光人才大会、国家自然科学基金获得者表彰大会,以及著名专家教授(党外知识分子占多数)的行医纪念日庆祝活动、学术思想研讨会等,进一步强化激励,营造"尊重知识、尊重人才"的人文环境,增强党外知识分子的荣誉感和自豪感。

(四)搭建平台,创新服务社会载体

医院党委要举贤荐能、搭建平台,鼓励党外知识分子发挥优势,激发参政议政、服务社会的热情,为党外知识分子提供更好的发挥作用的平台,支持党外知识分子开展服务社会活动,如关注民生的健康咨询等。鼓励党外知识分子"出点子",积极提交各类提案,办实事办好事;给党外知识分子"压担子"——赋予重任,选派党外知识分子参加重大活动医疗保障、承担各类援建任务,举荐党外知识分子担任市、区人大代表、政协委员、特邀监察员等,加强对党外知识分子的媒体宣传,扩大影响力和知名度,拓展发挥作用的平台。如曙光医院党委在援疆、援藏、援滇、"智力帮扶"、中国—捷克中医中心建设等工作的人员选派和队伍组建时均考虑了党外知识分子。医院党外知识分子积极发挥参政议政作用,投入服务社会、服务民生的各项工作,多次获得各级各类提案奖项和荣誉,如医院中市政协委员多个提案荣获上海市政协优秀提案奖;在党外知识分子中先后涌现"全国参政议政工作先进个人"、中国医师协会"人文医生""全国归侨侨眷先进个人""民进上海市委组织建设创优先进基层组织"等先进个人和集体。

参考文献

[1] 习近平.中央统战工作会议讲话[N].人民日报,2015-05-21.
[2] 王继宣.统一战线理论研究综述[M].北京:华文出版社,2002.

加强新时期高校党外知识分子工作的思考和探索

上海师范大学　徐继耀　姚秋磊　李　娜

摘要： 高校是党外知识分子工作的重要阵地，如何做好新形势下高校党外知识分子工作，不仅是高校改革发展中一个重要课题，更是实现中华民族伟大复兴中国梦征程中的一个重要课题。本课题试图从上海师范大学工作的实际对加强新时期高校党外知识分子工作做一些思考和探索。

关键词： 党外知识分子；高校；统一战线工作；研究

习近平总书记在中央统战工作会议上强调"党外知识分子工作，是统一战线的基础性、战略性工作"。基础性，强调的是党外知识分子作为统一战线各个领域代表性人物的重要源头作用；战略性，强调的是党外知识分子工作是关系到党和国家事业发展全局的一项长期重要任务。高校作为党外代表人士的重要源头和基地，是党外知识分子工作的重要阵地，如何做好新形势下高校党外知识分子工作，不仅是高校改革发展中一个重要课题，更是实现中华民族伟大复兴中国梦征程中的一个重要课题。本课题试图从上海师范大学工作的实际对加强新时期高校党外知识分子工作做一些思考和探索。

一、做好新时期高校党外知识分子工作的重要意义

（一）做好新时期高校党外知识分子工作是实现中华民族伟大复兴的必然要求

党外知识分子特指没有加入中国共产党的知识分子，其中包括参加了各民主党派的知识分子和没有参加任何党派的无党派知识分子。党外知识分子在我国知识分子队伍中占大多数，据有关资料显示，我国约有大专以上知识分子1.2亿人，其中党外知识分子约占75%，高校党外知识分子又在我国党外知识分子总量中占有较大的比例，因此，高校党外知识分子工作显得尤为重要。一方面，党外的代表人士可以说绝大部分来自高校，民主党派中央和地方的负责人绝大部分来自高校或者说有高校工作的背景。从这个意义上说，做好高校党外知识分子工作将会直接关系到党外代表人士的队伍建设，直接关系到中国共产党领导的多党合作和政治协商制度的坚持和完善，而要实现中华民族伟大复兴，必须坚持中国共产党领导的多党合作和政治协商这一基本政治制度；另一方面，要实现中华民族伟大复兴，离不开高等教育事业的发展，需要高校培养大批人才，也需要高校进行科学研究，不断创新为国家的科学技术发展贡献力量，无论是高等教育事业的兴旺发达还是科学技术的发展都需要知识和知识分子，需要占有高校知识分子一半的党外知识分子的力量。

（二）做好新时期高校党外知识分子工作是高校"双一流"建设的客观需要

2015年，党中央、国务院作出重大决策部署，统筹推进世界一流大学和一流学科建设，推动建设高等教育强国，这是实现中华民族伟大复兴中国梦不可或缺的重要组成部分。每一所高校都应该积极响应国家的重大决策部署，找准自己的目标和定位，办出特

色,服务国家战略和经济社会发展,为建设高等教育强国、增强国家核心竞争力贡献力量。这就需要高校调动一切可以调动的力量,齐心协力,充分发挥从事教育教学和科学研究工作的知识分子的作用,特别是需要做好党外知识分子的工作,让活跃在教育教学和科学研究第一线的党外知识分子更好发挥作用。在全国一千多所高校中,专门从事教育教学和科研工作的知识分子约有五十多万人,其中党外知识分子约占一半。从某种意义上看,党外知识分子顶着高等教育的半边天。因此,做好高校党外知识分子工作,把他们团结凝聚起来,发挥他们的智慧和才能,为"双一流"建设献计出力。

(三) 做好新时期高校党外知识分子工作是高校加强思想政治工作的题中之义

习近平总书记在全国高校思想政治工作会议上对高校加强思想政治工作提出了明确的要求,特别强调"教师是人类灵魂的工程师,承担着神圣使命。传道者自己首先要明道、信道。高校教师要坚持教育者先受教育,努力成为先进思想文化的传播者、执政党的坚定支持者,更好担起学生健康成长指导者和引路人的责任。要加强师德师风建设,坚持教书和育人相统一,坚持言传和身教相统一,坚持潜心问道和关注社会相统一,坚持学术自由和学术规范相统一,引导广大教师以德立身、以德立学、以德施教"。在高校师资队伍中,党外知识分子大约占知识分子总数的一半以上,他们在深化教育改革、提高办学质量、进行科学研究及社会服务中,肩负着重任。做好高校党外知识分子工作,特别是做好党外知识分子的思想政治工作,不断巩固共同思想政治基础,使他们在思想上政治上真心实意拥护中国共产党的领导和中国特色社会主义制度,充分调动他们的积极性和创造性,对建设一支结构合理、具有良好政治业务素质、相对稳定的教师队伍,对高校改革、发展和稳定,具有十分重要的意义,也是高校加强思想政治工作的题中之义。

二、当前高校党外知识分子工作存在的问题

（一）对做好高校党外知识分子工作的认识有待提高

一是各级党的组织和政府部门及一些领导干部对做好高校党外知识分子工作重要性、必要性的认识不够，没有从加强中国共产党领导的多党合作和政治协商制度的高度来认识加强新时期高校党外知识分子工作的重要性；二是高校的党组织和一些领导干部也没有认识到做好新时期党外知识分子工作的重要性和必要性，对党外知识分子的范围认识不清，对党外知识分子工作的职责认识模糊，没有将党外知识分子工作作为各级党组织工作的重要内容，认为只要由统战部门去做就可以了，有的甚至把做好新时期高校党外知识分子工作作为一种表面性、象征性、形式性的工作，认为是权宜之计，只是政治上的需要，未能充分认识到做好新时期高校党外知识分子工作的深远意义和对高校自身改革发展带来的益处。

（二）高校党外知识分子工作的体制机制建设有待完善

高校统战部门是高校开展党外知识分子工作的重要部门，但一些高校统战部门的机构设置、人员配备、经费划拨等方面存在问题，必然影响到党外知识分子工作的开展。一些高校统战部门对高校党外知识分子工作认识不到位、工作不深入、方法手段单一落后，无法适应新时期党外知识分子工作的要求；高校二级学院是高校党外知识分子工作的基础和重心，但是一些高校二级学院党组织没有认识到党外知识分子工作重要性，没有明确的负责人，也没有落实相关工作的人员，更没有具体的措施；高校党外知识分子联谊会是开展高校党外知识分子工作不可或缺的重要载体，但一些高校至今没有建立党外知识分子联谊会组织，一些高校虽然建立了知联会组织，但从人员的配备到经费的投入和工作开展的指导都是不够的，单纯依靠一批兼职人员自行开展一些活动，不可能达

到预期的目的和效果。

（三）对高校党外知识分子思想上的引导有待改进

高校在对党外知识分子的思想引导上采取了一些措施，比如，各级党组织实施的教职工的政治理论学习，统战部门的党外代表人士的学习培训，民主党派高校基层组织开展的学习活动等。但不可否认，这些学习、培训、活动针对性还不够强，据本课题成员了解，二级学院为单位开展的政治理论的学习，几乎没有根据党外知识分子的特点开展相关的专门学习活动；一些学校的统战部门虽然也针对党外知识分子开展理论培训，但是针对性不够强，没有分层分类进行理论培训，甚至有的纯粹为了完成任务，这样不可能达到思想引导的效果；一些高校的民主党派基层组织和知联会长期没有活动，更谈不上加强对民主党派成员和党外人士的思想引导，有些民主党派组织和知联会活动沙龙化，为活动而活动，没有活动主题，当然也谈不上思想上引导和凝聚。

（四）对高校党外知识分子的服务有待加强

近年来，我国的高等教育事业迅猛发展，各个高校从学校自身改革发展的角度，对教师的工作业务能力的要求越来越高，工作量也不断提高，而对包括党外知识分子在内的知识分子的生活、住房、子女教育、心理健康等的关心显得不够，特别是在上海这样的生活环境，使得许多教职工生活负担沉重，工作压力偏大，而排解压力的渠道不多，导致一些青年教师出现身体和心理上的疾病，这些都将影响到学校事业的发展。因此，需要加强对高校包括党外知识分子在内的知识分子，尤其是青年知识分子的沟通和服务，帮助他们解决思想、工作、生活上的困难，让他们更好地投入到学校改革发展的事业之中。

三、加强新时期高校党外知识分子工作的对策建议

课题组结合上海师范大学近年来统战工作的经验和做法及这

两年来的一些探索和思考，对加强新时期高校党外知识分子工作提出以下一些对策建议：

（一）切实提高对做好新时期高校党外知识分子工作的思想认识

各级党组织和党员领导干部特别是高校的各级党组织和党员领导干部必须进一步增强做好新时期高校党外知识分子工作的责任感、使命感和紧迫感，要认真学习领会习近平总书记在中央统战工作会议上的讲话和 2017 年 3 月 4 日在看望参加全国政协十二届五次会议的民进、农工党、九三学社界委员并参加联组会上的讲话，深刻领会做好新时期高校党外知识分子工作的重要性和必要性，切实认识和把握新时期高校党外知识分子工作的新特点和新问题，进一步明确做好新时期高校党外知识分子工作的新要求和新任务，将加强高校党外知识分子工作纳入各级党组织工作的重要议事日程，科学谋划、抓实抓好。

（二）切实加强对高校党外知识分子的思想引领

思想政治工作是一切工作的生命线，是我们党的优良传统和政治优势。在全国高校思想政治工作会议上，特别强调了加强和改进高校思想政治工作，对新形势下加强高校思想政治工作提出了明确的要求，也为加强高校党外知识分子的思想引领指明了方向：一是要抓住有利时机，营造加强高校党外知识分子思想引领的氛围，提高对加强高校党外知识分子思想政治工作重要性的认识；二是要进一步完善和加强高校党外知识分子思想政治工作的机制，宣传部、统战部、教师工作部和二级学院党组织及基层教职工党支部都应承担起加强党外知识分子思想政治工作的相应职责；三是要提高对高校党外知识分子教育引导的针对性和有效性，特别是要发挥基层党支部在加强高校教师思想政治工作中的作用，要让基层党支部开展加强党外知识分子思想引导的有针对性的教育活动；四是统战部门对党外知识分子的教育培训工作要注重思想引领,要分层分类加强培训,引导党外知识分子坚定中国特色社会主义道路自信、理论自信、制度自信和文化自信;五是要加强民主党派组织、统战团体开展活动的引导把关,避免活动没有主题,增强活动的思想引领作用;六是要切实发挥知联会思想引领的作用,通过知联会将党外知识分子凝聚起来,组织起来,开展寓教育主题在内的丰富多彩的活动。

(三) 不断完善做好新时期高校党外知识分子工作的体制

党外知识分子工作作为统一战线的基础性、战略性工作,因此,加强新时期高校党外知识分子工作就必须要不断完善高校统战工作体制机制。首先,必须明确高校各级党组织是落实统战工作的主体,当然必须承担起落实党外知识分子工作的主体责任,并将高校各级党组织落实统一战线工作的情况纳入党的工作主体责任制检查的范围。其次,高校应该按照《中国共产党统一战线工作条例(试行)》的要求,建立统战工作领导小组,学习、贯彻上级的有关精神,研究协调落实学校统一战线的相关工作,解决学校统一战线不统一的问题,二级学院有条件的也可以建立领导小组,协调落实学院统一战线工作。第三,高校应独立设置党委统战部,配强配齐统战部的工作人员,有条件的在统战部内设置党外知识分子工作科室,进一步加强党外知识分子工作。第四,高校二级学院党组织明确书记是统战工作的第一责任人,党委(党总支)设有统战委员,配备兼职统战员具体落实有关工作,切实做到党外知识分子工作有负责的人,有落实具体工作的成员。第五,发挥学院基层党支部在做好党外知识分子工作中的作用,学院的基层党支部是党外知识分子工作最直接、最前沿的、也应该是最有效的部门。但是,从目前的情况看,基层党支部的作用发挥不尽理想,需要激活基层党支部,加强基层党支部的建设,发挥基层党支部在开展教职工思想政治工作中的作用,让基层党支部在开展党外知识分子工作中更好地发挥作用。

(四) 进一步加强做好新时期做好党外知识分子工作的制度和载体建设

1. 要加强高校党外知识分子工作的各类制度建设

(1) 要建立健全党外知识分子工作会议制度,学校党委和学院党委(党总支)每年必须有研究部署党外知识分子工作会议专题,统一战线工作领导小组专题研究部署党外知识分子工作,党委统战部每学期召开工作例会,布置落实党外知识分子工作,党外知识分子联谊会每学期召开理事会议研究相关工作。

(2) 建立党外知识分子教育培训的制度,加强对党外知识分子的教育引导,坚定走中国特色社会主义的道路自信、理论自信、制度自信和文化自信。

(3) 建立关心党外知识分子生活的制度,通过开展谈心活动等,倾听意见和呼声,帮助他们解决生活上困难,并创造条件为他们排忧解难。

(4) 建立和落实领导干部与党外知识分子联谊交友制度,让各级党的领导干部与党外知识分子结对交友,开展谈心交流、参观学习、考察、联谊等活动,通过活动了解党外知识分子的工作、生活、思想动态,切实与党外知识分子交朋友,我校比较早就开展了领导干部与党外知识分子的联谊交友工作,领导干部与结对的党外知识分子不定期的进行交流联谊,取得了较好地效果。

(5) 建立党外知识分子实践锻炼制度,实践锻炼是加强党外知识分子教育引导很好的载体,让一直在象牙塔里的党外知识分子更好地了解、接触社会。我们每年推荐党外知识分子参加市委统战部组织的浦东、宝山等基地的挂职锻炼,我们还选派民主党派青年骨干到党派市委、党派区委挂职,还安排党外知识分子参加校内的挂职锻炼。

(6) 建立党外知识分子发挥作用的制度,高校党外知识分子具有学科门类齐全、技术职称较高、联系广泛等优势,发挥好高校党外知识分子的作用,让他们参与到学校的民主管理之中,对于广泛凝聚共识,化解矛盾,推动发展有着积极意义。我们学校建立了双月座谈会制度、"党委出题,党派调研"制度,党政干部会议和党委全委会邀请党外代表人士参加的制度,重大工作征询党外代表人士意见的制度等,积极为党外知识分子发挥作用搭建平台。

(7) 建立党外知识分子工作的考核制度,对二级学院党外知识分子年度工作开展情况进行考核,以此来推动党外知识分子工作的有效开展。我们学校自2015年开始探索建立了二级学院统战工作的考核制度,设立了党外知识分子工作开展的量化指标,考核结果与二级学院教职工的绩效挂钩,从二年来情况看,进一步推动了二级学院统战工作的开展,基层的党外知识分子工作也得以加强。

2. 要加强高校开展党外知识分子工作的载体和平台建设

(1) 要加强民主党派基层组织建设,加强党派的组织发展工作,确保吸收的党派新成员的质量,同时要加强对党派新成员的教育培训,我们每两年举办一期民主党派新成员培训班。同时,在民主党派成员中开展"加入党派为什么、历史责任是什么、我为学校发展做什么"的大讨论活动,民主党派基层组织要围绕坚持和发展中国特色社会主义学习实践活动和"不忘合作初心,继续携手前进"开展主题活动。我们学校为了更好地发挥民主党派青年成员的作用,搭建了"思享汇"沙龙的平台,让民主党派青年成员为学校的改革发展、民主党派的自身建设建言献策。

(2) 要加强知联会、侨联、欧美同学会等统战团体的建设。党外知识分子联谊会是开展党外知识分子工作的重要载体,高校都应成立党外知识分子联谊会。我们学校自2007年11月成立党外知识分子联谊会,注重知联会的理事会建设,并将无党派人士的认定作为一项常规工作以此不断补充壮大知联会队伍,并加强知联会活动的开展,与各兄弟知联会联合开展活动,并专门搭建了党外知识分子沙龙,不定期开展沙龙活动。侨联不仅有归侨、侨眷还有新侨人士。因此,对于高校来说侨联也是党外知识分子工作的重要载体,特别是新侨成员的界定几乎可以涵盖很大一部分高校青年教师。为此,我们注重加强侨联班子建设,并在学校侨联下面设置青委会,加强侨联青年相关工作,同时建立了上海高校首家"新侨驿站",为学校的青年归国留学人员搭建一个联系、交流、互动、建言献策的平台,也通过"新侨驿站"的建立加强对归国留学人员的服务,侨联青委会在"新侨驿站"不定期开展沙龙活动,组织新侨成员开展活动。

　　欧美同学会已经有百年的历史,在党外知识分子工作中更是发挥重要的作用,习近平总书记在欧美同学会百年庆典上做重要讲话,中办和上海市专门印发了加强欧美同学会建设的意见,这都充分说明欧美同学会工作的重要性,我们学校历届党委高度重视欧美同学会的建设,一是注重理事会建设,充分考虑到理事会成员在学校各学院的分布,有利于将各学院的欧美同学会成员组织凝聚起来,并由校领导直接担任会长;二是注重欧美同学会的组织建设,特别是根据高校教师队伍的新情况,及时吸收新成员不断壮大欧美同学会的队伍,让归国留学人员及时进入欧美同学会这个大家庭;三是开展丰富多彩的活动,通过活动将会员组织起来,凝聚起来;四是发挥会员的作用,让会员积极参与到政府决策的建言献策和学校改革发展的建言献策之中,我校欧美同学会的工作多次得到市欧美同学会的表彰和肯定。

高校党外知识分子思想引领有效性研究
——以上海交通大学为例

上海交通大学　齐　红　于朝阳　龚　强
　　　　　　　谢立平　卜军敏　徐　婷

摘要： 高校党外知识分子已成为高校教学科研工作的重要力量，在高校人才培养、科学研究、社会服务、文化传承创新、国际交流合作等工作中发挥着不可替代的作用。做好高校党外知识分子的团结和思想引领工作，有效协调党外知识分子的相关利益关系，充分调动他们的积极性、主动性和创造性，激发其工作热情和潜力，并使他们积极投身到高校的各项工作和建设中来。

关键词： 党外知识分子；思想引领；有效性

　　高校作为我国科教事业的载体，同时又是党外知识分子的集聚地，近年来高校党外知识分子的数量呈明显上升趋势，以上海交通大学为例，据2016年统计数据，上海交通大学现有教职工7 158人，其中党外教职工2 955名，占41.3％。高校党外知识分子已成为学校教学科研工作的重要力量，在高校人才培养、科学研究、社会服务、文化传承创新、国际交流合作等工作中发挥着不可替代的作用。当前,随着全球化的不断加速以及对外开放深入进行和教育体制改革向纵深发展,高校党外知识分子的统战工作体系发生了一些变化,面对利益多元、观念多样、思想多变的挑战,全力团结高校党外知识分子,引导他们做社会主义核心价值观的坚定信仰者、积极传播者、模范践行者,共同致力于中华民族伟大复兴的中国梦,这是新时期高校统战工作的重要任务,也是做好高校思想政治工作的必要课题。

一、新时期高校党外知识分子的思想特点

新时期以来,随着社会主义市场经济和对外开放的深入,社会的开放性和多样性得到了相应的扩展,高校党外知识分子的成长环境发生了很大变化,与老一代知识分子相比,有以下明显思想特点。

(一) 学历层次不断提高

随着我国高等教育的跨越式发展,高校党外知识分子的学历层次大幅提升,研究生学历成为进入高等院校的基本条件,而在"双一流"建设高校,海外求学研修已经成为专任教师的必要要求。在我们调研数据中,上海交通大学目前约有 70% 的党外知识分子有过海外学习或工作经历。

(二) 个人主体意识明显增强

随着党外知识分子学历层次的提高,加上高校浓厚的民主氛围,相对自由的工作时间,他们自身个人价值意识不断增强,越来越多的党外知识分子依据个人的专业特长、兴趣爱好参与不同的社会活动中。上海交通大学共有 1 040 人加入了民革、民盟、民建、民进、九三学社、农工党、致公党、台盟 8 个民主党派,1 130 人参加了欧美同学会、侨联、海联会、知联会、民族联 5 个统战团体,并在各类活动中发承担着重要角色。

(三) 思想多元化趋势明显

高校党外知识分子作为高知群体,普遍具有较高的爱国热情,

能够自觉接受中国共产党的领导,在国家主权、民族利益等大是大非问题面前头脑清醒、立场坚定。同时,作为党外人士,他们思维开阔,思想活跃,具有强烈的民主意识和批判精神,随着海外学习经历比例的不断提高,这部分人群更容易受到全球化的影响和西方意识形态的渗透,使他们在政治认同、思想观念、价值取向等方面呈现出复杂化、非常态化和多元化的倾向越来越明显。

(四)政治参与热情明显提高

随着多党合作和政治协商制度的不断深化和推进,加上高校党外知识分子文化层次高,视野开阔,时代感强,政治敏感度高,他们的政治热情和民主诉求明显增强,越来越多的高校党外知识分子能够主动的通过各种渠道为学校的教学、科研、管理等各方面建言献策,部分人士还依托政协、人大、政府参事等平台主动参政议政。目前,上海交通大学现有各级人大代表、政协委员68人,其中党外人士占74%。

二、国内高校党外知识分子思想引领工作的现状

(一)高校党外知识分子思想引领工作的成就

多年来,各高校党委认真贯彻落实党的知识分子和统一战线政策,一直把党外知识分子工作当作统一战线的一项基础性工作,当作凝聚人心、汇聚力量的工程,当作事关学校改革、发展和稳定的大事来抓,在工作中进行了一些积极的尝试和有益的探索。

1. 工作载体持续创新

纵观高校以往关于党外知识分子的思想引领工作,其工作载体一般借助包括教育培训、报告会、座谈交流会等进行。然而,随着社会的发展,全国各大高校结合学校实际工作,统战工作中思想引领工作载体有了明显的进步,如上海交通大学首创开展了"民主党派基层组织创新示范"活动,围绕"践行社会主义核心价值体系""坚持和发展中国特色社会主义学习实践活动"等主题,鼓励各民

主党派总结经验,增强凝聚力和创新力。伴随着新媒体的普及,除了充分发挥好报纸、期刊、广播、电视等高校传统媒体的宣传,微博、微信等新媒体宣传载体也被积极运用到高校党外知识分子思想引领工作中,并发挥出越来越重要的作用。

2. 工作机制不断丰富

理论是实践的先导,开创高校统战工作新局面首先要开创统战理论研究工作新局面。在实际工作中,各高校能够结合学校实际,把广大党外知识分子紧密地团结在党的周围,在工作中发挥高校统战理论研究优势,注重研究影响统一战线工作中迫切需要解决的重大政策问题和注重思想引领工作机制研究,提出一些有建设性的理论、政策、观点,不断推动统战理论和工作向前发展。上海交通大学在构建大统战的格局上,积极发挥二级学院与党外知识分子的联谊交流,2016年4月学校党委《关于进一步落实与党外代表人士联谊交友工作的通知》,明确13位党员校领导和43位党外代表人士联谊交友,101位党员院领导和241位党外代表人士联谊交友。

3. 典型人物宣传不断加强

长期以来,各高校对党外知识分子中的代表人物,做到:一是宣传党外知识分子中典型人物。如上海交通大学通过积极宣传"全国首届文明家庭"、民盟盟员武霞敏、科研上取得重大成就的无党派人士景益鹏院士等先进事迹,为党外知识分子思想政治建设增添正能量。二是充分发挥代表人物参政议政和民主监督的作用。让他们参加必要的会议,就有关学校教育教学改革、内部管理体制改革、学科建设、学校发展规划等重大工作,听取意见和建议,鼓励他们积极建言献策。三是高度重视党外中青年代表人物的选拔培养工作。近年来,上海交通大学知联会以"'杰青'是怎样练成的"为主题先后举办6期青年教师发展论坛,形成增进青年教师相互交流、凝聚共识、促进发展的品牌。

4. 人文关怀逐渐增强

各高校党委都非常注重解决党外知识分子在学习、工作、生活中碰到的困难：一方面为他们工作提供实际的支持，为民主党派、统战团体等提供开展活动的场地保障和经费保障；另一方面为党外知识分子个人及家庭生活提供实际的帮助，包括住房补贴、孩子入学、下岗家人的再就业安排等，让他们真正得到实惠。同时，对党外知识分子，不仅为他们工作和生活提供更好的条件，而且还关心他们的身心健康，增大人为关怀力度，让他们切实感受到党的关怀。

(二) 高校党外知识分子思想引领工作存在的问题

经过长期的工作，高校党外知识分子思想引领工作已经积累了一定的经验，也拓展了工作途径。但是，当前高校党外知识分子思想引领工作与形势的发展和客观要求相比，还存在不少问题。

1. 高校党外知识分子思想引领工作机制不够扎实

在实际工作中，院系在大统战格局中的基础作用发挥还不够。部分院系对统战工作认识还不到位，没有深刻领会中央统战工作重大决策部署的要求和学校党委的相关落实制度。有的院系对统战工作重视程度不够，主动与党外人士联谊交友的意识不强，也缺少与党外人士联情联谊的平台与机制，思想政治引领工作的主动性和针对性还需要加强。

2. 对海归教师思想引领做得不够深入

随着高校"人才强校"战略的实施和国际化进程的加快，越来越多的海外高层次人才汇聚高校，归国留学人员在高校党外知识分子中所占比例日益增大。由此带来的高校党外知识分子格局和构成的新变化，给高校统战工作带来新挑战。对于没有加入民主党派的归国留学人员，高校还缺乏掌握他们思想动态的有效办法，关心沟通和培训引导还比较少，使得这些教师对于参与各类统战活动的积极性还不够高。怎样采取切实有效的方式，有效吸引和凝聚海归教师,做到既"不留盲区"又避免"系统空转",增强他们对党的路线方针、政策和社会主义核心价值体系的认同,是必须下力气解决的问题。

3. 党外代表人士中青年后备领军人物不足

党外代表人士的领军人物是高校社会声誉"软实力"的体现,他们的成长和培养具有一定的周期性。高校党外干部的培养和选拔一般对专业技术表现和行政管理经验均有较高要求。目前上海交通大学党外代表人士中的领军人物大部分出生于20世纪60年代前后,现有11位民主党派中央委员、市委委员中的绝大部分将于五年内任期到届或到龄。党外代表人士中青年优秀骨干,尤其是层次高、代表性强、影响力大的青年领军人物还比较少。在党外代表性人士培养上,我们的前瞻性和系统性还不够。在有意识的安排党外人士多岗位锻炼、加强基层磨练等方面做的还不够到位。从上海交通大学现有党外代表人士的发展和储备情况看:年龄为70后的党外干部有13人,在全校处级干部中占3.5%;具备博士学位、正高职称的"双高"党外干部有30人,在处级干部中占8.1%;而既具有70后年龄优势又具备"双高"专业优势党外干部仅9人,仅占全校处级干部的2.4%。

4. 运用网络开展党外知识分子统战工作的力度和创新性不够

当前,高校党外知识分子几乎"无人不网、无日不网、无处不网",并且部分人士在网上非常活跃,他们乐于依托互联网参政议政。如何发挥好这些人在网络上的舆论导向标作用,如何探索在网络中强化"同心"意识和思想引导,如何运用网络做好联谊交友工作,如何用网络思维来探索高校统战工作的新方法、新途径,使网络为我所用,推动工作等方面探索研究不够,需要我们进一步加强工作,探索并实践出一套行之有效的网络统战工作新方法。

5. 统战干部自身能力建设还不够

面对统战工作的新形势新任务,高校各级统战干部队伍在思想认识和素质能力上还不能完全适应,对统战工作规律和新问题研究还不够深入。有的统战干部还存在一定程度的畏难情绪和本领恐慌,这在一定程度上影响了统战工作的成效。有的干部主动强化思想理论武装的意识不强,对政策界限把握不明晰;有的干部缺乏责任担当意识,对团结党外人士不够主动,怕担风险;有的干部统战工作技能不够熟练,工作能力也有不足;高校有关部门的一些干部还没有意识到统战工作是各级党组织和干部的应有责任,把统战工作仅仅当作统战部门的事。因此,应对不断变化的统战新局面,迫切需要加强高校统战干部队伍的自身建设,提高能力素质和水平。

(三) 高校党外知识分子思想引领工作存在问题的原因分析

1. 对高校党外知识分子思想引领工作的新形势认识不深

统一战线历来是党的总路线总政策的重要组成部分,随着新形势的发展,作用日趋凸显。当前虽然大多数高校开始初步构建大统战格局,明确了对二级单位统战工作的要求,但是,高校各级党组织对"统战工作是全党的工作","人心向背、力量对比是决定党和人民事业成败的关键,是最大的政治"的认识不深刻。有的二级单位认为统战工作只是"锦上添花",多做少做无关紧要,对党外知识分子的凝聚和引导只是统战部门的事。统战工作考核是"软指标",而不是"硬实力"。面对海外留学人才的不断引进,着重于压指标、派任务、重考核,而对这部分人怎么团结、怎么引导、怎么使用关注不多,思想引导和政治教育薄弱。

2. 对高校党外知识分子思想引领工作的新方法掌握不够

当前诸多高校肩负为国家建设培养、输送各类有用人才,促进高新技术研究、科学技术向现实生产力转化等多项任务,要实现科教兴国这一战略目标,需要上下联动、勠力同心。需要兼顾不同群体的利益诉求,寻求尽可能多的思想契合点。但是,随着高校党外知识分子的结构和思想状况的变化,党外知识分子思想建设的形式、方法虽然有了一些变化，但依然不能完全适应新形势新要求。高校的党外知识分子有着不同的知识、文化背景甚至是语言和思维习惯，他们大都思想活跃、经历丰富，在增进思想政治共识的基础上，更要求同存异、增强包容性，关注他们的思想和精神需求，才能促使他们更好地团结在党的周围，为国家和学校的建设发展建功立业。而我们在掌握更加有效的方法和载体上，系统研究和深入探索都还做的不够。

3. 对高校党外知识分子思想引领工作的新规律研究不透

高校统战工作有一定的规律可循，掌握不好往往会陷于被动：一是互联网统战工作规律研究不够。当前，互联网已经成为党外知识分子获取信息的重要来源和政治参与的重要途径，尤其是一些年轻的党外知识分子，他们成长于互联网时代，生活方式、思想观念、思维习惯都与网络紧密联系、互相影响。如果统战工作还简单依靠传统方式则将难以打开新的局面，这就要求我们工作中必须要加强网络统战的探索和实践力度，来扩大对党外知识分子思想引领工作的覆盖面，增强时效性，加大吸引力。二是党外干部成长规律研究不够。高校党外知识分子人数多、层次高、作用大，党外干部的成长和培育有一定的特殊性，凝聚着各级党组织的关心和培养，需要构建一套行之有效的党外干部培育体系。为此，在顶端设计、长远规划和机制联动还需要加大工作力度。针对一些外部政策与学校管理制度如何有效衔接等问题，如行政级别问题上也要进行专门研究，提出相应的政策。

三、有效开展高校党外知识分子思想引领工作的方法和途径

面对新形势，依据高校党外知识分子自身的发展特征，有效开展高校党外知识分子思想政治工作是深入贯彻落实党的十八大以来各届会议精神和全国高校思想政治工作会议精神的要求，也是新形势下高校统战工作的一项重要内容。

（一）掌握高校党外知识分子思想动态是开展高校党外知识分子思想引领工作的前提

新时期高校党外知识分子呈现出学历层次高、个人主体意识强、思想多元化明显、政治参与热情高等思想特点，从整体上来看，他们具有较强的政治素质和事业心、责任感，是一支可以信赖、授业解惑、能培养出高水平人才的教师队伍。但是，他们缺乏老一辈党外知识分子所经历的社会变革的考验，缺乏与中国共产党风雨同舟、长期合作的历史经验，他们对中国共产党还有一个不断深化的认识过程。因此，如不及时了解、准确把握他们的思想状况，排除错误倾向的干扰和影响，并有针对性地加以教育、启发和引导，就会挫伤他们工作的积极性，给学校、社会造成一定的消极影响。在调查研究中，要注意准确把握党外知识分子反映的热点、难点问题及表现的思想脉搏、意见要求。抓准问题的关键，努力从理论和实践的结合上寻找解决问题的答案，能够因势利导，最大限度地发挥党外知识分子的作用，是做好党外知识分子统战工作的最重要的前提。

（二）营造浓郁的思想政治学习氛围是开展高校党外知识分子思想引领的有力手段

落实全国高校思想政治工作会议精神，提升对党外知识分子思想政治工作的针对性和实效性，要在各个方面营造浓郁的思想政治学习氛围，在岗位中进行贯穿，在岗位下进行延伸，从而在科研、教学、生活的诸多方面都进行渗透。首先，要强化高校党委、二级单位领导班子与党外代表人士联谊交友制度，运用党外人士座谈会，主委、会长联席会，情况通报会，学习培训，工作交流会等多种活动形式载体，开展思想政治学习；其次，支持欧美同学会、侨联、致公党等定期开展"同心沙龙"活动，促进海归教师之间的交流、与职能部处之间的沟通，为学校发展建言献策；第三，支持民主党派、无党派人士开展坚持和发展中国特色社会主义学习实践活动,并给予场地支持和资金支持;第四,鼓励支持各民主党派、统战团体成员在各自的岗位上建功立业,并借助创建文明家庭、文明教师等活动,培养积极向上的家庭氛围,从而将环境中起影响作用的思想政治工作的积极性发挥出来;第五,评选表彰一批民主党派、统战团体先进基层组织和先进个人,调动统战成员的积极性,发挥优秀党外代表人士的榜样带头作用。

(三) 加强党外代表人士的培养力度是开展党外知识分子思想引领的有效途径

建立并完善高校党委统一领导下各单位协同推进的党外代表人士培养机制。物色选拔,充实完善党外后备干部数据库,拓展党外干部挂职、轮岗等锻炼平台,推进各级人大代表、政协委员等党外代表人士的举荐工作,加快培育优秀党外中青年干部,把一些有影响、政治素质好的年轻党外代表人士,放到不同层次的领导岗位上进行锻炼,如选配德才兼备的党外人士担任学校行政、学术、咨询等机构的领导职务,使他们在实践中增强同我们党团结合作的意识,不断提高组织领导能力和合作共事能力。建立统战部与各民主党派组织的协调机制,关注民主党派成员队伍结构、特色和领导班子的梯队人选、年龄和知识结构情况,进一步增强工作的前瞻性。

(四) 创新网络统战工作的实践和研究是开展党外知识分子思想引领的方法突破

加强对新形势下高校党外知识分子统战工作规律的研究,构建立体化网络信息服务平台,不断拓展网络统战工作的实践。加强"两微一端"建设,升级统战工作网站,建立统战工作微信公众号,及时发布统战工作的最新动态和成果,用"网言网语"宣传党的统一战线理论和方针政策。有条件的高校可以设计"一门式"统战服务流程,加强对民主党派和统战团体的服务,增设网络建言献策"直通车",建立保障信息交流和参政议政表达机制;完善微信群,开展经常性的网上互动交流,广泛听取意见建议,运用网络做好联谊交友工作；掌握网络中较有影响的党外人士的分布情况、职业专长、关注领域、影响人群等信息，引导党外人士发挥专业和身份优势，在净化网络空间、维护意识形态安全中正面发声，弘扬正能量。

（五）优化统战队伍建设是开展高校党外知识分子思想引领的根本保障

对于高校来讲，要严格贯彻落实中央统战工作会议精神，结合学校工作实际，建立健全学校统战工作领导小组的整合作用，加强对二级单位的指导，健全三级统战工作机制；夯实二级单位联谊交友基础，建立党外教职工动态数据库；鼓励支持院系党组织围绕思想引领开展统战工作的创新和实践，发挥院系党组织做好统战工作的主动性、积极性和创造性；完善基层单位重大问题听取本单位党外人士意见制度；加强学校、统战部和院系党组织的协同联动，夯实学校统战工作基础。按照讲政治、敢担当、强作风、重本领的要求，加强统战干部队伍建设。定期举办统战干部培训班，组织参加统战理论网络课程培训，掌握统战工作规律性和科学性，全面掌握和深刻理解党的统一战线知识，提高理论素养和政策把握能力，着眼于高校党外知识分子统战工作的新发展和新要求，配齐配强统战专职队伍。

参考文献

[1] 爱德华·W. 萨义德(Edward W. Said). 知识分子论[M]. 三联书店, 2002.

[2] 张晓娜. 新形势下高校党外知识分子思想政治教育研究[J]. 教育现代化, 2017(4).

[3] 张亚泽等. 高校党外知识分子的思想意识特征与政治引领研究[J]. 陕西社会主义学院学报, 2016, 10(4).

[4] 中共中央关于进一步加强中国共产党领导的多党合作和政治协商制度建设的意见.

[5] 中共中央统战部、教育部党组关于加强高校统一战线工作的意见.
[6] 中共中央关于巩固和壮大新世纪新阶段统一战线的意见.
[7] 中国共产党统一战线工作条例(试行).
[8] 统一战线服务社会管理创新的价值基础.中国政协网理论.
[9] 林少红,黄小荣.统一战线价值功能浅析[J].广西社会主义学院学报,2013(4).
[10] 何静.论新时期高校统战工作研究[D].南京航空航天大学,2006.
[11] 孙宝林.论统一战线的科学发展[J].山西社会主义学院学报,2013(1).
[12] 司云翠.高校党外知识分子统战工作的研究[D].大连理工大学,2015.
[13] 孙淑秋.新时期高校党外知识分子统战工作研究[D].大连理工大学,2005.
[14] 陈伟华.新时期高校党外知识分子统战工作策略探析[J].铜仁学院学报,2016,9(5).
[15] 李文静,谢佳奇.新时期高校党外知识分子思想政治教育必要性浅析[J].思政探讨,2012(14).
[16] 芦倩,韩丰琨,王莹.高校党外知识分子参政议政效果的影响因子研究[J].散文百家(新语文活页),2017(3).
[17] 郝艳梅,杨富兴.做好新时期高校党外知识分子工作探究[J].河北省社会主义学院学报,2014(2).
[18] 容泽文,曾栋梁.党管人才视角下高校党外知识分子激励机制研究[J].牡丹江教育学院学报,2014(3).
[19] 熊吉生,罗奇清.高校党外知识分子思想政治工作研究[J].南昌高专学报,2012(3).
[20] 何正玲.网络载体:高校党外知识分子统战工作的新路径[J].辽宁工业大学学报(社会科学版),2011(5).
[21] 王立志,金鑫.基于新媒体技术的高校党外知识分子"同心"文化建设[J].才智,2014(1).
[22] 王琦,李庆真.新时期高校党外知识分子思想状况研究[J].学习与探索,2013(11).
[23] 丁俊平,宋俭.校统战工作研究[J].四川出版集团,2009.

系统论视阈下高校党外知识分子作用发挥机制研究

上海大学 曹为民 李青 叶泰和 牛广华

摘要： 随着改革开放的不断深入和中国高等教育的快速发展，高校党外知识分子的数量逐年上升，他们对培养社会主义优秀人才、建设和谐校园文化、应对西方意识形态渗透以及推进社会的改革发展发挥着巨大的作用。本文运用系统论的方法调研和分析高校党外知识分子工作，审视高校党外知识分子作用发挥存在的主要问题，并针对这些问题从增强系统的整体性、组织性、目的性、规范性、社会性和多样性的视角，探索健全高校党外知识分子作用发挥机制的具体路径。

关键词： 党外知识分子；系统论；发挥作用；机制

习近平总书记在中央统战工作会议上指出，党外知识分子工作，是统一战线的基础性和战略性工作。高校是党外知识分子的重要源头，也是党外知识分子工作的重要阵地。随着改革开放的不断深入和中国高等教育的快速发展，高校党外知识分子的数量逐年上升，他们对培养社会主义优秀人才、建设和谐校园文化、应对西方意识形态渗透以及推进社会的改革发展发挥着巨大的作用。然而,思想价值观念的日益多元化、各类利益诉求的多样化以及互联网时代的信息多元化,调动积极因素的工作做得比较多,努力化解消极因素转为积极因素的力度还不够,工作任务更加繁重,但是力量手段相对不足等,这些显然已成为新时期高校党外知识分子作用发挥面临的系统性新挑战。

系统论是提供新方法、新思想的重要科学理论,对于做好高校党外知识分子工作具有重要的指导意义。系统论的创始人美籍奥地利人贝塔朗菲认为:"系统是相互联系、互助作用者的诸元素的集合统一体,它是处于一定的相互关系中并与环境发生关系的各个组成部分的总体。"著名科学家钱学森指出:"系统是由互相作用和相互依赖的若干组成部分合成的具有特定功能的有机整体,而且这个系统本身又是它所从属的一个更大系统的组成部分。"[1]系统论的基本思想方法就是把研究和处理的对象当作一个有机整体[2]。课题组运用系统论的方法调研和分析高校党外知识分子工作,审视高校党外知识分子作用发挥存在的主要问题,并针对这些问题从增强系统的整体性、组织性、目的性、规范性、社会性和多样性的视角,探索健全高校党外知识分子作用发挥机制的具体路径。

一、高校党外知识分子作用发挥是一项系统工程

依据系统论的基本观点,各种社会事物都是一个复杂的大系统。高校统战工作是一项系统工程,它是一个由多种要素组成的有机整体,高校党外知识分子作用发挥也是一项系统工程,它由作用发挥机制、作用发挥平台、作用发挥队伍、作用发挥评估等多种要素有机构成,课题组主要围绕高校党外知识分子作用发挥机制进行深入探究。

---

[1] 程玉敏.系统论视阈下的高校统战工作探析[J].中央社会主义学院学报,2013(10):50.
[2] 杨行玉.系统论视阈下的高校和谐校园建设[J].教育探索,2011(5):113.

(一)党外知识分子工作是高校统一战线的基础性、战略性和系统性工作

习近平总书记在中央统战工作会议上强调,党外知识分子工作,是统一战线的基础性、战略性工作。做党外知识分子工作,不仅要增强责任意识、配强工作力量,还要改进工作方法,引导他们发挥积极作用。全国政协主席俞正声指出,贯彻中央统战工作会议精神,要围绕"四个全面"战略布局,最大限度地凝聚共识、凝聚人心、凝聚智慧、凝聚力量。开展党外知识分子工作,要坚持"尊重劳动、尊重知识、尊重人才、尊重创造"的方针,政治上充分信任、工作上大力支持,认真把握特点规律,做好教育引导工作,把他们紧密团结在党的周围,发挥他们的智慧和才能。

党外知识分子工作在高校统一战线中的基础性主要体现在两个方面:一方面,党外知识分子历来就是高校统一战线的重要成员;另一方面,党外知识分子是高校统一战线各领域代表性人物的源头。党外知识分子工作是高校统一战线的战略性工作体现在:一是人数多。目前,高校党外知识分子数量呈现出逐年增多趋势,尤其是在专任教师中党外知识分子的占比更高。二是作用大。党外知识分子不仅是高校统一战线的人才蓄水池,还是高校改革发展的重要生力军,党和政府科学民主决策中的思想库,经济社会协调发展中的服务团,了解和反映国情、社情、校情民意中的观察站。三是影响广。高校党外知识分子作为先进生产力的开拓者、先进文化的创造者和传播者,不仅影响着国家、社会、高校的发展,也影响着社会舆论、价值观念和校园文化。党外知识分子工作是高校统一战线的系统性工作主要体现在:一方面,党外知识分子工作本身就是一项系统的统一战线工作,它涉及到高校统一战线工作的方方面面,这是由党外知识分子工作的范围和对象所决定的;另一方面,做好党外知识分子工作是一项系统的统一战线工作,它涉及到党外知识分子的思想政治工作、工作机制、工作平台、队伍建

设、作用发挥等方面,而且党外知识分子作用发挥机制本身也是系统性的。

(二) 党外知识分子是高校统一战线各系统代表性人物的源头

党外知识分子是高校统一战线各个领域代表性人物的源头。正如习仲勋同志所指出的,统战工作中所说的党外人士,大多数是知识分子。特别是民主党派成员、无党派人士中的代表人物,都来源于党外知识分子。比如,目前我国八个民主党派中央主席,就都曾在高校或科研院所工作过。从这个意义上说,做好党外知识分子工作,就抓住了统一战线各个领域党外代表人士的源头,可以源源不断地为统一战线输送人才。在高校中,各民主党派、统战团体的负责人和代表人士大都是党外知识分子,党外知识分子是高校统一战线各系统代表性人物的源头活水。因此,只有把源头建设好,才能源源不断地有高校党外代表性人物的涌现。

(三) 发挥党外知识分子作用是高校整体改革发展事业的需要

在目前高校中,随着国际化战略推进和人才引进的竞争加剧,党外知识分子在整个高校教师队伍的占比呈现出增长趋势,尤其是在中国沿海发达城市和地区。党外知识分子将通过直接或间接参与高校的人才培养、学科建设、师资队伍建设、国际化战略、教学科研、参政议政、民主监督、社会服务等中心工作发挥着重要作用,从整体上、系统上影响高校改革发展事业的推进,并且日益起到了不可替代作用,不仅仅是作用大,而且影响范围和力度也很大,这就必然要求高校在自身改革发展事业中,要系统地考虑如何围绕中心工作来发挥好党外知识分子的作用,努力构建好党外知识分子作用发挥的机制。

二、高校党外知识分子作用发挥现状的系统考察

高校党外知识分子作用发挥是一项复杂的系统工程,需要从党外知识分子作用发挥的具体方面着手进行分类研究。课题组结

合对上海20余所不同类别、层次的高校,包括300余名党外知识分子、一线统战工作者进行了问卷调研及部分代表性人士的深度访谈,从而获得了第一手实证资料,这对研究高校党外知识分子作用发挥的现状以及作用发挥机制存在的问题等方面大有裨益。

(一)高校党外知识分子应当发挥作用的具体方面

高校党外知识分子作为高校教职工群体的重要组成部分,也是高校改革发展事业中不可或缺的一支独特优势力量。高校党外知识分子应当围绕当前国家、社会和学校本身的中心工作来发挥作用,这样才可以为国家、社会和学校发挥更大更加有效的作用。根据国家战略、社会需要和高校自身建设发展需求,党外知识分子应当围绕高校的人才培养、学科建设、教学科研、社会服务、参政议政、民主监督等方面发挥自身优势作用,为当前各个高校正在推进的"双一流"建设、"高水平大学"建设等奋斗目标贡献智慧和力量。

(二)高校党外知识分子实际发挥作用的具体情况

支持和引导党外知识分子立足本职岗位做好教学科研、管理工作,积极开展国情考察、专题调研、社会服务,围绕国家、社会、学校工作大局积极建言献策,参加多党合作、政治协商、民主监督等方面的重要会议和活动,积极参加统战系统的重要会议、活动和学习培训等要求,是新形势下高校党外知识分子实际发挥作用的具体体现。然而,在具体实践中,结合课题组的问卷调查及深度访谈情况,往往存在着:党外知识分子忙于自己的教学科研工作,政治协商意识不强,开展国情考察缺乏必要的时间保障和经费支持,开展专题调研的次数少且缺乏深度,参与社会服务形式比较单调、内容不够丰富、平台建设不健全,对多党合作制度认识不够,参政议政流于形式,民主监督机制不够完善,参加统战系统的重要会议、活动和学习培训经常缺席,对党外知识分子参加必要的社会工作和社会活动的业绩考评和对党外代表人士参政议政、建言献策的突出成果纳入工作业绩评价体系缺乏相应的认定激励机制等。以上这些方面如果没有做好,都会或多或少的影响到高校党外知识分子实际作用发挥,而健全和落实支持党外知识分子发挥作用机制是解决以上问题的着力点。

三、高校党外知识分子作用发挥机制存在的系统问题

健全和落实支持党外知识分子作用发挥机制是加强新形势下高校统一战线工作的必然要求。依据课题组开展实证调研和文献查阅的情况,结合系统论的基本观点,我们主要围绕组织系统、协作系统、沟通系统及监督系统四个维度来剖析当前高校党外知识分子作用发挥机制存在的问题。

(一)组织系统:领导工作机制格局不够大

依据中共中央办公厅转发《中共中央统战部、中共教育部党组关于加强新形势下高校统一战线工作的意见》(厅字[2016]27号,以下简称"27号文件")的文件精神,高校应成立由学校党委统一领导,统战部门牵头,组织、宣传、学生工作、教学、科研、人事等有关部门和院(系)党组织参加的统一战线工作领导小组,形成统战工作合力,构建职能部门和基层院(系)上下支持、配合的"大统战"工作格局。但在具体的调研实践中,我们发现成立学校党委统一领导的统一战线工作领导小组比较容易做到,关键是成立了"党委统一战线领导小组"后如何形成领导工作机制,真正形成上下支持、互相配合的"大统战"工作格局比较难。往往会存在着:领导工作机制不健全、领导工作格局打不开、领导工作效果不明显等问题,如果顶层设计没做好或者"党委统一战线领导小组"落实工作不到位、执行不严格、措施不得当,这些组织系统中的某一个或几个环节出了问题,都会直接影响到高校党外知识分子作用发挥机制的建设。因此,统战领导工作机制"大格局"建设将是高校党外知识分子作用发挥机制构建和完善的基本前提。

（二）协作系统：部门协同机制互动性不足

"27号文件"明确指出，统战、组织、人事、宣传、学生工作等有关部门应当建立健全协作配合机制。尤其是随着高校统战工作范围和工作对象的不断拓展，受到出国和归国留学人员增加、意识形态工作复杂性、各类社会思潮涌入校园等因素影响，开展高校统一战线工作离不开多部门协同工作机制的构建。在我们实际调研访谈中发现：多部门协同工作机制互动性好的高校往往统战工作开展起来比较顺畅且工作成效、亮点及特色比较明显，而多部门协同机制缺乏、统战工作互动性不足的高校往往统战工作开展阻力较大且工作成效不明显，不容易形成统战工作品牌项目。特别是需要加强统战部门与组织部门的协作配合机制，在动议和讨论决定高校党外干部的任免、调动、交流前，组织部门应当征求统战部门的意见，统战部门也应当协同基层二级单位主动推荐优秀的党外干部输送给组织部门培养和使用，为优秀的党外知识分子发挥优势作用提供更好、更广、更高的平台。

（三）沟通系统：双向反馈机制尚不够畅通

习近平总书记在中央统战工作会议上指出，"要改进工作方法，学会同党外知识分子打交道特别是做思想政治工作的本领"，"建立经常性联系渠道，加强线上互动、线下沟通"。2017年3月4日，习近平总书记在看望参加全国政协会议的民进、农工党、九三学社委员时强调各级领导干部要善于同知识分子打交道，做知识分子的挚友、诤友，要充分信任知识分子，重要工作和重大决策要征求知识分子的意见和建议。而沟通是征求党外知识分子意见和建议的必要途径，尤其是有效的沟通、双向的沟通、有反馈的沟通是沟通系统建设的重要组成部分。但在我们具体的实践调研中发现，高校普遍存在着双向沟通反馈机制不畅通的现状，具体表现为：党外知识分子与高校职能部门、院（系）的双向沟通反馈比较缺乏，尽管通过"情况报告会""联谊交友制度""双月座谈会"等平台,可以将党外知识分子的建议意见反馈给职能部门及院(系),但是职能部门及院(系)的处理结果、办理情况并没有及时反馈给党外知识分子,并没有形成双向反馈的"闭环机制",也导致了一部分党外知识分子会认为自己的意见"提了也白提""提了没改进",影响他们参政议政、建言献策的积极性和主动性。因此,构建顺畅的双向反馈机制,对于高校党外知识分子的作用发挥将产生不可替代的效应。

(四)监督系统:民主监督机制还不够健全

高校党委应当定期举办座谈会,邀请本校各级人大代表和政协委员、民主党派和统战团体负责人、无党派代表人士参加,通报学校的教学、科研、管理、党风廉政建设等重大事项,听取党外知识分子的意见建议。涉及学校发展的重大决策、涉及教职工切身利益的重要举措出台和调整前,应征求党外知识分子的意见建议,接受党外知识分子的民主监督。如在学校教职工代表大会、学术委员会、党委扩大会、校领导班子年度考核述职会、党建工作大会、学校二级单位年度考核会等重要工作中均应安排党外知识分子参加并听取他们的意见,支持民主党派和无党派人士开展民主监督,学校党委也应自觉接受民主监督。但在我们具体的调研实践中发现,部分高校的民主监督和民主管理机制不健全,举办党外人士的"双月座谈会""情况通报会""党派团体负责人工作例会"等并没有形成规范的机制制度,在涉及学校发展的重大决策、涉及教职工切身利益的重要举措出台和调整前容易忽视征求党外人士的意见,自觉接受民主监督,在重要部门或重要检查中没有及时安排党外人士作为廉政监督员,聘请党外人士作为廉政监督员的制度、聘任程序等不太规范,并且缺乏廉政监督的长效机制,没有形成持续的监督跟踪反馈机制。因此,健全民主监督机制,对于高校党外知识分子发挥作用将起到至关重要的保障作用。

四、系统论视阈下健全高校党外知识分子作用发挥机制探究

高校党外知识分子作用发挥作为一项系统工程，在高校党外知识分子应当发挥作用与实际发挥作用的对比中，我们可以得出目前高校党外知识分子作用发挥与实际的要求还有不小差距，解决这个问题的关键在于健全高校党外知识分子作用发挥机制。课题组尝试从系统论的观点出发，结合高校党外知识分子作用发挥机制存在的系统问题，提出了系统论视阈下健全高校党外知识分子作用发挥机制。

（一）系统整体性：构筑"大统战"格局，健全统战领导协同工作机制

从系统整体性出发，高校要构建由校党委书记主管、一位副书记协管并成立"党委统一战线工作领导小组"，将统战工作纳入基层二级单位党组织责任制的考核内容，明确基层院系责任，形成党委统一领导，统战部门牵头，党政有关职能部门和基层党委上下支持、互相配合的"大统战"工作格局，从而形成校、院两级联动的统战领导协同工作机制。这样，既可以发挥"党委统一战线工作领导小组"对高校统一战线工作全方面统筹领导的作用，又可以发挥"党委统一战线工作领导小组"各成员单位之间形成的多部门协同、校院联动的工作机制。唯有从系统整体性出发考虑，构筑"大统战"格局，健全统战领导协同工作机制，才能从根本上为高校党外知识分子作用发挥提供全方位的持续支持和长效保障。

（二）系统组织性：健全高校党外后备干部的培养选拔和任用考核机制

从系统组织性出发，高校要将党外后备干部队伍建设纳入学校干部队伍建设和人才工作总体规划，并制定高校党外后备干部队伍建设的中长期规划，认真执行"把一部分优秀人士留在党外的政策规定"，努力建设一支政治坚定、素质优良、数量充足、结构合

理、作用突出的党外后备干部队伍。为了更好地发挥高校党外知识分子的作用，就必须首先培养选拔一批优秀的党外后备干部，努力为他们搭建工作平台和锻炼任用岗位，并坚持同党内干部"一个标准"的任用考核，自觉接受党内外人士监督。在培养选拔方面，要注重拓展视野，关口前移，及早发现和培养，针对党外后备干部不同特点分类培养，对专业型学术人才、参政议政人才、民主党派综合党务人才，采取各具特色的培养方式，帮助他们提高能力素质；在任用考核方面，切实加大党外后备干部队伍安排使用的力度，对于符合条件的党外干部可以担任行政正职，确保在高校院（系）领导班子和中层行政干部中要保持在10％以上的党外人士任职比例，还要积极推荐优秀的党外后备干部担任各级人大代表、政协委员、政府参事、特约人员、廉政监督员等，并按照"党管干部"的标准进行任职期间考核。从系统组织性出发，健全高校党外后备干部的培养选拔和任用考核机制，将对党外知识分子围绕高校中心工作发挥作用提供更高平台、更广视野、更多成效的可能。

（三）系统目的性：健全高校党外知识分子民主监督和参政议政机制

从系统目的性出发，高校党外知识分子发挥民主监督和参政议政的作用是做好高校统一战线工作的重要职责和目的初衷。在健全高校党外知识分子民主监督机制方面，高校在校院两级教代会、学术组织中等都可以安排党外人士，聘请党外代表人士担任校党风廉政建设监督员，实行重大问题审议与咨询制度，充分听取党外知识分子的意见，可以推进"民主党派、统战团体与职能部门对接"机制，即形成学校每个民主党派基层组织和统战团体均与职能部门进行一一对接，在相关职能部门出台重大决定、制定重要文件、设计重要规划之前，主动听取其对接党派团体的知识分子的意见和建议，从而丰富了高校民主管理与民主监督的内容和形式；在健全党外知识分子参政议政机制方面，可围绕国家、社会和学校改革发展的热点难点问题深入开展研讨,如以举办论坛、学习培训、国情考察等为活动形式,为高校党外知识分子建言献策、参政议政和学术思想交流搭建平台,还可通过举办"双月座谈会""情况通报会"以及高校民主党派、统战团体举办的特色品牌项目等为抓手,为党外知识分子提供更多的参政议政平台。

(四)系统规范性:完善高校领导干部与党外知识分子联谊交友机制

从系统规范性出发,要不断完善高校校、院两级党员领导干部与党外知识分子联谊交友的机制,这将有利于做好高校党外知识分子的思想政治工作,为高校党外知识分子发挥作用提供思想保障。高校校、院两级领导班子要不断强化联谊交友的意识,按照"班子成员人人有朋友"的原则,每位党员领导干部都要联系党外知识分子,尤其是党外代表人士,主动与他们交朋友。党委统战部门要做好联谊交友的组织、协调、服务工作,尤其是需要明确每位党员领导干部联谊交友的对象,根据实际情况及时进行更新调整,并需要进一步制定明确联谊交友的具体内容、具体形式和交友后要达到效果的相关文件制度,即要明确联谊交友到底交友到什么程度才算是合格的、有效的。高校领导干部要与党外知识分子加强日常联谊交友,经常谈心交心,实现凝心聚力,多达成围绕中心工作建设的共识,这样才可以真正为党外知识分子发挥优势作用保驾护航。

(五)系统社会性:健全发挥高校党外知识分子社会服务的工作机制

从系统社会性出发,高校党外知识分子除了发挥其民主监督、参政议政的优势作用之外,还要承担起高校的社会服务职能,健全发挥高校党外知识分子社会服务的工作机制,对推进高校党外知识分子发挥作用将起到最为直接有效的作用。通过开展多种形式的理论学习、实践锻炼、社会服务,帮助和引导党外知识分子自觉接受中国共产党的领导,培育和践行社会主义核心价值观,支持他们积极发挥自身优势,勇于担当、敢于创新,服务社会、报效人民,促进党外知识分子对党的理论和路线方针政策的内心认同,为我们健全发挥高校党外知识分子社会服务的工作机制指明了方向。在具体的机制建设方面,高校需主动加强与校外社会服务单位或组织系统的联系对接,实现高校与所在地区的服务联动,高校党委统战部门应起到校内外服务联动的桥梁作用,不断拓展社会服务渠道,对可以长期坚持的社会服务项目进行跟踪和支持,加大宣传力度,努力建设社会服务的品牌项目,形成一定的规模和社会影响力。

(六) 系统多样性:发挥党外知识分子联谊会等组织的作用发挥机制

从系统多样性出发,丰富高校党外知识分子作用发挥的工作载体和平台,尤其是需要发挥好高校党外知识分子联谊会、欧美同学会(留学人员联谊会)等统战团体作用,这将为高校党外知识分子发挥作用提供归属感和凝聚力。在健全党外知识分子联谊会等组织的作用发挥机制方面,首先是配齐配强党外知识分子联谊会等组织的领导班子,充分发挥领导班子的主观能动性,带领广大统战组织成员一起干事创业发挥作用;其次是通过在开展高校党外知识分子的学习培训、实践锻炼、国情考察、社会服务、专题调研等具体活动中建言献策、建功立业;再次是通过党外知识分子联谊会等组织团队的力量,加强与其他组织或系统单位的对接联系,提供其成员更高更广的作用发挥平台,也可以克服一些党外知识分子通过自身努力无法解决的问题和困难,形成作用发挥合力,从而促进形成更加长效持久的作用发挥机制。对于党外知识分子自身来说,社会服务工作绝不是可有可无的,而是其自我充实、自我完善,不断走向新时代所必须的社会实践。在探索系统论视阈下健全高校党外知识分子作用发挥的机制方面,也一定离不开系统的多样性和多元性,只有"正确处理好一致性和多样性的关系"问题,才能更加科学、更加多样、更加系统地构建起高校党外知识分子作用发挥的机制。

高校党外知识分子联谊会运行机制研究

上海商学院 杨本松雪

摘要： 高校党外知识分子联谊会是开展党外知识分子工作的重要载体。将知联会作为高校无党派人士工作的重要载体和抓手，通过人才库建设、建立会员评价机制、加强重要性认识、规范化组织运行、建立学术交流机制、做好平台建设等，努力扩大高校无党派人士的社会影响，充分发挥无党派人士在学校改革发展中的作用是高校统一战线工作的一项重要任务。

关键词： 党外知识分子；高校；知联会；运行机制

党外知识分子作为我国知识分子队伍中占比最大的群体，是爱国统一战线的重要组成部分。2015年5月下旬，作为新中国成立以来的首个中央统战工作会议在北京隆重召开。会议颁布了统一战线工作的第一部党内法规《中国共产党统一战线工作条例（试行）》（以下简称《条例》），《条例》规定的统一战线12个方面工作对象中，党外知识分子是统一战线工作的主要对象，也是统一战线各界代表人士的重要组成部分。高校是统战工作的重要阵地，高校党外知识分子人数多，参政意识、民主意识强，思想活跃，高校党外知识分子联谊会（以下简称知联会）是开展党外知识分子工作的重要载体，目前，知联会是以无党派人士为工作重点，凝聚了一批具有代表性的党外人才，《中共中央关于进一步加强中国共产党领导的多党合作和政治协商制度建设的意见》明确指出，发挥无党派人士的作用是坚持和完善中国共产党领导的多党合作和政治协商制度的必然要求。将知联会作为高校无党派人士工作的重要载体和抓手，通过人才库建设、建立会员评价机制、加强重要性认识、规范化组织运行、建立学术交流机制、做好平台建设等，努力扩大高校无党派人士的社会影响，充分发挥无党派人士在学校改革发展中的作用是高校统一战线工作的一项重要任务。

一、知联会是新时期高校无党派人士工作的载体创新

高等院校是知识分子相对集中的地方，而在高校知识分子队伍中无党派人士占有相当大的比重，他们在推进学校改革发展中发挥着重大作用。加强无党派人士工作，团结、凝聚广大无党派知识分子，引导、保护、发挥好他们的聪明才智，是坚持"党管人才"原则和实施"人才强校"战略的必然要求。根据中央统战部关于加强无党派人士工作的意见，统战意义上的无党派人士具有以下特征：一是没有参加任何党派，具有无党派身份；二是对社会做出积极贡献，具有一定社会影响；三是受过良好教育，具有较高的素质；四是具有统战工作对象身份。

一直以来，高校党委十分重视无党派人士工作，重视无党派代表人士队伍建设，但工作方式相对单一，系统的教育引导机制、代表人士培养选拔机制、整体优势作用发挥机制等相对比较缺乏。近些年来，在上级统战部门和教育管理部门的指导下，高校党委对如何进一步加强学校的无党派人士工作进行了积极的探索。目前，上海市很多本科高校都成立了知联会组织，一批党外两院院士、长江特聘教授、国家千人计划入选者等在教学、科研和管理工

作上取得突出成绩、有着重要影响力和代表性的党外知识分子担任了知联会理事,团结凝聚了一大批无党派人士。

高校党委把知联会作为开展无党派知识分子统战工作的重要载体和平台,积极做到政治关心到位、人力财力支持到位、人才推荐使用到位。通过多年的实践与探索,以无党派知识分子为主的知联会,其性质、目标、任务、机制等都逐渐明确,在学校党委的领导下,围绕学校的改革、发展和稳定大局积极开展如下各项活动:一是加强理论学习,努力使知联会成为无党派知识分子自我教育的阵地;二是扩大联谊交友,努力使知联会成为学校联系广大无党派人士的桥梁和纽带;三是积极创造条件,努力使知联会成为无党派知识分子发挥作用的服务平台;四是培养举荐人才,努力使知联会成为向学校党组织和各民主党派组织推荐和输送后备力量的人才库。

二、高校知联会建设的实践

根据知联会的性质与任务,高校统战部门在知联会的理论学习、联谊交友、社会服务、举荐人才等方面进行了系统的探索实践,取得了良好成效。以上海商学院知联会为例,通过平台建设,充分发挥知联会在无党派人士工作中的重要作用。

上海商学院知联会设理事长1人、理事5人、秘书长1人,共有会员32人。目前,知联会属成立初期,主要通过打造学习交流、参政议政等平台,加强知联会工作。

(一)打造学习交流平台,提高思想政治素养

通过主题论坛、专题培训、思想交流等多种形式打造无党派人士学习交流平台,不断增强无党派人士对中国特色社会主义的道路自信、理论自信、制度自信,切实承担起作为中国特色社会主义事业的亲历者、实践者、维护者、捍卫者的政治责任。在学校统战部的指导下,开展"坚持和发展中国特色社会主义学习实践活动",交流学习心得,加强思想建设;组织党外知识分子培训班,不断提

升无党派人士理论水平和政治素养;编发统战理论学习参阅资料,为党外知识分子自主学习提供支持。

(二)搭建参政议政平台,畅通建言献策渠道

知联会理事及会员积极参加学校党委组织的情况通报会、重大问题意见征求会、学校重要会议和活动等,鼓励知联会会员围绕学校中心工作,组织开展调查研究,通过教代会提案、统战建言、担任校特邀监察员等多种形式,为学校建设和改革发展建言献策,推动学校的民主管理和科学决策。

目前,高校知联会已成为党委开展党外知识分子,尤其是无党派人士思想教育活动的重要平台,成为无党派人士为国家地方经济社会发展建言献策的重要舞台,成为无党派人士发挥智力优势开展社会服务的重要渠道,成为无党派人士联谊交友的重要方式,成为选拔举荐党外代表人士的重要源头。

在初见成效的同时,知联会运行机制还存着一些问题:一是自身组织过于松散。知联会联谊性的组织形式决定了其组织的松散性,而无党派人士"群而不党"的特性也决定了作为无党派人士之家的知联会其组织化程度相对较低,相当部分的无党派人士集体归属感较弱。二是管理制度不够健全。与作为参政党的民主党派相比,知联会的日常理事制度、信息沟通制度、集体决策制度等都不够健全,各种会议的到会率也相对较低。三是整体优势有待进一步发挥。知联会成员比较分散,平时活动频度不高,相互间了解不深;高校知联会组织大多只停留在校级层面,没有深入到院系,覆盖面不强;高校知联会与上级知联会不是上下级关系,上传下达渠道不畅。

三、切实加强知联会建设,充分发挥无党派人士作用

(一)加强党外知识分子人才库建设

人才库是人才涵养和选拔的重要源头。高校统战部应会同组

织部、人事处、教务处、科技处、国际交流中心等部门,定期对党外知识分子进行系统的、全面的摸底调研,动态掌握党外知识分子的专业、研究方向、特长等,在此基础上,按照不同层次人才建立相应的人才信息库,形成人才服务梯队。同时,统战部要与包括知联会在内的各类党外组织定期沟通,及时掌握人才信息现状。必要时要与党外知识分子本人联系,确保人才库数据的准确性和完整性。当然还可通过基层单位、民主党派和其他团体等多种调查、调研方式,对高校党外知识分子的基本情况按照专业、类别、特长等进行细化统计,形成人才大数据。同时可构建专业技术型人才库和储备人才库满足相关部口的特殊需求,为高校党外知识分子服务社会做好准备。人才库建立过程如图1所示:

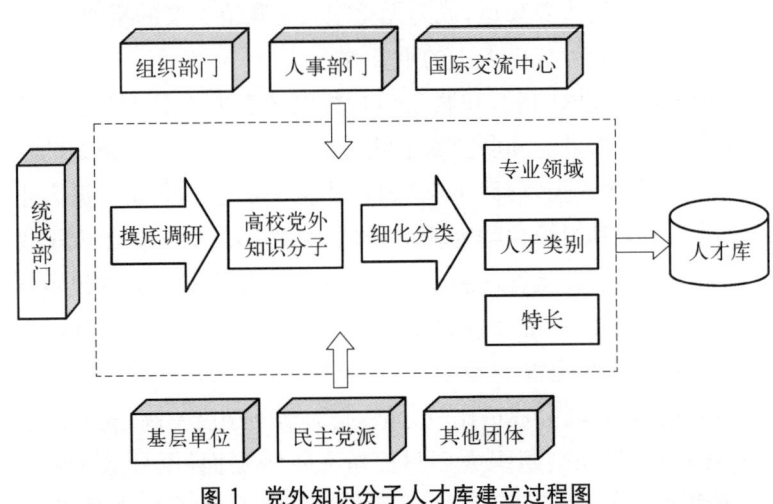

图1 党外知识分子人才库建立过程图

知联会作为以无党派知识分子为主的团体,应切实加强与统战部门沟通,加强与党外知识分子个人的联系和沟通,掌握个性化特征,做好统战部门摸清队伍的助手。注意协助做好党外知识分子涵养,对在专业上有影响力、有参政意愿和各类特长的党外人才,可加强沟通联系,主动动员吸收到知联会中。

（二）建立会员评价机制

党外知识分子是党外代表人士的源头，也是发展中共党员和其他民主党派党员的重要来源，建立以思想品德、教学水平、科研能力为主要测评内容的评价体系，使人员的考核和评价科学化、定量化、具体化、制度化，是加强党外知识分子队伍的培养、选拔的重要手段，同时对党外知识分子进行公平客观的测评，为中共及各民主党派在发展成员时提供依据，为提拔和重用党外知识分子提供参考，因此建立评价机制是联谊会在未来发展建设中的重要环节。

（三）增强对知联会建设重要性的认识

学校各级党组织要热情关心知联会工作，积极支持知联会发展，使知联会真正成为学校无党派人士工作的重要抓手，成为无党派人士之家，成为党培养党外代表人士的重要平台和无党派人士发挥作用的重要平台，通过加强对知联会的指导、联络，真正了解把握无党派人士的思想动态和利益诉求，做到政治上关心、生活上关照、工作上帮助，更好地维护无党派人士的合法权益。而广大无党派人士要正确认识高校知联会的性质、定位、目标、任务，自觉把知联会作为自身学习教育的平台、联谊交友的平台、发挥作用的平台、成长成才的平台。

（四）加强知联会组织的规范化建设

作为党领导下的统战团体，知联会承载着凝聚无党派知识分子的重要使命。知联会自身的规范化建设如同创建知联会一样重要，要进一步加强知联会的规范化建设，以提高知联会的效率、水平和在无党派人士中的公信力。

一要严格落实知联会工作例会制度。理事会要定期召开工作例会，邀请学校相关部门负责人参加，传达学习有关精神，研究部署重大事项，分析、交流、推进理事会相关工作。

二要建立完善信息交流制度。知联会要充分发挥联络服务职能，建立学校无党派人士工作定期情况通报等制度，扩大无党派人士的知情范围,让无党派人士能通过知联会及时准确地了解学校发展情况。

三要建立议政建言保障制度。探索建立学校重大事项征求无党派人士意见制度,充分发挥知联会组织的议政建言职能,将无党派人士的意见建议通过知联会组织向学校反映,进一步调动无党派人士参与学校民主管理的积极性,增强会员对知联会价值的认同感。

四要建立定期学习教育、联谊活动制度。要建立一年两至三次全体会员大会制度,定时间,定主题,按照有意义、受教育和统分结合、量力而行的原则,设计灵活多样的活动载体,并形成制度。要学习和借鉴其他社团组织的工作经验,不断探索做好知联会工作的新方法、新途径,不断拓展知联会的活动空间,扩大知联会的社会影响。

(五)建立学术交流机制

知联会成员中有相当一部分都有在海外留学的经历,并且在学术界或专业领域具有广阔的国际学术视野和前瞻发展思路,这些经验或经历的分享有利于提升其所供职学科或领域的整体水平、前沿思想等。充分发挥知联会成员在学术领域的专业优势,定期或者不定期邀请具有专业学术水平的留学人员组织开展专业论坛、学术沙龙、主题报告等形式的学术交流活动,可以促进学校学科建设、提升学科专业的总体理论和技术水平、促进学校学科之间的交叉融合、提升学科专业的整体理论和技术水平。同时,还可以学校学科、专业建设等为特色,组织不同高校知联会进行学术交流,以达到互相借鉴,取长补短的目的。

(六)做好平台建设

一是定期举办各类专题培训、主题研讨、论坛讲座等学习交流活动,营造成员交流思想心得、相互启发学习的良好氛围,促进学术交流与学科融合。定期开展各种丰富多彩的联谊活动,分享喜悦,宣泄烦恼,发现机会,促进合作,共同进步,奉献社会,增强知联会组织的吸引力和凝聚力。

二是围绕党委政府中心工作,围绕学校教学科研中心任务,发挥知联会的"集体会商"功能,积极参政议政,踊跃建言献策,做到参政议政有为,建言献策有方。

三是充分发挥知联会人才荟萃、智力密集、联系广泛的优势,积极开展校地知联会组织的合作共建,建立各类知联服务示范基地,服务国家地方经济社会发展,实现校地合作的稳固化和长期化。

四是联谊会要把无党派人士的成长、成才、成功作为重要工作,努力为无党派人士创造更多学习、实践和锻炼的机会。统战部门要通过建立无党派人士人才库,统筹规划,分类指导,做好无党派代表人士的政治安排、实职安排和社会安排,在使用中培养人才,在培养中选拔人才。

五是要扩展联谊会圈子,积极参加上海市党外知识分子联谊会"会长沙龙",相互交流知联会工作的经验,取长补短,广结好友。

高校民主党派社会影响力研究

上海政法学院　鲍长生

摘要： 高校民主党派无论是在学校还是社会建设中都发挥着重要作用，并占有独特的优势地位。提高高校民主党派社会影响力，是坚持和完善中国共产党领导的多党合作和政治协商制度的需要，也是更好地发挥民主党派作用的现实需要。提升高校民主党派的社会影响力，必须以增强自身建设和履行职能的实效为重点，在继承优良传统的基础上，积极拓展新思路，探索新举措，以思想建设为核心，以组织建设为基础，以制度建设为保障，不断提高民主协商和民主监督的能力和水平，更好地为社会建设和发展服务。

关键词： 高校；民主党派；社会影响力

近年来，高校民主党派发展较快，绝大多数民主党派在高校建立了基层支部、总支、委员会，民主党派的社会基础在高校不断扩大。高校民主党派作为民主党派中最具特色的组成单位，有着其与众不同的职能和特点。因此，提高高校民主党派社会影响力，是坚持和完善中国共产党领导的多党合作和政治协商制度的需要，也是更好地发挥民主党派作用的现实需要。

一、积极推动高校民主党派社会影响力的重要意义

当前,主要由知识分子组成的民主党派,高校成员占有很大比重。高校民主党派成员是学校教书育人、科技创新的重要力量,是联系群众的桥梁,是参政议政的主力军,是党外干部的重要"源头",其自身的特点和地位决定了高校民主党派在参政议政、协商民主中的特定优势。但高校民主党派受到体制机制等方面的影响,同时承担着很多一线教学科研工作,缺乏时间和机会培训自身参政议政的能力,所以在行使这方面的职责时,参政议政的知情面和参与面受到局限,难以反映社会更多群体意愿,没有时间、精力参与社会和服务社会,难以提出切中社会时弊的意见,使得高校优秀民主党派社会影响力低、参政议政的智力优势、专业优势难以得到充分发挥,直接影响了高校民主党派参政议政的水平和质量。

(一)可发挥高校民主党派的政治优势

改革开放三十多年来,由于民主政治不断发展,各民主党派的社会地位和作用越来越被重视,高校民主党派组织逐渐恢复和发展,吸引了一批批新成员的加入,呈现出年轻人较多、中老年人较少的积极变化。新一代高校民主党派成员多维度关注社会与民生,希望通过发挥自身的组织优势和群体优势,在参政议政上有强烈的愿望,因而增添了政治协商的生命活力。同时,伴随我国高等教育的国际化发展,民主党派新一代成员中,具有国外访问、讲学与留学经历的,取得国外学历与学位的,受国外教育经历影响和国际教育环境熏陶,因此高校民主党派成员的思想更加丰富、活跃,民主意识和参政议政意识更加强烈,可将国外的一些经验、做法和机制带入国内,对于发展和健全政治协商民主制度具有着巨大的作用。

(二)可发挥高校民主党派的智力优势

高校民主党派成员知识层次较高,绝大多数是从事教学科研的高级知识分子,其中不乏知名专家学者,有专家教授、学科带头

人,也有两院院士。他们按法定程序及有关要求,通过教学科研及各项社会活动贡献智力财富,积极投身学校的发展和建设,积极参与社会发展和服务,从而推动高校科学发展、社会和谐进步,对于推进政府决策合理化、推动政治协商制度的发展有着不可或缺的作用。高校民主党派成员通过与社会各界的广泛联系,具有比较大的社会影响力,从而能够较为充分地反映社会各阶层的意愿。因此,高校民主党派成员通过履行自身的政治责任,关注党和政府亟待解决、群众热切关心的热点、难点问题,及时有效地搜集有价值的信息和社情民意,并以提案等多种方式通过相应渠道予以报送,有利于提高公众参与度,推进决策大众化。

(三)可发挥高校民主党派的专业优势

高校民主党派成员各方面专家学者荟萃,思想活跃,知识丰富,具有"思想库""智囊团"作用。在组织管理与决策日益精密化、专业化的现代社会,他们以自身的专业特长参政议政,参与政治协商和民主决策,有助于提高政府决策的针对性、可行性,有利于推进决策的科学化,成为学校发展和社会进步咨询决策强有力的专业支持系统。在经济全球化、信息网络化、文化多元化的影响下,高校民主党派成员的专业背景差异增大,价值取向多元化态势明显,实现自身价值的意识日益突出。他们更加重视自我价值的实现,向往在专业领域内成名成家、建功立业,具有极强的自尊心、自信心和较强的参与意识和表现欲望。因此,他们观察分析问题偏于理性思维且具有一定深度,在交流方式上追求平等、实事求是,不喜欢说教,不迷信权威,这为他们从多角度、多层面参政议政,关注和解读社会热点难点问题提供了良好的文化和思想基础,拓宽了其参政议政的范围和领域。

二、影响高校民主党派社会影响力的主要因素

虽然近年来高校民主党派组织发展和成员的社会影响力总体

呈现良好态势,有力地推动了协商民主的进步和发展,但现实层面也还存在诸多问题,妨碍了高校民主党派社会影响力的发挥。

(一)高校民主党派缺少相应的组织机构

提高高校民主党派社会影响力,需要依靠团队和集体的力量。近年来,上海各高校民主党派组织机构有了较大发展,但总体上还是处在比较低的水平。以上海市为例,本科院校建立了民主党派支部、总支、委员会等基层组织大约占50%左右,而高职高专类学院基本上是空白(表1)。由于高校民主党派基层组织不够健全,限制了高校民主党派社会影响力的发挥。

表1 上海市民主党派基层组织机构数量一览表

党派名称	区级机构数量(个)	高校基层组织数(个)
民 革	16	16
民 盟	16	27
民 建	16	19
民 进	16	18
农 工	16	18
致 公	16	16
九 三	16	26
台 盟	4	0

资料来源:通过民主党派网站整理而成。

(二)高校民主党派运作机制不完善

上海高校民主党派基层组织一般隶属于民主党派市委,与区级机构、专委会、企业基层组织横向联系联系较少;同时,高校民主党派间的横向联系较少,只在较为熟悉的人员中进行组织发展,这些都导致高校民主党派参政议政的知情面和参与面受到局限,一般仅限于高校内部事务,对社会影响不大。导致高校民主党派的社会影响力与他们的在党内外职位紧密相关，党内外职位高，社会影响途径就广一些，社会影响力就高一些；党内外职位低，社会影响途径就窄一些，社会影响力就低一些。

一般来说，高校民主党派成员因为本身承担一定教学、科研任务，与社会联系较少，在参政议政方面也缺少一个切实可行的总体规划，没有有效地形成一系列关于加强参政议政工作的制度、具体实施细则和办法，未建立和形成组织高校民主党派人士与社会联系的渠道以及对社会进行调研的有效运作机制，在一定程度上导致高校民主党派人士知情渠道不够畅通。大部分高校民主党派成员表示没有适当的渠道建言献策，参政议政渠道总体看来不是很畅通。同时，对高校民主党派成员的政治安排和实职安排力度相对较小，参政议政的知情面和参与面受到局限。此外对于参政议政工作的实效性缺乏有效的考核机制，无法起到激励和鞭策的作用。这些都使得高校民主党派参政议政的政治优势、智力优势、专业优势难以真正得到充分发挥，降低了高校民主党派的社会影响力。

（三）高校民主党派成员自身建设不足

近几年，高校民主党派基层组织发展较快，大量年轻的教职工加入民主党派组织。新加入的民主党派成员，由于对民主党派权利、职能缺乏了解，对民主党派地位、作用理解不够深刻，对参政议政的历史、传统不够熟悉，导致有些党派成员政党意识不足，对自身要求不高，缺乏政治诉求，影响了民主党派政治作用的发挥。

新加入的高校民主党派成员受到所在界别、自身素质和时间、精力等多方面因素的限制，关于民主党派参政议政知识和能力学习不足，加之忙于专业或本职工作，参政议政过程在一定程度上存在形式主义甚至是功利主义现象，难以深入社会，没有时间、没有精力围绕建言献策深入调研，难以提出切中时弊、反映更多群体意愿的提案和建议，所提意见和建议较为泛化和肤浅，缺乏广度和深度,往往缺乏代表性、针对性和权威性,直接影响了参政议政的水平和质量,限制了高校民主党派社会影响力的发挥。

(四) 高校民主党派缺乏旗帜性人物

从历史上看,高校民主党派的社会影响很大程度上依靠一批旗帜性人物,他们大多是造诣很深的专家、学者,是享有崇高威望的社会活动家。由于在"文革"中高校民主党派活动受限,出现了旗帜性人物断层。随着时间的推移,老一代旗帜性人物先后辞世,而高校新一代旗帜性人物尚未形成。由于缺少旗帜性人物,对外打不开局面,无法形成稳定的参政议政平台和渠道;对内无法形成凝聚力,组成有战斗力的民主党派组织,从而导致高校民主党派只能埋头在高校内部,无法在参政议政中的起到引领作用,无法发挥高校民主党派的社会影响力。

三、发挥高校民主党派社会影响力的建议

提升高校民主党派组织的社会影响力,必须以增强自身建设和履行职能的实效为重点,以思想建设为核心,以组织建设为基础,以制度建设为保障,在继承优良传统的基础上,积极拓展新思路,探索新举措,不断提高民主协商和民主监督的能力和水平,更好地为社会建设和发展服务。

(一) 加强高校民主党派干部队伍建设

高校民主党派组织要切实加强领导班子和干部队伍建设。第一,畅通和扩展高校民主党派成员政治安排途径,积极推荐学术上有影响、国内外联系广、参政议政能力强的民主党派人士担任各级人大代表、政协委员。让热心服务,真心奉献的同志,有德有才的成员得到成长的空间和机会,努力形成优秀人才脱颖而出的良好机制。第二,加大实职安排力度,高校要保证民主党派成员在校、院(系)各级领导班子中占有适当的比例,加强对代表人物的重点培养和推荐任用。第三,高校民主党派社会影响力的大小,在很大

程度上取决于其主要负责人的个人声望和人格魅力，取决于成员的个人形象和影响力。因此在组织建设工作中，领导班子要选准配好，大力选拔品德好、能力强、威信高的人担任领导，努力造就旗帜性人物。通过旗帜性人物，对外搭建高校民主党派成员参政议政平台，努力拓宽参政议政的领域和渠道；对内增强凝聚力，形成团结、有战争力的集体。

（二）推动区校民主党派组织合作联动的运行机制

针对高校民主党派与区级机构、专委会、企业基层组织横向联系较少，参政议政的知情面和参与面受到局限的问题，建议推进区校民主党派组织合作联动的运行机制。区校民主党派组织合作联动工作模式，可直接促进具有不同社会背景的来自高校和来自地区的民主党派成员相互沟通，开阔民主党派成员的视野、拓宽信息渠道，引发他们对更多问题的关心，从而不仅可以提高民主党派成员履行职责的积极性、调动参政议政的能动性，也可以增强民主党派工作的活力。民主党派工作区校合作是实现参政议政需求与人才资源有效配置的组织载体。区校合作基于两个基本点产生：一是不断增长的参政议政需求，二是高校有着丰富的人力资源。以这一载体为平台，高校民主党派成员可以在政策和组织的双重保障下，直接通过地区民主党派组织、人大、政协等途径，以主人翁的态度发挥专业特长，履行参政议政的职责。

推动区校民主党派组织合作联动的运行机制，要做好以下几方面工作：一是完善规章制度。包括工作计划、会议制度、议事制度、工作制度、活动制度、互访制度、座谈制度等。确实做到规范有序。二是遵循客观规律。区校合作要遵循客观规律。既不要急于求成，也不能无所作为，尊重各方的工作规律。既要坚持守土有责、坚守自己阵地，又要加强合作、做到信息互通、优势互补、力量互助、工作互进。三是找准切入点，提高区校合作的实效性。随着经济社会的不断发展，民主党派工作也要不断创新工作方法和途径,在区校合作中更是需要不断拓展互动平台和互动载体,开展形式多样、内容丰富的互动合作。可根据工作的需要和双方的优势,设计一些合作的内容和形式,比如在统战理论研究方面,发挥民主党派成员理论素养高、研究能力强的优势进行双方合作,成立联合课题组。建立区校信息平台,共享信息资源,实现区域内信息互联互通,更好地分享区校优势资源。

(三)加强高校民主党派成员自身建设

加强高校民主党派成员自身建设,要着力加强思想教育和政治引导,提高高校民主党派成员的政党意识和履职意识,营造民主党派成员参政议政的良好氛围。一是要强化高校民主党派自身组织建设和思想建设,增强高校民主党派成员的政治意识和政党意识,打造民主党派政治敏锐性和政治感召力,培育关注社会、明辨是非和把握方向的政治素质和能力。二是要把提高民主党派成员参政议政能力作为干部队伍教育的重点内容和方向,加强民主党派干部的综合能力培养,把发挥专业特长与参政议政的政治素养结合起来。把高校知识分子的力量作为参政议政的人才资源进行整合,充分发挥整体优势,优化工作机制,创造宽松的政治氛围以便鼓励高校各级民主党派成员以不同形式参与到参政议政实际工作中来,发挥高校民主党派的社会影响力。

(四)保障高校民主党派成员参政议政工作机制

高校党委要注重民主协商和民主监督,确保高校民主党派的知情权、权利诉求和利益表达渠道畅通。要建立和完善定期和不定期的协商制度、情况通报制度;要注重联谊交友,定期与民主党派成员谈心、拜访,沟通思想,增进共识;要鼓励参政议政,建立健全长效激励机制。高校党委要积极营造良好的参政议政环境与氛围,增加在经费、场所、时间等方面对高校民主党派开展活动的支持力度,与民主党派成员保持密切联系,加强对民主党派成员参政议政工作的宣传报道,扩大高校民主党派的社会影响力,营造良好的舆论氛围。

（五）创新高校民主党派参政议政工作方式

对高校民主党派的一般成员而言，他们获得参政议政的实践机会非常有限，相应的参政议政渠道比较窄。这样就造成广大有政治参与热情的党派成员得不到提高参政本领、施展才华的实践机会，造成资源的浪费；高校民主党派承担大量参政议政工作的少数代表，往往是专业领域的带头人，两者兼顾就会力不从心，导致缺乏时间和精力进行深入基层的调研，严重影响了民主党派参政议政能力和社会影响力的提高。因此，需要运用微信、互联网等新媒体，开通多渠道的参政议政途径，构建多层次的能力建设实践平台，既可拓宽高校民主党派参政议政的领域和渠道，又可节约参政议政的时间和精力。运用微信、微博等新媒体，既可推送信息、收集意见，也可进行问卷调查，反映社情民意。通过这些手段和途径，可以提高高校民主党派参政议政和服务社会的水平和质量，扩大高校民主党派社会影响力。

参考文献

[1] 陈亚轩.高校民主党派参政议政能力建设研究[J].浙江科技学院学报，2013(8).

[2] 任纪虎.民主党派加强参政议政建设研究[J].山西社会主义学院学报，2011(12).

[3] 申德成，义少祥.加强民主党派参政议政职能建设提高民主党派参政议政能力的若干思考[J].广西社会主义学院学报，2013(6).

[4] 李翠兰.努力提高新形势民主党派参政议政能力[J].吉林社会主义学院学报，2013(2).

[5] 蔡碧玉，黄国雄.民主党派参政能力建设思考[J].重庆社会主义学院学报，2007(1).

高校民主党派后备干部培养问题及路径探索

上海交通大学医学院　许恺恺

摘要： 高校作为民主党派优秀人才的聚集地，如何根据高校民主党派后备干部自身特点，规范化、科学化、合理化地进行培养，是高校统一战线工作的重点之一。本文将从高校民主党派后备干部培养面临的问题入手，以高校民主党派组织换届为契机，深入分析当前高校民主党派后备干部培养现状，结合高校民主党派后备干部特点，尝试提出以统战文化引导思想共识，以"人才库"管理夯实培养基础，以多条线联动创新培养模式，以"大统战"理念完善培养制度，从高校统战工作实际出发，进一步完善高校民主党派后备干部培养机制，不断推进高校民主党派后备干部队伍建设。

关键词： 高校；民主党派；后备干部；培养；路径

中国共产党领导的多党合作和政治协商制度是我国的一项基本政治制度，是具有中国特色的社会主义政党制度。民主党派是各自所联系的一部分社会主义劳动者、社会主义事业建设者和拥护社会主义爱国者的政治联盟，是发展先进生产力、社会主义民主政治、社会主义先进文化和构建社会主义和谐社会的一支重要力量,也是实现祖国统一、民族振兴的一支重要力量。中央、市委、高校统战工作会议的召开和《中国共产党统一战线工作条例(试行)》的出台,为新形势下高校统战部门开展工作带来了难得的机遇。《中国共产党统一战线工作条例(试行)》明确指出,发现、培养、使用、管理党外代表人士是中央和地方各级党委开展统一战线工作的主要职责;要加强党外代表人士的发现储备,发挥高等学校、科研院所培养和选拔党外代表人士的重要基地作用。

统一战线的基础在人,关键也在人。高校作为民主党派队伍建设重要的"蓄水池"和"人才库",彰显着统一战线"人才荟萃、智力密集"的特色和优势。因此,加强高校民主党派后备干部队伍建设,有利于夯实共同政治思想基础,有利于加强高校民主党派自身建设,有利于加强高校干部队伍建设,有利于坚持和完善中国共产党领导的多党合作和政治协商制度。而培养作为民主党派后备干部队伍建设中的关键环节,有着举足轻重的作用。新形势下,高校民主党派队伍日益壮大,年龄和知识结构不断改善,参政议政能力和水平不断提高,社会影响力不断扩大。高校民主党派成员的培养,既是关系到民主党派自身发展的重大问题,也是关系到多党合作事业和国家发展的重大问题。

一、高校民主党派后备干部培养面临的问题

新时期,高校民主党派后备干部培养工作总体呈现出良好的发展态势:各级党委重视民主党派后备干部培养,民主党派后备干部纳入人才培养总体规划,民主党派后备干部队伍日益发展壮大、素质不断提高、参政议政的积极性趋向高涨。但在看到成果的同时,我们的培养工作也不可避免地存在着一些不容忽视的问题。

(一) 民主党派后备干部出现"断层"

民主党派发展的不平衡制约了民主党派的自身建设。这种发展的不平衡首先是民主党派队伍年龄结构不合理,年龄断层和结

构失衡问题日趋严重。以交大医学院为例,2016年交大医学院各民主党派委员会换届后,委员会班子成员中60年代出生的占73.2%,70年代出生的占26.8%,平均年龄较上一届没有下降。其次是各高校不同民主党派之间发展的不平衡。有的民主党派由于拥有旗帜性人物等原因,无论在量还是在质上都发展迅速,而有些民主党派则发展相对迟缓,在新老交替中,出现干部梯队"隔代断层"现象。再次是民主党派与中共相比,基层组织相对松散,在民主党派后备干部的培养中,党派组织条线推荐不畅,形成"渠道断层"。最后是高学历、高层次的新一代高校民主党派成员与对多党合作历史、政党制度等缺乏深刻认识间的不平衡,使得民主党派后备干部出现"思想断层"。

(二) 民主党派后备干部培养模式滞后

目前,民主党派后备干部培养还是以传统的教育培训和岗位锻炼为主要手段。传统的培养模式与政治参与意识不断增强、思想观念和价值取向趋于多元化的新一代民主党派后备干部的创新培养诉求存在着差距。同时,由于高校民主党派成员的工作性质,导致整体培训计划缺乏系统性,目标流于表面,概象多,具象少。以交大医学院为例,医学院民主党派成员主要分布在各个附属医院,医生的工作性质决定了很多民主党派后备干部无法参加或者无法完整参加教育培训和岗位锻炼,从而错失培养机会。与中共干部的培养相比,民主党派后备干部的培养锻炼机会和平台相对较少,缺乏统一部署、统一规划,缺乏针对民主党派成员成长特点的培养方式,缺乏规范的定期考核和评估体系,缺乏跟踪考评机制,基本上处于一种放任的模式。

(三) 民主党派后备干部培养职责不明晰

党派组织、统战部、组织部作为高校民主党派后备干部培养的主体,在民主党派后备干部培养过程中存在着关系不协调、职责不明晰的问题。由于高校民主党派自身建设和凝聚力的弱化,党派组织在其后备干部培养中的作用不断消减，后备干部的培养主要依靠统战部来完成与各级党委的沟通、协调和推荐工作。统战部作为党委主管统一战线工作的职能部门，肩负着联系民主党派成员和协调民主党派工作以及会同有关部门做好培养、选拔、推荐的职责。正是由于与民主党派的紧密联系，统战部经常被误认为是民主党派的"组织部"。在"党管干部"的原则下，组织部具有人才选拔使用的"话语权"，在民主党派后备干部培养中发挥着重要作用。虽然各级党委组织和统战部门承担的责任明确，但在实际操作过程中，仍存在民主党派后备干部推荐、考察、决定、使用的权责不够具体，系统性、整体性、协同性较差等问题，同时也忽视了民主党派组织自身作用的发挥。

（四）民主党派后备干部培养制度不完善

首先，许多高校都建立有干部培养选拔制度，但未将民主党派后备干部这一特定对象与一般对象区分，一方面培养选拔只针对个人而非民主党派群体，往往是要选拔使用了才知道是民主党派成员；另一方面，由于民主党派后备干部培养没有一惯性，在民主党派班子换届中经常出现拿帽子找人的局面。其次，民主党派后备干部培养缺乏具体的培养、考核和管理制度。在培养上，突击性成分较多，统筹性、规划性成分较少；在考察上，主观性评价较多，客观性评价较少，甚至缺失；在管理上，重选拔轻教育较多，长效性机制较少。再次，民主党派后备干部培养协调制度缺失。对民主党派后备干部的培养选拔，许多高校都没有对统战部和组织部在职责分工和协调配合上作出明确规定，致使在民主党派后备干部的推荐、培养和选拔工作中，工作程序不一致，工作对象不统一。

二、高校民主党派后备干部培养路径探索

新时期，高校民主党派后备干部的培养面临着诸多困境，高校党委和统战组织部门要积极转变工作思路，按照"抓住源头、打好

基础、完善机制、推进选拔"的原则,采取"自下而上推荐,自上而下考察,共同培养使用"的工作机制,探索适合形势发展需要的人才培养构架,帮助民主党派打造一支高端人才队伍,着力提升新时期高校统战工作为多党合作事业可持续发展的贡献度。

(一)以统战文化引导思想共识

高校统战文化蕴含着高校统一战线内部多种力量之间形成的共同政治理念、价值追求和行为规范,具有其独特的风格和气质。在高校民主党派后备干部的培养过程中,首先要以统一战线的文化传承凝聚起共同的政治思想基础。以交大医学院为例,交大医学院各民主党派在发展过程中形成了各自的传统与文化,涌现出一批杰出代表,各民主党派基层组织和委员会以换届为契机,开展"追寻足迹,铭记历史"主题活动,通过历史资料的查阅以及走访历届老主委,近距离生动地聆听、感受文化传统,以前辈的精神指引人、激励人、凝聚人,进一步坚定中国特色社会主义的道路自信、理论自信、制度自信、文化自信,进一步坚定与中国共产党肝胆相照、荣辱与共的政治信念,使广大优秀的民主党派成员将与中国共产党在思想上同心同德、目标上同心同向、行动上同心同行内化为自觉要求,在顺利推进政治交接的同时,以统战文化夯实共同思想基础,让有温度的历史文化涵养民主党派后备干部,弘扬传统,传承经典。其次要以"同心"思想和高校统战文化为指导,将高校民主党派后备干部的个人愿景与统一战线的共同愿景紧密结合,通过培养共同语言,开展团队学习,进行深度汇谈等方式,努力构建能够使广大统战成员紧密联系在一起、淡化了人与人之间的个人利益冲突的统一战线共同愿景。将个人发展与学校发展紧密联系起来,把统战文化融入到日常工作中去,在坚持思想政治教育的同时,穿插专业拓展、人文培养和跨学科交流,在多元化的思想观念、价值取向、行为方式和利益诉求中发掘一致性,保留多样性,以共同的理想信念引导人、团结人。

(二) 以"人才库"管理夯实培养基础

千秋基业,人才为先。民主党派是人才聚集起来的政党,各民主党派汇聚各类专业人才,拥有自身特长。高校是民主党派的人才高地,是党外代表人士的主要来源,高校民主党派后备干部更是人才中的高地。因此高校民主党派后备干部培养首先是人才的源头管理。高校统战部门应当协同各二级院系,全面了解和掌握民主党派骨干的基本情况及其思想政治素质、业务技术能力、社会工作经历和影响、参政议政或建言献策能力等,根据个体的不同特点全面分析作为后备干部培养的发展潜力和方向,做到手中有人,心里有数。以交大医学院为例,交大医学院以系统各民主党派基层支部和委员会换届为契机,全面梳理了医学院70年代出生的民主党派成员信息,建立基础数据库,并与各学院、附属医院就重点培养对象进行了反复的沟通,根据学科、年龄、学术成就、发展潜力等综合分析,形成了多层级、多方向、多交叉的"人才库"架构,为民主党派后备干部的培养,乃至今后的政治、实职安排打下扎实的基础。其次是"人才库"的动态管理。高校民主党派后备干部的成长是动态化的,因此我们的"人才库"也需要根据实际情况进行动态管理。一方面是对现有信息的动态更新,包括职称职务晋升、重要科研成果获奖、先进事迹、参加各种学习培训情况等;另一方面是对现有数据库的动态增减,及时反映当前人才储备情况。

(三) 以多条线联动创新培养模式

高校民主党派后备干部的培养模式中最主要的培养方法,一是教育培训,二是岗位锻炼。教育培训主要包括培训班、研修班以及各类专题培训等;而岗位锻炼的主要方式包括政治安排、挂职锻炼、行政兼职等。高校民主党派后备干部的培养主要依托党派组织、统战部和组织部。因此在按照传统模式进行培养时,首先要理清党派组织、统战部和组织部各自的角色定位,在选拔和培养过程中充分沟通协调,将高校民主党派后备干部的培养放在高校和党派干部培养的全局视野下，统筹考虑民主党派后备干部的年龄分布、学科差异、现任岗位等因素，有的放矢地整合资源，最大限度地利用资源，使培养能适位、到位、不错位，使民主党派后备干部的培养能入脑、入心、入行。以交大医学院为例，交大医学院统战部与组织部积极联动，在充分酝酿、沟通的前提下，联合推荐培养民主党派后备干部，使得人才推荐更有代表性，培养更有针对性，后续使用更具可行性。交大医学院现有党外副局级干部 2 名，党外处级及以上干部占全体处级及以上干部的 16%。此外，由于党外后备干部队伍呈现"倒金字塔"结构，党外干部挂职锻炼与后续的培养使用脱节，党外干部使用面窄、交流难等，民主党派后备干部的培养要采取梯度分层模式。在教育培训中注重横向与纵向、理论与实践相结合，在岗位锻炼中注重高层与基层联动、高校与区域行业联动。不断拓展视野，拓宽渠道，围绕民主党派干部成长特点，制定阶段性培养措施，制定近、中、长期培养规划，将长期培养与近期使用相结合，有层次、有针对性地培养民主党派后备干部，促进后备干部队伍整体素质的提高。

（四）以"大统战"理念完善培养制度

"大统战"理念要求高校统战工作由传统的思维方式和单一、严肃的工作手段向综合性并富有吸引力、感染力的手段和方法转变，形成领导重视、各部门支持、各界广泛参与的高校"大统战"格局。在整个高校民主党派后备干部培养过程中，要转变工作思路，改变过去仅靠党派组织、统战部、组织部的工作模式，树立全新的统战理念，形成高校党委统领，组织、统战部门负责，各相关部处协同的理念，共同建立符合高校民主党派后备干部成长规律的培养制度。建立健全民主党派后备干部跟踪测评制度，形成常态化、动态化、科学化的综合评价体系。一方面通过量化指标，客观反映后备干部综合素质能力，促使他们根据评价指标不断提高自身水平和工作能力；另一方面，通过总体测评结果的大数据分析，进一步完善评价体系,及时调整培养方式。建立健全民主党派后备干部自我教育制度,根据社会发展的要求和自身发展的需要,有目的、有计划、自觉地对自我提出任务,通过自我认识、自我选择、自我反省、自我调控等方式,不断提高和完善自我思想政治素质和能力。建立健全宣传引导制度,以新媒体技术为依托,树立"大网络"观念,充分利用新媒体覆盖面广和传播快捷的优势,以建立微信群、开通微博、编辑手机报等形式,激发高校民主党派后备干部的主观能动性,自发地投入到培养过程中来。以榜样教育和同伴教育更好地营造氛围,凝聚共识,汇聚力量,传播正能量,为高校民主党派后备干部培养提供更为宽广的视野。

参考文献

[1] 杨本松雪.高等院校民主党派后备干部队伍建设机制研究[J].上海商学院学报,2014(4).

[2] 罗庆昌.新的历史条件下高校民主党派干部队伍建设研究[D].西南师范大学,2005.

民主党派后备干部队伍建设问题研究

华东理工大学 李晓霞

摘要：本文在对民主党派后备干部队伍建设现实意义研究的基础上，前瞻性地把握当今世情、国情对民主党派后备干部队伍建设提出的新要求，结合我国民主党派后备干部队伍建设的现状与问题，总结归纳制约我国民主党派后备干部队伍建设的相关因素及其原因序列，通过对比分析、合理借鉴执政党后备干部队伍建设的成功经验，就如何培养造就一支高素质的民主党派后备干部队伍这一主题进行深入研究，以期为民主党派后备干部的发现与选拔、培养与建设提出些许对策与建议。

关键字：民主党派；后备干部；队伍建设；研究

党和国家历来高度重视后备干部的选拔和培养，尤其是在中国共产党先进性建设不断提高的现实情况下，中国共产党对于作为其亲密友党的民主党派后备干部队伍建设提出了更高的要求。民主党派后备干部队伍建设作为民主党派自身建设的重要组成部分，是提升民主党派自身能力、充分发挥参政党作用的前提，也是我国多党合作事业得以巩固与发展的基础。现阶段，我国民主党派后备干部队伍建设存在着相关理论研究滞后、发现与选拔机制不完善、培养和开发方式方法有待改进等方面的局限性，不利于民主党派后备干部的发现和培养，制约了民主党派作用的发挥。

一、加强民主党派后备干部队伍建设的现实意义

新常态下，加强民主党派后备干部队伍建设有着非常重要的现实意义。

其一，民主党派后备干部队伍建设是提升民主党派自身能力，充分发挥参政党作用的前提。民主党派作为参政党，不是一般的社会团体或学术沙龙，而是社会主义的劳动者和爱国者中较为先进的分子组成的政治联盟，是执政党"长期共存、互相监督，肝胆相照、荣辱与共"的亲密友党，是促进社会主义现代化建设和祖国统一的重要力量。参政党的政治属性要求参政党的后备干部要有一定的政党意识和政治责任感，加强民主党派后备干部队伍建设，对于发现和培养一批适应时代发展要求，能够为国分忧为国效力的新时代接班人，进一步增强民主党派的政治属性，充分发挥参政党作用都有着非常重要的现实作用。

其二，民主党派后备干部队伍建设是巩固与发展我国多党合作事业的重要基础。中国多党合作制度作为中国基本政治制度四维框架之一，以其独特的结构功能和运行机制，体现了社会主义民主政治的本质要求，在这一框架体系中，参政党后备干部队伍建设直接影响着多党合作的未来，也直接影响着社会主义民主政治的进一步发展，因此，加强参政党后备干部队伍建设既是提高多党合作质量的客观需要，也是进一步完善我国整个政治制度，建设中国特色社会主义民主政治的客观需要。

其三，加强民主党派后备干部队伍建设是实现社会主义协商民主的重要内容。协商民主理论主张通过一系列科学的制度安排和程序设计特别是建立常态化、多层次、可操作的协商对话机制，使不同阶层、不同群体都能利用宪法赋予的权利，自由、平等地参

与国家管理和公共生活,就经济社会发展重大问题和涉及群众切身利益的实际问题广泛协商、增进共识,促成科学决策与理性施政。在社会主义协商民主制度这一背景下,民主党派通过其特有的政治协商、民主监督、参政议政等形式在我国的政治与社会生活中发挥了更重要的作用,社会主义协商民主为民主党派作用的发挥提供了更为广阔的空间,同时,也对民主党派后备干部队伍的能力素质提出了更高的要求。加强民主党派后备干部队伍建设,在不断完善民主党派自身发展的同时也为进一步实践社会主义协商民主奠定了基础。

二、当今世情、国情对民主党派后备干部队伍建设提出的新要求

民主党派后备干部队伍建设需要前瞻性地把握当今世情、国情等相关变量的发展对民主党派后备干部队伍提出的新要求,做到与时代或环境动态相适应、与时俱进。世情即当今时代的特点和发展趋势,这里的世情主要是指信息公开、协商民主对民主党派后备干部的要求;国情是指一个国家某一时期的社会性质、政治、经济、文化等方面的基本情况和特点,这里所讲的国情主要是指当前我国执政党建设对民主党派后备干部的要求。

信息公开是指政府及有关机构根据公众的愿望和需求公开或开放自己所拥有的信息,使公众能在最短时间、以最小的代价、以最便捷的方式最大限度地获取信息的过程与相关制度[①]。从2007年1月17日国务院第165次常务会议通过《中华人民共和国政府信息公开条例》至今,我国的信息公开制度已走过9个春秋,9年来我国的信息公开制度不断完善,对于推进社会主义民主法制建设的作用日益彰显。信息公开制度的实施必然对民主党派后备干

---

① 诸葛福民.公共危机治理中的信息公开[J].山东社会科学,2011(11).

部队伍建设提出了新的要求。首先,信息公开制度下大量信息的涌入使得参政党民主党派后备干部必须具备快速处理信息的能力、舆论引导能力和应对突发事件等能力素质。信息公开背景下,民主党派后备干部需要学会运用现代化的技术手段处理信息,善于从繁杂的信息中去粗取精、去伪存真,不断加强对信息进行精选、整合和加工的能力,并不断提高后备干部对信息的内在吸收和消化能力。由于民主党派联系着文化、教育、医疗卫生等领域,其成员多分布在各级机关、企事业单位等行业,近年来在基层组织建设、社会保障、社会福利等民生和社会管理行业也比较多,这些领域大多是民众最为关心的领域,也是最容易出现矛盾冲突的领域,在信息公开背景下,民主党派需要发挥自身优势,有效整合各方资源,不断寻求提高舆论引导能力和应对突发事件能力的新思路、新方法。此外,在信息公开背景下,组织各方都处于一个更加开放的环境中,与世界的联系更为密切。国际上相互激荡的各种思潮,错综复杂的各种矛盾对我国社会治理主体带来了新的考验,这也对民主党派后备干部的选拔与任用、培养与开发的指导思想和思维理念提出了更高要求。

我国协商民主的进一步发展也对民主党派的后备干部提出了更高的要求。政党协商作为我国协商民主的重要部分,是我国社会主义协商民主的一大优势和特色,是体现民主党派价值与功能的主要渠道。民主党派协商能力的高低直接影响着党际协商的效率,也直接影响着中国特色社会主义协商民主的进一步发展。民主的发展取决于协商的程度,一定意义上而言,一个体制的协商能力越强,其民主性就越高。我国的政党协商虽然是一个新兴的概念,但事实上,它既有建国时探索实践的历史经验,又有新时期与时俱进的工作基础,是一项经历实践考验且行之有效的政治协商体制,是我国民主政治发展的重要基础。对民主党派来说,在加强社会主义协商民主建设的背景下,更加需要充分发挥自身优势,不断提升自身的协商能力,为进一步提高协商民主的质量和水平、推进社会主义协商民主的发展贡献力量。

执政党建设对民主党派后备干部的要求。民主党派后备干部队伍建设是我国政党建设的重要组成部分,也是现代国家治理体系的重要组成部分。我国的民主党派作为参政党和执政党的关系是相互联系、相互影响、相互促进、相辅相成的。在我国,共产党对各民主党派的领导是政治领导,即政治方向、政治原则和路线方针政策的领导,目的是带领各民主党派一道前进。民主党派后备干部队伍建设与实现党的领导是一致的,对党的事业是有利的,也是多党合作所必需的,是共产党与各民主党派的共同愿望。近年来,中国共产党更加注重党的先进性建设,执政党建设水平的提高必然对作为参政党的民主党派提出了更高的要求。民主党派后备干部队伍建设既需要各民主党派自身的努力和发展,也需要共产党真诚的支持和帮助。2015年5月,习近平总书记在中央统战工作会议上明确指出,要支持民主党派加强思想、组织、制度特别是领导班子建设,提高政治把握能力、参政议政能力、组织领导能力、合作共事能力、解决自身问题能力等五大能力建设,这也是民主党派后备干部队伍建设最为直接的方向标,民主党派后备干部的选拔、培养和任用,应着重从提高后备干部的五大能力入手,切实发现培养一批适合时代发展,适合我国国情的民主党派后备干部队伍。

三、现阶段民主党派后备干部队伍建设的现状与问题

近年来,随着执政党对民主党派后备干部队伍建设的重视以及民主党派自身能力的不断发展,民主党派在后备干部队伍建设方面取得了一定的成绩,发现、培养了一批年轻有为的接班人。但总体而言,仍然存在着相关理论研究滞后、人才选拔机制不科学、培养和开发机制不完善等方面的问题。

一是相关理论研究滞后。目前,民主党派后备干部队伍建设

的理论缺乏整体、系统、科学的研究,并且成为民主党派参政能力提高的"瓶颈",不利于统一战线事业的发展,不利于多党合作制度的完善和发展。马克思主义政党能力建设理论认为,正确科学理论是政党生存和发展的前提,政党能力发挥的强弱,往往取决于该政党是否有科学正确的理论为指导。同样道理,民主党派后备干部队伍建设需要科学理论做先导,需要各民主党派将多年来在履行职能、自身建设和运行机制方面取得的经验加以总结和升华,上升到规律层面,为民主党派在新的历史阶段继续开拓创新做好思想理论准备。就目前而言,民主党派后备干部队伍建设同中共执政党的后备干部队伍建设已经形成的比较完整和相对成熟学科体系和理论指导相比,由于种种因素,对后备干部队伍建设的规律缺少系统、深入的研究,这方面的认识和了解仍处于初步发展阶段,同时也存在一些亟需解决的问题:一是缺乏必要的科学系统、特色的理论、方法和经验;二是缺乏必要的培训与开发各民主党派后备干部思想教育的系统理论教材;三是用于指导解决民主党派后备干部队伍建设的科学理论与信心有所欠缺等,总体来讲,民主党派后备干部队伍建设的理论体系还不成熟,处于研究、探索和初创阶段。

二是发现与选拔机制不完善。干部的发现与选拔是后备干部队伍建设的前提和基础,要加强后备干部队伍建设必然需要完善后备干部的发现与选拔机制,严把"进口"关。党和国家一直以来都很重视民主党派后备干部的选拔,在政治立场坚定、品质作风良好、专业成就突出等方面不断有新的突破,但是,长期以来只注重培养选拔"旗帜性代表人物"或"重点人物"的做法尚未得到实质性的改善,不可否认,"旗帜性代表人物"或"重点人物"的做法为民主党派的发展起到了领航人的作用,但是这种做法忽视了大批中高层干部的选拔和培养,妨碍了民主党派后备干部及全体成员整体素质的提高,不利于造就大批量民主党派后备干部的发现与选拔。

随着民主党派不断发展壮大和成熟完善，在世情、国情不断变化的当今时代，若继续使用这种方法，必然无法从根本上解决民主党派后备干部队伍建设的实际问题，也会严重阻碍民主党派的健康发展。

三是培养和开发方式方法有待改进。培养与开发是后备干部队伍建设的重要保障。加强民主党派后备干部队伍建设，一方面要把好"入门处"，经过严格的筛选、择优选拔后备干部，另一方面应该更加关注后备干部在职业生涯中的学习和培训，而不能寄希望于通过选拔一劳永逸地获取符合民主党派发展要求的人。民主党派后备干部的培养和能力开发应该是对民主党派成员当前和未来职务所需要的知识、技能等进行的一种培养、教育和训练活动，在内容上不应仅限于民主党派基础理论、参政议政基本内容和方法的学习，而应进一步开发适合后备干部需求的更高层次的培训内容，例如在组织建设、能力建设、社会服务等方面引入当今世情、国情的具体要求，用前瞻性的思维设计操作性强、科学性高的培训内容。在培训方式上也可以引入行为示范、头脑风暴等多种方式方法。不可否认，当前体制下民主党派的培训和开发已投入了不少的精力、财力和物力，在干部培养、能力建设方面也取得了一定的实绩，然而，当前各民主党派对后备干部的培养主要还是通过自办培训班、选送参加社会主义学院学习为主，比较单一，参加其他层次或专门学习和培训机会不多，基层干部参加各种培训和挂职锻炼、换岗交流的机会更少，在后备干部的培养和开发方面仍然缺乏计划性、针对性，存在一定的盲目性和随意性。

四、新形势下加强民主党派后备干部队伍建设的路径选择

当今世情、国情的发展在为民主党派后备干部队伍建设提供更为广阔空间的同时，也对民主党派后备干部提出了更高的要求。要加强民主党派后备干部队伍建设，提高民主党派作用发挥的实

际效能,需要克服民主党派后备干部队伍建设的实际困境,从相关理论建设、发现与选拔、培养与开发等方面为民主党派后备干部队伍建设铺路搭桥。

一是进一步加强相关理论建设。理论是行动的指针,如果没有科学合理的理论作为先导,就会对有特色的民主党派后备干部队伍建设认识不清醒,不能逐步深入地对选拔和培养后备干部的内在规律进行研究,而只停留在就事论事层面上,就不可能在思想上具有前瞻性,也不可能在实际行动中具有事半功倍的效果。由于我国的民主党派是与执政党荣辱与共、肝胆相照的亲密友党,执政党的先进性建设促使着民主党派后备干部队伍建设的相关理论工作应合理借鉴执政党建设的成功经验,以实践有效的成功经验为理论先导,进一步完善民主党派后备干部队伍的相关理论研究。在民主党派后备干部队伍建设相关理论的完善和发展过程中,不仅要研究民主党派后备干部的思想建设、组织建设、作风建设的基本规律,更要学习、吸取和借鉴中共执政党理论建设中好的做法和经验,形成具有特色、符合时代要求的理论体系。新形势、新任务、新实践,呼唤理论的创新和发展,民主党派后备干部队伍建设的相关理论要立足于民主党派的长远发展和履行职能的实际需要,把发展和完善民主党派理论研究工作作为选拔和培养高素质后备干部的重要任务,不断提高民主党派人才队伍建设的理论研究水平,唯有这样,才能切实选拔和培养出政治头脑清醒、能力出众的后备干部。

二是优化民主党派后备干部发现与选拔机制。加强后备干部队伍建设,不仅是一项长期的战略性任务,也是一项紧迫的阶段性工作,必须在完善后备干部选拔机制这个关键环节上下工夫。因此,首先,要积极探索后备干部选拔的新机制。对后备干部选拔的标准、原则、程序、培养及使用要有全面而详细的规范,要把执政党选拔任用党政领导干部的做法延伸到民主党派后备干部队伍建设中,使民主党派后备干部的选拔、考察、任用实现制度化、规范化和科学化。其次,要坚持民主党派后备干部选拔原则。这些原则主要包括：拥护共产党领导原则、德才兼备原则、任人唯贤原则、民主集中制原则、群众公认原则、注重实绩原则、公开择优原则、备用结合原则、动态管理原则等。再次,要完善民主党派后备干部选拔程序。主要包括：民主推荐、组织考察、征求后备干部人选所在单位意见、与中共统战部门交换意见、领导班子集体研究决定、报上级组织备案等,努力使民主党派后备干部选拔工作做到公平、公正、客观。

三是创新民主党派后备干部的培养方式与方法。民主党派后备干部的主体大多分散在各个行业、各个部门,他们有着自己的专业方向和工作岗位,由于岗位所限,他们在政治把握能力、参政议政能力、组织领导能力和合作共事能力上都有待培养提高。为此,必须建立科学的后备干部培养机制,加强教育与锻炼。首先,要注重学习培训,大力提高后备干部的政治理论水平和参政议政能力。其次,要加强实践锻炼,在实践中使后备干部得到锻炼和提高,促使他们尽快成长起来。另外,可通过民主党派各级组织换届和届中调整,把政治素质好、立场坚定、党派成员拥护、参政议政能力强、热心党派工作的同志,安排为各级组织的负责人,委以重任,使他们在工作实践中得到锻炼。

四是进一步完善相关法律制度,为民主党派后备干部队伍建设的顺利实施保驾护航。制度是人们共同遵守的办事规则或行为准则。任何社会活动的进行都离不开制度所赋予的基本框架,正如邓小平同志所言:"制度好可以使坏人无法任意横行,制度不好可以使好人无法充分做好事,甚至会走向反面。"[1]民主党派后备干部队伍建设离不开相关法律制度作为保障,这就要求党和国家

---

[1] 邓小平.邓小平文选(第2卷)[M].北京：人民出版社,1994.

针对当前民主党派后备干部队伍建设的不足，制定和完善利于民主党派后备干部队伍建设的具体操作性规则和相关法律规范，使民主党派后备干部队伍建设的实施有法可依、有章可循。习近平总书记曾提出"不管建立和完善什么制度，都要本着于法周延、于事简便的原则，注重实体性规范和保障性规范的结合和配套，确保针对性、操作性、指导性强"[1]。就民主党派后备干部队伍建设而言，需要在坚持以人民群众利益为重、以人民群众期盼为念的前提之下，探索、完善民主党派后备干部队伍建设的相关制度法规，如民主党派后备干部的选拔任用制度、培训制度、激励制度、考核制度等，使民主党派可以通过制度化路径进一步完善后备干部队伍建设问题。

---

[1] 习近平在党的群众路线教育实践活动工作会议上的讲话.新华网，http://news.xinhuanet.com/2013-06/18/c_116194026.htm。

高校党外后备干部队伍建设问题研究[*]

上海对外经贸大学 郭 茜 朱 飞

摘要： 党外后备干部队伍建设是高校统战工作重要组成部分。在当前统战工作新形势和高等教育综合改革深入推进的新背景下，党外后备干部队伍建设被赋予了新内涵和新使命。立足于党外后备干部队伍的特性，并从制度、组织以及党外后备干部个体的角度分析在党外后备干部队伍建设中需要厘清的关系，以可实践性和系统完整性为视角提出进一步优化高校党外后备干部队伍建设的建议路径和具体举措。

关键词： 统一战线；民主党派；统战团体；后备干部

经过多年实践，党外后备干部队伍建设逐渐走上了规范化、制度化的道路，在工作理念和具体举措上也日趋完善，并正形成相应的体系。2010年4月，中共中央、国务院颁布实施的《国家中长期人才发展规划纲要（2010—2020）》正式将党外干部纳入干部队伍建设和人才工作的总体规划；2012年2月，为进一步加强新形势下党

---

[*] 本课题为上海市教卫工作党委系统2016年度统战研究课题。

外代表人士队伍建设,中央出台了《关于加强新形势下党外代表人士队伍建设的意见》。但在党外后备干部队伍建设的工作实践中,依然会遇到新情况、新问题,甚至是一些棘手的难题,亟需积极应对并能有效破解。高校作为党的统一战线工作的传统主阵地,要突出问题导向和需求导向,准确把握党外后备干部队伍建设的特殊性和规律性,聚焦探寻工作新机制和有效着力点,并要做到常抓常新。

一、问题的提出

(一) 高校党外后备干部队伍建设面临的新形势

1. 统一战线工作新语境下高校党外后备干部队伍建设

党的十八大报告明确提出,要"健全社会主义协商民主制度","通过国家政权机关、政协组织、党派团体等渠道,就经济社会发展重大问题和涉及群众切身利益的实际问题广泛协商,广纳群言、广集民智,增进共识、增强合力"。2015年5月,在中央统战工作会议上,习近平总书记强调,培养使用党外代表人士,是我们党的一贯政策。而随之出台的《中国共产党统一战线工作条例(试行)》(以下简称《条例》),则把党外代表人士队伍建设放在压轴位置,并用了一章十二条的篇幅予以表述,占到整个《条例》的四分之一。这些都充分表明:新形势下,党外干部队伍建设已经上升到了一个新的高度,建设一支政治坚定、数量充足、素质优良、门类齐全、结构合理的党外后备干部队伍,既是多党合作政治制度的本质要求,也是做好党派组织政治交接的根本需要。高校是党外人才聚集的地方,也是各级党外干部重要的培养基地和输出基地。加强高校党外后备干部队伍建设,对于壮大整个党外干部队伍具有不可替代的基础性作用。

2. 深化教育综合改革背景下高校党外后备干部队伍建设

随着中央"全面深化改革"战略部署的扎实推进,高校也正如火如荼地推动着教育综合改革不断深化。"路线方针确定之后,干部就是决定的因素"。高校要出色完成立德树人的根本使命,办好人民满意的高等教育,就必须在不断深化体制机制改革的同时,切实加强干部队伍建设,党外后备干部队伍自然也是其中不可或缺的重要组成部分。高校加强党外后备干部队伍建设,就要聚焦党外后备干部的特性,既不降格以求,也不求全责备,力争把具有"信念坚定、为民服务、勤政务实、敢于担当、清正廉洁"特质的优秀党外后备干部发现和选拔出来,并通过积极有效的措施加强培养和锻炼提高,使他们在实际工作中不断成长成熟起来,真正成为支撑高校深化教育综合改革的另一支中坚力量。

(二)高校党外后备干部队伍建设仍然存在的问题

1. 高校对党外后备干部队伍建设的规划还不够扎实

在与高校党委统战部门和统战对象进行交流访谈中不难发现,高校推荐使用党外后备干部时,还一定程度上存在"急用现找""拉郎配"等情况。因学校规模层次不一,对党外后备干部队伍建设规划的研究制定和推进实施也有所不同:规模大的学校,党外人才蓄水池相对较大,可选择性强,党外后备干部队伍建设的系统性、规划性就相对突出,能起到切实的指导作用;而规模比较小的高校,则因为党外人才体量不大,选择余地较小,一般对后备干部队伍建设就缺乏较为系统、长远和整体的规划思路,结果导致学校党委对党外后备干部可能存在没有全面、深入了解的情形,在进行相关人员推荐和使用时,难免会出现"拍脑袋"和相机抉择的情况。此外,从上位文件规范内容来看,对高校党外后备干部队伍建设规划也缺乏实质性的指引和刚性约束,对后备干部配备的要求,诸如规模、年龄、培养周期等具体指标规定模糊,弹性较大。因此,高校在贯彻落实党外后备干部相关政策的过程中,就容易出现操作空间和随意性都较大的情况。

2. 高校对党外后备干部成长规律的把握还不够精准

对于优秀党外干部,往往更多认为是"可遇而不可求"的,会有意无意地强调其偶然性、机遇性,而缺乏对其成长的必然性、规律性的深入挖掘。这些认识的偏差就必然会影响到培育工作的主观能动性,甚至可能会导致出现消极不作为现象。不能仅仅把党外后备干部队伍建设当作高校党委干部工作的"附属品",需要的时候"应应景",平时却只是但凭"无心插柳柳成荫"。一般来说,学术能力突出是党外干部成长的坚实基础。但选用党外后备干部,却不应仅仅停留在关注其学术成就,一名优秀的领导干部,还要考虑其所代表的党派界别的特色和优势,更要有坚实的党派群众基础,这是党外干部领导力和影响力的根本保障。因此,德才兼备在高校党外干部身上的具体体现应该是:突出的学术成就和坚实的党派群众基础,这就是特殊规律。

3. 高校党外后备干部队伍建设的协同还不够有力

"在实践中发现干部、培养干部"是加强干部队伍建设的必由之路,但目前高校发现和培养党外后备干部的途径、平台和渠道并不多,校院之间、各职能部门之间协调联动做得还不够。以党派后备干部队伍为例,单凭高校党委统战部对其在党派工作中的表现情况、建言献策情况以及参与各项统战工作和活动情况进行考量,无法全面涵盖其参与教学、科研、管理、服务工作的方方面面;而借助中共基层党组织的力量予以考察推荐,又难以充分体现民主党派基层组织的主体作用和监督作用。同时,高校里并不是所有党派都能有条件及时设立基层组织的,那些游离于党派组织之外的优秀人才就很难被发现推荐出来。另一方面,高校更多的是将党外后备干部队伍建设融合在学校党委干部工作中予以推进实施的,缺乏单独的通道和培养平台,以至于可能出现党外后备干部"集体沉没"的现象。

二、高校党外后备干部队伍的特征分析

(一)高校党外后备干部特殊性之于党的后备干部要求的一致性

强调党外后备干部的特殊性,并不是要打破干部的一般成长

规律,而是要从中发现这种特殊性与整个干部队伍建设要求一致性之间的相容关系,从而分析并把握党外后备干部队伍建设的"秘诀"。高校党外后备干部多是高学历、高职称的专家型学者,是学校教学、科研业务骨干,既懂专业又深谙教育管理的复合型人才并不多见,这也就成其为党外后备干部的培育目标方向,或者说工作着力点。同时,很多党外后备干部尽管参政议政愿望强烈,但在履行党派职能方面却未必实绩突出,对中国共产党领导的多党合作政治协商制度的认识和思考不足、缺乏政治高度,亟需在培育过程中加以弥补和提高。

(二)高校党外后备干部之于高校干部队伍整体建设的价值性

后备干部队伍建设是个系统性工程,无论是党内后备干部还是党外后备干部,都是党的干部,要通盘考虑,在高校中亦是如此。要着力构建高校党外后备干部科学化培养体系,善于发现人才、使用人才,尤其是要站在政治的高度对党外后备干部队伍建设进行谋篇布局。不仅要从干部队伍整体结构完善的角度去考量,还要明确党外后备干部队伍建设是有效发挥各民主党派在社会主义事业各个领域建设中重要作用的实际体现,是中国特色政治制度建设的根本要求。

(三)高校党外后备干部之于党派组织加强自身建设的基础性

各民主党派和统战团体的健康发展,同样需要不断补充新鲜血液,需要产生新的领导干部。抓好党外后备干部队伍建设,对于民主党派突出界别优势、统战团体发挥整体功能,提高参政质量和履职水平,实现政治交接和长远发展都具有十分重要的现实意义。这不仅关系到中国共产党领导的多党合作和政治协商制度的长期存在与持续健康发展,关系到中国特色社会主义政治制度的稳定及和谐社会的建设,也直接关系到党派组织和统战团体的自身发展。

三、高校党外后备干部队伍建设必须厘清的关系

（一）制度层面：要处理好"虚"与"实"的关系

加强党外后备干部队伍建设，不仅要从思想和理念上予以高度重视，也需要通过实实在在的工作举措来提升建设成效，尤其是在制度层面，要求实策、出实招，不能仅仅停留在书面文稿中和口头宣传上。比如说，中央有"把一部分优秀人士留在党外"的政策规定，但具体落到基层就会碰到现实障碍，这不仅涉及统战部与组织部之间的沟通协调问题，还涉及基层党组织对这一政策的认识高度和理解把握问题。因此而造成的困境是：要么是本该留在党外的优秀人才，依然被吸收到了党内；要么是那些被要求留在党外的优秀人才，却没能得到应有的组织培育和关怀。又比如说，加强党外后备干部队伍建设，就要力争做到培养不断层、不断档，即不同年龄阶段的党外后备干部要形成梯队式培养态势，也不会随着主要领导的更迭而造成培养规划与政策的不延续、不连贯。再比如说，高校党委要对包括党外后备干部队伍建设在内的统战工作予以高度重视，这不是仅靠下发文件来推动的，而且还要通过将统战工作列为高校党委主体责任的内容予以实绩考核，才能真正落到实处。因此，只有从上层领导的深入关心到基层领导的严格执行，并形成有效制度，通过虚实结合、虚功实做，党外后备干部队伍建设才能扎实有效地推进。

（二）组织层面：要处理好"严"与"爱"的关系

在基层组织层面，要对党外后备干部培育工作进行准确定位，把握好分寸，做到既宽容又不迁就，既充分体现政治关怀又绝不能有失政治原则。对党外后备干部，既要从政治高度秉持团结、爱护和关心的态度，但也要按照《党政领导干部选拔任用工作条例》等相关规定从严要求。特别是在推荐、选拔、任用等环节中，要对所有后备干部一视同仁，始终坚持"民主、公开、竞争、择优"的工作原

则和干部选任标准,不能因为是党外干部,就降格要求,把刚性规定柔性化、把纪律问题生活化。特别是针对个别党外后备干部对其自身成长发展的具体诉求,组织要做好思想工作,绝不能出面擅自干涉而扭曲其成长发展进程。

(三)个体层面:要处理好"备"与"用"的关系

在后备干部"备"与"用"的关系上,我们党的认识也是不断与时俱进的:从开始强调"后备干部坚持重在培养,不搞一次选拔定终身"的理念,发展到 2014 年修订的《党政领导干部选拔任用工作条例》中"应当注重培养选拔优秀年轻干部,注重使用后备干部"的提法,不断强化了后备干部的使用力度。因此,后备干部队伍建设不能"备"而不"用",要注重"备""用"结合。为此,加强党外后备干部队伍建设,就要与党派基层组织和统战团体的自身建设和职能发挥紧密结合起来,将培养过程与实践锻炼过程和使用过程紧密结合起来。但必须强调的是,"备"并不必然"用",更何况党外后备干部尽管优势突出但不足也同样明显,培养周期反而可能会更长一些,甚至还可能需要多次培养才能进入到干部考察的视野。从党外后备干部个体角度,必须正确认识"备"和"用"之间的关系,端正心态,不断提升自身的政治共识、履职能力和事业贡献度,从而实现由"备"到"用"的成功跨越。

四、高校党外后备干部队伍建设的路径优化

(一)做实规划,提高党外后备干部队伍建设的统筹性

党外后备干部的培养选拔,其外在和内在的很多因素都处于动态变化之中,只有立足当前,着眼长远,早作准备,才能争取主动。高校党委要从战略的高度和全局的需要出发,加强对党外后备干部的物色、培养、推荐和使用,将党外后备干部队伍建设列为学校干部队伍建设和人才队伍建设的重要内容,并作为其中一个不可或缺的重要组成部分单独分析和表述,以突出党外后备干部

队伍建设的特殊性和指标性要求。规划要具体实在，有针对性，切实可行，充分体现"两个统筹"的原则：既要与学校整体干部人才队伍建设规划相统筹，又要与民主党派基层组织和统战团体自身发展相统筹，着力推动党外后备干部队伍建设的规划性。

与此同时，要注重加强党外后备干部信息库建设，以重点培养、合理分流为基本指导理念，通过全景数据库，结合"大中小"名单的分类方法，以党派界别作为索引，通过基本信息、培养信息、履职信息、考核信息、使用意向信息以及统战部写实性考察记录信息等作为补充备注信息，全面记载党外后备干部队伍的整体发展情况。不定期单独分析各党派后备干部的数量、质量、层次、结构等情况，并在不同党派之间进行横向比较，根据实际培育情况适时进行动态调整。

(二) 完善体系，增强党外后备干部队伍建设的系统性

党外后备干部队伍建设中发现储备、教育培养、选拔任用、日常管理等各个环节工作需要系统性谋划和逐步推进，应力争抓早、抓实、抓严。从党派成员发展开始，就应给予高度关注，防止党派成员发展的随意性，主动将一部分优秀分子推荐给党派基层组织；在确定后备干部人选时，党委统战部要会同党委组织部以及基层党组织共同分析研判，强化党外后备干部的群众认同，避免在少数人中选少数人；在培养过程中，则要通过压担子、搭梯子、创平台，不仅帮助他们坚定政治共识、增强大局意识、提高政治把握能力，还要强化业务能力、组织领导能力和合作共事能力，从而形成综合素质提升的有效闭环，尽量避免和减少"备"而少"用"，甚至"备"而不"用"的情况。

需要特别强调的是，高校党外干部多为学者出身，要着力提高培养锻炼的针对性、实效性和科学性。在理论培训层面，应将高校党外后备干部培训与系统大口、党派市委、统战团体以及地方与中央的干部教育培训进行有效对接，形成互补。在实践锻炼层面，应

注重把党外后备干部挂职锻炼工作纳入"上挂下派"总体安排,可以是实职安排,也可以是政治安排,通过实践锻炼进一步提升能力,弥补经验短板。只有进一步强化组织培养的力度,理论培养与实践锻炼双管齐下,才能有效提升后备干部队伍建设成效的合理预期。此外,学校党委主要领导要广交深交党外朋友也尤为重要,经常与党外后备干部进行沟通交流,给予重点关注和工作支持,以此来增强党外后备干部的存在感和获得感,充分肯定他们的成绩,体现他们的价值。

(三)甄别差异,把握党外后备干部队伍建设的特殊性

高校加强党外后备干部队伍建设,不仅关系到学校干部队伍建设体系的系统性和完整性,而且关系到中国特色社会主义多党合作事业的长远发展。当前,针对民主党派后备干部的培养,更要注重不断深化其对参政党地位、性质和历史使命的认识,进一步增强政党意识、大局意识和责任意识,坚决拥护中国共产党的领导,坚定走中国特色社会主义政治发展道路,紧紧围绕党和国家中心工作,积极履行参政党职能,为协调推进"四个全面"战略布局献计出力。

在党外后备干部选配过程中,要突出学校党委统战部的独特作用。比如,在学校基层单位行政领导班子换届时,要统筹考虑推荐符合条件的优秀党外人才进入行政班子,学校党委组织部应当与党委统战部和基层单位党委加强沟通。要充分发挥党委统战部工作的专业性和对统战成员全面把握的优势,进一步细化党委统战部在党外后备干部选拔任用中的权限和程序,并在学校相关文件中予以明确:赋予统战部对党外后备干部的提名推荐权;明确党外后备干部的比例和规模应由统战部统一规划;统战部对党外后备干部的培养和管理要主动谋划、积极推进,发挥主导作用;统战部对于党外干部的使用可以行使否决权等。

(四)务求创新,突显党外后备干部队伍建设的时代性

随着时代的进步和社会的发展,高校党外后备干部队伍也呈

现出不同的特点,队伍建设工作也要与时俱进、务求创新。从培养举措和路径创新的视角考虑,可以探索构建全方位、多层次、立体化的党外后备干部挂职锻炼培养体系,从学校党派基层组织任职到学校专业主任、系主任岗位任职,再到校内中层行政岗位挂职或者校外挂职锻炼,为党外后备干部成长提供递进式的实践锻炼平台。在此过程中,党委统战部要加强与党外后备干部的联系沟通,通过组织召开各类恳谈会、情况通报会、谈心会和个别约谈等,密切跟踪了解他们的思想动态,鼓励他们为学校事业发展积极建言献策;也要充分运用新媒体等技术手段,贴近党外后备干部并关注他们的日常工作生活;对于重点培养对象还可以建立定期走(家)访制度,包括节日慰问、伤病探望等。

从制度建设创新的视角考虑,也要不断更新观念和举措,可以探索建立党外后备干部联系人制度、思想汇报制度、跟踪考察制度和动态调整机制等。具体来说,对于党外后备干部,可以安排一名所在单位基层党组织委员作为联系人,持续密切关注他们的工作动态和成长历程,及时给予关心和指导帮助,使他们承担更多的院系或职能部门的工作任务;可以要求党外后备干部定期向学校党委统战部和所在党派组织汇报自己的思想、工作和学习情况,实时掌握他们的思想和工作动态;可以针对党外后备干部开展年度民主评议活动,发现问题、查找不足,提升他们自律意识;要根据优胜劣汰原则,对党外后备干部进行动态调整,对不适合继续作为后备干部培养对象的要及时调整,并适时补充新的优秀党外人才进入后备干部队伍之中。

(五) 贯通内外,强化党外后备干部队伍建设的实效性

首先要立足校内,通过校院协同、党内外联动来共同做好党外后备干部的培育工作。要树立使用也是培养的观念,加大实职锻炼的力度,这既是帮助后备人才增强组织领导能力和合作共事能力的必然要求,也是增强其社会影响力和树立良好形象的重要途

径。要建立联合培养和共同考核机制,形成学校党委统一领导、党委统战部与组织部共同负责、基层党组织和基层党派组织共同参与的工作格局。要切实加强对党外后备干部和代表人士的定期考核工作,广泛使用民意测验、民主推荐、岗位目标责任制等定性与定量相结合的考核方法,不断提高学校党委对党外后备干部评鉴的准确程度。要注重梯次配备和分类培养,始终从实际出发、因才施用,从培养政治型、专家型、党派机关型的领导者这三方面着力培养党外后备干部,坚持按照"缺什么补什么"的思路,有计划、有针对性地精准培养。

其次是放眼校外,为学校党外干部的成长提供更加广阔的舞台。以党派组织换届和日常重点工作推动为契机,学校党委要主动与党派市委加强联系沟通,为学校党外后备干部争取更高层级的锻炼和任职机会;要加强地校合作,既可以根据党外后备干部的专业特长推荐到地方职能部门挂实职进行锻炼,也可以组建党外后备干部"联合智库"为地方政府积极建言献策,并形成常态化机制;要积极争取各级人大代表和政协委员的名额,或者向法院、检察院等机关团体主动推荐学校党外后备干部,为他们更好地开阔视野、提升能力创造一切可能的机会和条件。

总而言之,党外后备干部队伍建设是我国统一战线工作的重要组成部分。高校党外后备干部队伍建设离不开党中央的高度重视和卓越领导,离不开地方、系统统战部门的直接指导,离不开学校党委的关注与支持,也离不开学校党委统战部和组织部的协同推进。高校在探寻党外后备干部队伍建设的特殊性和规律性的同时,必须充分认识到这是一项长期的、不可立见成效的工作,要持之以恒、扎扎实实、全面深入地去做,与时俱进、改革创新,才能真正建立起一支素质高、能力强的党外后备干部队伍,并实现可持续发展。

参考文献

[1] 龚新高,吴敏,吴冲锋.对本市民主党派后备干部培养机制和体制的思考[J].上海市社会主义学报,2008(1).

[2] 林芳.新一代民主党派领导干部成长的四条规律[N].人民政协报,2013-08-09.

[3] 傅彪.高校新一代党外后备干部队伍建设面临的问题与对策[J].河北省社会主义学院学报,2014(2).

[4] 张宁,尹思.高校院系后备干部的选拔与培养机制[J].黑龙江教育学院学报,2015(8).

[5] 韩兆怀.切实加强后备干部队伍建设[J].求知,2016(2).

加强党员领导干部与党外代表人士联谊交友工作机制研究

上海商学院 杨本松雪

摘要： 党员领导干部与党外人士联谊交友，是统一战线工作的优良传统，是新时期统一战线思想政治工作的基本内容之一，也是党的群众路线在统一战线工作中的具体体现。与党外人士联谊交友，是加强党外人士队伍建设的重要内容和基本方法。建立健全高校党员领导干部与党外代表人士联谊交友工作机制，对加强高校乃至整个党外人士队伍建设，对推动我国政治制度改革、发展都具有十分重要的现实意义。

关键词： 党员领导干部；党外代表人士；联谊交友；机制

党员领导干部与党外人士联谊交友，是统一战线工作的优良传统，是新时期统一战线思想政治工作的基本内容之一，也是党的群众路线在统一战线工作中的具体体现。与党外人士联谊交友，是加强党外人士队伍建设的重要内容和基本方法。高校党外人士具有数量多、层次高、联系广、社会影响大的特点，是整个党外人士队伍的重要组成部分。深入研究和建立健全高校党员领导干部与党外代表人士联谊交友工作机制，是避免工作中出现随意性和大的起伏，有针对性地、经常性地、长期做好高校党外人士培养发现、教育引导工作的关键性的保障举措。建立健全高校党员领导干部与党外代表人士联谊交友工作机制，对加强高校乃至整个党外人士队伍建设，对推动我国政治制度改革、发展都具有十分重要的现实意义。

一、高校联谊交友工作的现状和特点

加强党员领导干部与党外人士联谊交友工作，是落实多党合作和政治协商制度的重要内容和具体体现，对于加强和改进党外人士队伍建设具有重要意义。根据调研显示，根据中发[2012]4号文件和中央统战部、教育部[2004]62号文件的有关精神，大部分高校均建立了党员领导干部与党外人士联谊交友制度。高校联谊交友工作具有如下特点：

(一) 分层面联谊交友

根据调研结果分析，目前，大部分高校在实际工作中将联谊交友分为了两个层面：

一是校级党政领导层面，一般联谊对象为各民主党派、统战团体负责人；各级人大代表、政协委员中的党外人士；无党派人士；担任处级及以上职务的党外干部；党外中青年代表人士；

二是二级学院层面，一般联系本单位的民主党派成员、无党派人士和需要联系的党外知识分子。

同时，部分高校对党委职能部门的党员领导也提出了相应的要求，一般联系具有特殊情况的民主党派成员、无党派人士和其他党外知识分子。

(二) 坚持联谊交友基本原则

坚持"长期共存、互相监督、肝胆相照、荣辱与共"方针，对党外人士在政治上充分信任，在工作上放手支持，在生活上关心照顾。发扬民主作风，同党外人士平等相处、以诚相待，经常性地开展谈心、交心活动,交换意见,加强了解,增进友谊。善于听取党外人士的不同意见,通过和风细雨的思想工作,引导党外人士接受正确的主张和观点。在与党外人士交往中,取人之长,补己之短,谦虚谨慎,宽以待人,不断增进友谊。与党外人士结成对子并保持经常联系,同他们深交朋友,使该项工作得以长期推进。

(三)具有灵活多样的交友形式

根据调研显示,目前,大部分高校对联谊交友的形式和内容作出了多样化、深入化的要求,普遍要求党员领导干部要主动与联系对象保持经常性的联系,注重思想引导,及时了解和掌握联系对象的思想情况。在联系过程中,要多听取联系对象对学校建设、发展和改革重大事项及教学、科研、管理和服务等方面的意见和建议。

同时,统战部门和相关党组织也应积极搭建联谊平台,鼓励党员领导干部和党外人士通过谈心交流、学习考察、组织邀请参加有关活动等多种方式,联络感情,增进友谊。

在联谊交友过程中,应更多地体现对联系交友对象工作、学习和生活情况的了解和关心,定期走访慰问,加深感情,及时帮助党外代表人士解决实际困难,体现党组织对党外代表人士在政治上、工作上、生活上的关心和照顾。

二、高校联谊交友工作存在的问题

在实践中,各高校虽然对党员领导干部与党外人士联谊交友作出了制度规定,但在实际工作过程中,仍存在如下问题:

(一)联谊交友流于形式

实践中,虽然各高校制定了《领导干部联系党外人士制度》等制度,确定了领导干部与党外人士联谊交友的人员名单,明确了工作原则、活动形式等,但在具体落实中,个别领导干部对这项工作认识不够,使联谊交友流于形式。

(二) 联系不勤

有的领导干部在与党外代表人士的联谊交友时,联系交流不够,双方感情不深、距离不近,广而不深的问题依然存在。有的领导干部在与党外代表人士联谊交友过程中,更多的是考虑到个人友谊,将私谊置于公谊之上,突出表现与党外人士更多的是在私下活动。

(三) 记录不完整

在调研中,我们发现由于大部分高校制定的相关制度虽然对联谊交友形式和内容作出了要求,但在实际操作过程中,仍存在党员领导干部在实际交友过程中没有记录,对应该向党委、统战部反映的一些问题没有及时反映,从而导致联谊交友效果降低,达不到切实了解和反映的目的。

三、强化联谊交友工作机制建议

(一) 健全联谊交友长效机制

一是建立联谊交友常态化制度。党员领导干部与党外人士联谊交友,不应只停留在简单的节日问候、工作上的交流,而应以常态化、动态化为制度,将及时交流与随时交流相结合,落实构建联谊交友长效机制。党员领导干部每年至少与所联系的党外代表人士交谈或听取意见 1～2 次,也可以视情况需要随时进行联系交谈;重要节日和遇有特殊情况也要登门走访,尽量满足党外代表人士约请谈话要求。

二是建立联谊交友考核制度。建立诸如《党员领导干部与党外代表人士联谊交友情况登记表》,定期汇集。要把党员领导干部联谊交友的情况列入党委领导班子民主生活会的议题,纳入领导干部的年度考核内容。统战部、各基层党组织负责人要对联谊交友情况进行动态把握,对长期不联系沟通的、未及时沟通的情况,要及时与党员领导干部本人取得联系,加强联谊制度的落实。

三是建立联谊交友信息反馈制度。党员领导干部要对交友情况进行及时的记录和梳理,将党外代表人士的思想动态以及他们反映的意见和建议及时向同级党政班子报告,必要时向上一级党组织报告。同时,采取多种形式,对党外代表人士提出的问题和建议的处理情况和结果予以必要反馈。

(二)把握联谊交友核心原则

把握好与党外人士联谊交友的"一个核心"、"四条原则",以确保联谊交友朝着正确的方向健康发展。"一个核心",即建设"以爱国主义、社会主义为旗帜,以实现中华民族伟大复兴为共同理想,以大团结、大联合为主题,共同致力于走中国特色社会主义政治发展道路"的核心价值体系。这是所有党员领导干部共同的思想政治基础,也是与党外人士联谊交友的政治基础,离开了这个政治基础,联谊交友工作就成了无源之水、无本之木,无从谈起。

坚持"四条原则":一是坚持"体谅包容"原则。新形势下开展与党外人士交友工作,应坚持"求同存异、体谅包容"的理念,强调包容性。在原则问题上坚持一致性,在具体问题上允许多样性;既要和立场、观点一致的人交友,也要敢于、善于和立场观点不一致的人交友,最大限度地把他们团结在党的周围,不断提高参政议政水平。二是坚持"平等待人"原则。这是与党外人士联谊交友的基本要求。作为一名党员领导干部必须以平等身份与党外人士进行交往,要主动登门拜访,经常促膝谈心,遇到问题要进行民主协商,要注意把协商放到决策之前,切忌在决定之后才让他们表态,使协商流于形式。这样才能得到党外朋友的信赖,做到相互理解和支持。三是坚持"拓宽视野"原则。与党外人士交朋友,不仅是统一战线的优良传统,更是党的群众路线的具体体现。四是坚持"持之以恒"的原则。与党外人士交朋友是一项长期的工作,需要经过风雨考验才能成为挚友。想通过见几次面、谈几次话就交到真正的朋友是不可能的。所以与党外人士交朋友不能急功近利,需要保持经常性和连续性，做到持之以恒、耐心细致，不断增进感情、升华友谊。

（三）注重加强培养推荐工作

科学合理使用党外代表人士，做到"大胆使用、量才施用"。党外代表人士工作基础在培养、关键在使用。要拓宽政治安排平台，积极推荐他们到各类社会群团组织任职，担任各种特约监督员，提高影响力。要加大实职使用力度，切实做好党外干部的实职安排。要重视党外人才的交流，探索任期刚性交流机制，畅通多向的交流通道。另外，要及时抓住换届、人事调整的有利时机，积极向党委举荐党外优秀人才，对符合条件的党外代表人士争取政治安排，为他们参政议政、施展才华提供广阔的舞台，激发他们的工作热情。

四、落实联谊交友工作方案

联谊交友工作应贯穿于党外代表人士发现、培养、使用和管理的各个环节。联谊交友可以发挥引导作用，宣传党的方针政策，使党外代表人士更加准确了解党的主张，了解学校的发展与各项工作；可以发挥沟通作用，掌握思想动态，听取党外代表人士的建议；可以发挥纽带作用，增强互信和感情。根据调研，在实际落实联谊交友工作中，各高校采取了不同的方式方法，不同学校统战部门、基层党组织、党员领导干部个人等承担了不同的工作任务和责任，为更好的落实联谊交友工作，本课题提出以下工作方案建议：

（一）落实联谊交友的具体对象

高校统战部门协助校级党员领导干部落实与党外人士结对子、交朋友的对象，一般一名校级党员领导干部可联系 2~3 名党外人士。另外，对于党外人士的交友安排，可把由高校统战部门的被动安排，转变为校级党员领导干部的主动选择交友对象，即先由统战部门提出需要结对子、交朋友的党外人士名单，然后由校级党员领导干部自己选择，这主要有两点好处：一是能够使交朋友的对象之间比较熟悉，便于沟通交流；二是能够增强校级党员领导干部与党外人士交朋友的意识和认识。

（二）制定联谊交友的具体要求

由高校统战部门协助建立联谊交友责任制，学校党委领导班子负责人即党委书记要作表率，带头落实与无党派人士交朋友制度；并由分管统战工作的副书记负责监督每个校级党员领导干部的具体落实情况。校级党员领导干部每学期至少主动约请与其交友的党外人士谈话一次，沟通思想，了解情况，征求意见。党外人士可随时约请校党委班子中的联谊领导谈话，反映具体问题和意见要求。对谈话内容由校级党员领导干部作记录，对反映的问题要研究解决方案。最后要由校级党员领导干部把解决问题落实的具体情况及时反馈给党外人士和党委及统战部门。

（三）建立联谊交友的督促措施

高校统战部门协助党委分管领导对校级党员领导干部与党外人士交朋友的情况进行督促、提醒和反馈。统战部门通过党外人士了解联谊交友情况，并向党委及分管领导作好反馈工作，策略地提醒没有及时履行交友规定和要求的校级党员领导干部，并做好党外人士与校级党员领导干部的日常联系工作，协助党委分管领导督促联谊交友工作落实到位，切实使联谊交友成为党委加强与党外人士沟通和联系的直通车。统战部门可建立诸如《党员领导干部与党外代表人士联谊交友情况登记表》，根据工作要求定期汇总，并对其中需要反馈的意见和建议进行及时反映和反馈。以上海商学院为例，上海商学院统战部门根据学校联谊交友工作特点，编制了《上海商学院党员领导干部与党外人士联谊交友记录手册》，主要分为五个部分：前言、中共上海商学院委员会关于建立党员领导干部与党外代表人士联谊交友制度的意见、联谊交友对象基本情况表、联谊交友情况登记表、其他情况说明。要求所有有联谊交友对象的党员领导干部定期记录，如联谊交友对象有所变化,应及时报统战部,并将变化情况记录于此。记录手册的制定和应用,极大地提高了联谊交友工作效率。

(四) 扩大联谊交友的实施范围

高校党外人士数量比较多,一般高校统战部门将其划分党外代表人士和一般党外人士。因为高校校级党员领导干部人数有限,一般与校级党员领导干部结对子交朋友的是重点党外代表人士,这些党外人士大多都已做了政治安排和社会安排。但其他党外人士还没能安排联谊交友对象。这就需要适当扩大联系交友的范围,将校党务部门的负责人和有党外人士的二级学院或系的党员主要负责人,纳入联系交友的党员领导干部范围,确保学校党外人士都有联谊交友对象,全面落实好与党外人士联谊交友制度。

五、总结

加强党员领导干部与党外人士联谊交友工作,重点在于落实并加强过程,各高校应充分发挥各自学校特点,更好地加强党员领导干部与党外代表人士的沟通、交流和了解,进一步调动党外代表人士的积极性,促进学校更好更快发展。

统战成员在高水平大学建设中的作用研究

——以上海大学为例

上海大学 周丽昀 叶泰和

摘要：高校统战成员具有智力密集、人才荟萃、联系广泛等特点，在高水平大学建设中具有独特优势。高校统战成员参与到学校管理与建设中，是发展统一战线的客观要求，是促进高校改革发展、构建和谐校园的重要保障。高校要明确统战工作的目标和方向，进行合理的顶层设计，并通过制度创新和具体的举措进行保障，促进统战成员在高水平大学的建设中发挥出越来越大的作用。

关键词：统战成员；高水平大学；发挥作用；机制；途径

2016年，在上海市委、市政府的支持下，上海大学成为上海市首批高水平大学试点单位。这对上海大学来说，既是机遇，更是挑战。高等学校人才荟萃、智力聚集，是统一战线各方成员发挥作用的重要平台，是党外代表人士的"人才源头"。在学校统战部门与统战成员的共同努力下，统战成员在高水平大学建设的各个环节中已经和即将发挥出重要的作用。

一、统战成员在高水平大学建设中的作用：优势与贡献

高校统战成员具有智力密集、人才荟萃、联系广泛等特点，在高水平大学建设中具有独特优势。高校统战成员参与到学校管理与建设中，是发展统一战线的客观要求，是促进高校改革发展、构建和谐校园的重要保障。

(一) 统战成员在高水平大学建设中的优势

1. 学术专业的优势

一方面，高校统战成员大部分都具有博士、硕士学位，基本素质好，又工作在教学科研的第一线，比较了解学生的所思所想，更能满足学生的成长和发展需求。另一方面，民主党派成员眼界比较开阔，思维比较活跃，开拓进取精神强，具有强烈的爱国热情和社会责任感，能及时跟踪热点问题，把握前沿动态，对整个社会的经济、政治、文化和社会发展有较为深刻的认识。

2. 民主监督的优势

高校统战成员民主意识普遍较强，参与学校民主管理的积极性较高，可对学校讨论的重大问题等直接提出意见和建议。民主党派的批评、建议以及民主监督，可以促进学校的和谐健康发展，提升学校的凝聚力，能更有效地促进高校的党风廉政建设，保障教学、科研与人才培养工作的顺利进行。

3. 联系广泛的优势

高校统战成员与外界联系密切，信息灵通，容易接受新观念；还有各级人大代表和政协委员，他们广泛参与社会活动，可以提高学校的知名度和影响力，搭建高校与地方联系与沟通的桥梁，发展高校与地方互相支持、互相促进的良性互动关系，为高校的改革与发展营造良好的外部环境，为学校的全面建设和长远发展服务。

(二) 上海大学统战成员在高水平大学建设中的贡献

上海大学现有七个党派基层组织和四个统战团体。其中，民

主党派成员近 700 人,统战团体成员近 800 人。上海大学的党外代表人士是学校中层次较高、影响较大的群体,他们具有良好的学科背景,综合素质高,对学校的发展做出了相当的贡献。结合大学的核心使命以及高水平大学建设的目标,我们可以从人才培养、科学研究、文化传承和社会服务等几个方面,通过一些典型案例,来看待统战成员在高水平大学建设中的作用。

1. 统战成员在人才培养中的作用

上海大学各个学院几乎都有统战成员在育人方面积极发挥作用。比较有代表性的是钱伟长学院。钱伟长学院是 17 所"国家试点学院"之一,以上海大学老校长钱伟长先生名字命名。经过 20 年的探索,学院已成为优秀学生云集、高水平师资荟萃的拔尖创新人才培养平台。常务副院长张阿方教授是民盟盟员、宝山区人大代表,副院长李颖洁是九三学社上大委员会副主委、校知联会副会长兼秘书长,副院长姜颖是校侨联副主席。由于院领导的"统战"背景,使得钱伟长学院成为上海大学统战部进行跨学科人才培养实践的基地。2015~2016 年,上海大学第 21 期中青年骨干教师培训班(党外人士培训班)学员与钱伟长学院进行了教学对接,精心设计了两期"科学与人文的对话"科学研讨课,受到学生的广泛认可与欢迎。

2. 统战成员在科学研究中的作用

统战成员中有许多学科领域的专家学者,在科学研究方面发挥了非常重要的作用。如无党派人士、静安区人大常委、上海大学新型显示技术及应用集成教育部重点实验室主任张建华教授率领的团队在转型发展、工程技术突破创新、核心技术转化应用等方面取得了重要进展。2016 年,她的团队关于"平板显示高精细度图案化工艺和装备关键技术开发及应用"的研究获得上海市科技进步一等奖,2017 年 8 月,张建华教授获得国家杰出青年科学基金项目资助。九三学社上海大学委员会主委、上海市政协委员郭长刚教授在土耳其研究方面造诣颇深，他的决策咨询报告曾获中央领导批示。2017年，上海大学土耳其中心成为上海大学首个教育部批准备案建设的国别和区域研究中心，这也是上海大学国家级人文社会科学研究基地的历史性突破。

3. 统战成员在文化传承中的作用

在文化传承方面，人文社会科学领域的党外人士多有建树，尤其作为高水平大学重点方向之一的艺术专业贡献突出。如民进会员、上海大学上海美术学院副院长、上海公共艺术协同创新中心执行主任金江波教授着眼于优势学科的建设成果转换，服务于地方转型发展。他主持的"地方重塑：美丽乡村计划系列课题"，三年多来与美院科研团队一道设计了 25 个美丽乡村，其中四个村落被住建部、文化部、财政部共同认定"中国传统文化村落"的称号。2015~2017 年，金江波教授主持组织的青年骨干教师工作团队，为文化部、教育部主办的"中国非物质文化遗产传承人群研修研习培训计划"开展了系列的研培工作。

4. 统战成员在社会服务中的作用

上海大学统战成员中历来有多位全国、市、区层面的人大和政协委员，他们积极参政议政，将教学科研专长转化为社会服务成果，有许多议案、提案和意见等被各级政府采纳。如民进会员邓伟志教授曾任民进第七届中央常委、上海市委副主任委员和第八届中央副主席，他的建言献策成果多次获得民进中央的参政议政成果一等奖，极大地提高了上海大学的影响力。民建上海大学委员会主委、上海市政协委员、上海大学法学院刘俊敏教授关于"堵住环境污染第三方治理的监管漏洞"的提案被上海市委办公厅采用，并得到张高丽副总理批示。还有多位统战成员的建言献策成果得到上海市委办公厅《今日上报中办》、上海市委统战部《统战专报》的录用。除了建言献策、参政议政，统战成员还以其他方式服务社会。如农工党党员、上海大学上海美术学院苏金成副教授，重病痊愈后做公益回馈社会，免费教村民书画。

二、制约统战成员发挥作用的因素

高校统战成员在学校教学、科研和管理岗位上发挥了重要作用。随着高校教育改革的不断深入，各种新的矛盾和问题也不断涌现，有些统战成员作用的发挥也受到不同程度的制约。究其原因，主要表现在统战成员发挥作用的机制与环境还不够理想、统战成员的自我认同出现偏差以及履职能力有待提高。

（一）统战成员发挥作用的机制与环境还不够理想

高校统战工作既有一般统战工作的共性，又独具个性，必须针对高校统战工作面临的新问题，努力寻求加强高校统战工作的着力点和有效途径，建立健全高校统战工作体系，充分发挥统战成员的积极性和优势，推进学校的民主管理，从而为高水平大学建设做出贡献。但是，目前高校的统战工作依然存在一些难点。

1. 人才规划的科学性与协调性不足

首先是人才规划的科学性不足。在高校以教学和科研为中心的情况下，将统战成员的发展和培养纳入高校的长远发展规划存在着难点。党外干部队伍建设依附于党的干部队伍建设之中，使培养和选拔民主党派和党外代表人士工作在高校中缺乏主动性。其次，培养任用与管理机制不协调。由于民主党派和其他党外人士的培养门槛高、起点晚，缺乏科学有序的工作机制，高校民主党派和党外代表人士的培养选拔和使用管理就出现了一定程度上的分离，也在一定程度上制约了民主党派和党外代表人士队伍的发展壮大。

2. 统战成员发挥作用的平台单一且互动性不足

一是现有渠道和平台的互动性不够。高校统战成员通过提案、议案等反映其意见和建议后，有时没有得到及时有效的反馈，长此以往会挫伤其积极性。二是高校统战成员发挥作用的平台比较单一。在专业领域中成绩显著、出类拔萃的党外人士发挥作用的领域受到局限,不利于全方位的锻炼和成长。三是对统战成员的社会宣传不够,相对于中共党员来说,组织推荐的渠道比较少,要得到社会的广泛认可也存在一定难度。

(二) 统战成员的自我认同出现偏差

1. 一部分高校统战成员的思想认识不到位

有人把民主党派组织视为一般团体,政治认识模糊;也有人将加入民主党派作为获得政治升迁的途径,而疏于自我建设与管理。在日常工作中,一些党派基层组织负责人在专业领域颇有建树,但对自身独特的政治地位、应承担的政治责任的思想认识还不尽到位,对党派的基层组织建设、建言献策等工作考虑不够、主动参与意识不强。

2. 统战成员参加社会活动的时间难以保证

大多数统战成员在如何处理好本职工作与参与社会活动时面临两难选择:一方面,学校希望广大党内外学术骨干全身心投入学校的教学科研,使学校的教学科研上水平、上台阶;另一方面,统战成员除了繁忙的教学科研外,每年要参加许多人大或政协视察、党派工作会议、调查研究等活动。民主党派干部事业发展和本职工作的压力与党派工作投入之间的矛盾凸显,导致一些人履职积极性不高,这给后备干部队伍的培养工作带来一定的困难。

(三) 统战成员的履职能力有待提高

参政议政、民主监督和参与共产党领导的政治协商是民主党派的三大职能,但是大部分民主党派成员参政议政的能力有待提高。一是少数民主党派新成员政治理论功底不深,学习政治理论的热情不高,对中国共产党领导的多党合作和政治协商制度的必然性、合理性及优越性的认识不坚定。二是民主党派成员思想观念、价值取向日趋多样化,更加注重自我价值的实现和利益诉求的表达。另外,民主党派的组织发展工作面临困难,代表性人士相对缺乏。民主党派组织发展不平衡和趋同化现象明显。各民主党派组织为急于摆脱成员老化现象或发展数量过少的尴尬,重数量、轻质量,吸纳的成员中政治上比较成熟、社会影响力比较大的代表性人士相对缺乏。另外,现在发展的多数民主党派成员在建言献策中容易出现过于书本化、书生气的现象,尚不具备较高的履行职能的能力。

三、充分发挥统战成员的作用:机制与途径

高校统战成员作用的发挥与高校统战工作的科学发展是一脉相承的。如果说统战成员是"鱼",则高校统战工作就是为鱼提供环境与养分的"池塘"。加强和改进新时期高校统战工作,必须正确把握高校统战工作面临的新形势和新任务,探索新途径、采取新对策,要加强顶层设计,切实加强统战工作制度机制建设,不断提升高校统战工作科学化水平,构建统战成员发挥作用的良好环境。

(一)加强顶层设计,有的放矢

高校统战工作的顶层设计是指要通过系统性、战略性的组织体系和制度设计,对高校统战工作改革的目标、任务、步骤和途径等进行整体布局和长远规划,以实现高校统战工作的制度化、规范化和程序化。

强化顶层设计,首先要完善高校统战工作领导机制。高校党委是高校统战工作的责任主体,要从责任出发建立党委统战工作领导机制,不断强化学校党委抓好统战工作的主体意识和能力。其次要完善高校内部统战工作的工作体系,提高统战工作的科学化水平。要有效建立起党委统一领导、统战部牵头协调、学校有关部门各负其责的统战工作格局。再次要总体规划组织建设。始终坚持把党外干部队伍建设纳入干部队伍建设总体规划,通盘考虑,逐步健全党外代表人士培养的工作格局。要建立党外人士信息库,强化学校党委、统战部门与党外人士所属单位共同培养、教育、使用党外人士的责任。同时,要拓宽后备干部的培养途径,科学制

定后备干部教育培训计划,不断拓展后备干部实践锻炼的渠道,加强个性化的考察和培养,对人才库进行动态管理,及时调整、补充后备干部队伍。

(二) 形成与其他工作职能的联动机制,双岗建功

高校统战工作并非是独立的孤岛,而是与学校的中心工作一盘棋。服务于高校的中心工作是高校统战成员的职责和价值所在。要开创高校统战工作新局面,必须围绕中心,强化载体,切实找准工作的切入点和结合点,充分发挥高校统战成员参政议政、民主监督的政治优势,人才荟萃、智力密集的人才优势,协调关系、化解矛盾的功能优势,为统战成员服务学校、贡献社会、贡献才智"搭台子、铺路子、给位子"。为此,要形成统战工作与其他工作职能的联动机制,双岗建功。

首先,统战工作要为高校教学、科研服务。统战部门要深入了解统战对象的教学和科研情况。"新时期高校统战工作应选准'科研协同创新'这个切入点,探索构建高校统战服务科研创新平台和运行机制,凝心聚智、汇集力量,对于高校教育事业健康蓬勃、可持续发展具有重要现实价值。"[①]在高校党委领导下,认真落实"培养人才、用好人才、吸引人才"的政策,为提高教育质量和科学研究水平服务。上海大学每年一次的"荟萃论坛",都是结合学校的中心工作进行探讨与交流。近几年,分别围绕"国际化战略""高水平大学建设"等话题,进行了专门的深入的交流。每两个月一次的"双月座谈会",也是对学校重大发展问题的思考与碰撞,充分调动了统战成员参与学校管理的积极性与主动性。

其次,统战工作要为推进高校的民主管理服务。要团结一切可以团结的力量,调动一切积极因素,尊重差异,包容多样,不断提

---

① 陈冉.高校统战服务科研创新平台构建与运行机制的思考[J].湖北省社会主义学院学报,2016(2).

高教学质量和科研水平。要以大局为重,群策群力,通过"双月座谈会"等多种形式,认真听取统战成员的意见和建议,促进学校决策的科学化和民主化。

(三) 健全和完善统战工作细则,保障有力

新时期高校统战成员发挥职能,需要统战工作正常有序、有效地运转,需要全方位的体制保证。因此,要逐步完善高校统战工作的运行机制,建立起目标明确、责权分明、关系协调、渠道畅通的工作运行机制。

一是要优化统战工作激励创新机制,调动广大统战成员的积极性与主动性,使统战工作的发展有切实的物质保障。二是要建立健全绩效考评机制,既要考察党派成员的主观态度,也要考察其客观实践;既要考评党派领导和骨干力量的情况,也要考评基层成员的情况,从而全面检验工作绩效。三是要建立健全反馈与督导机制,及时掌握党派成员的思想轨迹和变化动向。四是要改进工作手段,为大家设立一个可以方便建言献策的渠道。在此基础上,进一步改进高校民主党派的工作内容、创新形式和方法,增强工作的吸引力和实效性。

上海大学以制度建设为保障,认真落实统战工作政策,进行了有益的探索和实践,形成了渠道畅通、形式多样的日常工作制度。一是情况通报制度。凡是全校性重大政治活动和工作部署、总结会议等,都邀请统战成员代表参加,使大家更好地了解与参与学校的中心工作。二是联谊交友制度。校、院两级党员领导干部带头联系一定数量的民主党派成员以及党外代表人士,经常与他们谈心、交朋友,建立密切的联系。三是监督考核机制。把统战工作列入年度工作计划,并进行长远的布局规划,抓计划,促落实,促进学校层面和基层统战工作水平的提高。

(四) 提高信息化水平,与时俱进

新媒体时代,高校统战工作的环境和方式都发生了巨大变化,

"高校统战部门如何利用微博、微信等新媒体做好统战工作,是广大统战干部面临的共同挑战"①。要用马克思主义的辩证思维看待新媒体的双刃剑效应,一方面充分利用新媒体的优势,创建新的信息传播平台,加大思想宣传教育,另一方面也要提高统战成员对信息真伪的辨别能力,不断提高高校统战工作的质量和效率。

为此,首先要加强高校统战工作新媒体人才培养。充分运用微博、微信、手机客户端等新媒体优势开展统战工作,不断开辟高校统战工作的新途径,不断学习新媒体背景下处理社会危机的方式和方法,不断提高运用新媒体的技术水平和能力。其次要加强高校统战工作的信息安全建设。要建立舆情搜集、报送、研究反馈的机制,提高对高校突发事件的监测预警机制。通过新媒体拓宽统战成员建言献策的方式,促进高校统战成员合理有序的政治参与。同时,对上传和发布信息实行严格的审查和监督,不断提高高校统战信息的安全性。

(五)营造和谐奋进的工作氛围,同心同行

"同心思想"的核心内容是"思想上同心同德、目标上同心同向、行动上同心同行"。高校统战工作应充分利用"同心思想"的强大理论武器,整合高校统战系统的教学和科研资源,协同创新,营造和谐奋进的校园环境。

统战工作本身就是争取人心、凝聚力量、协调关系、化解矛盾的工作。对外而言,高校要充分发挥统一战线的桥梁和纽带作用,引导统战成员紧密结合学校实际,为推动学校发展广建良言、广集群智、广聚众力。对内而言,各级组织和领导要采取积极主动的态度,关心爱护统战成员,为他们创造良好的工作、学习和生活环境,打造鼓励创新、宽容失败的工作氛围。"要采取多种措施,不断增

---

① 朱旭旭,周亚茹.微时代背景下高校统战工作创新路径探究[J].河北省社会主义学院学报,2015(3).

强民主党派成员参政议政积极性和主动性,形成各具特色的高校统战工作品牌"①。

新时期高校统战工作表现出了一些新特点和新问题,在对高校统战成员发挥作用的表现和制约因素进行把握的基础上,明确统战工作的目标和方向,进行合理的顶层设计,并通过制度创新和具体的举措进行保障,提高统战工作的科学化水平,会使得统战成员在高水平大学的建设中发挥出越来越大的作用。

---

① 陈传德.高校统战工作面临的新情况新问题及对策分析[J].湖北省社会主义学院学报,2010(1).

高校协商民主建设机制研究

上海财经大学　徐　萍　曹　姝

摘要： 高校协商民主是中国特色社会主义协商民主和高校内部管理体制的重要组成部分，是健全现代大学制度的重要内容。随着高校改革的不断发展，高校协商民主意识、协商制度和协商形式得到了增强，但是在参与程度、参与效果以及治理监督等方面还存在问题。加强高校协商民主建设机制，一是要保证参与主体的广泛性，鼓励各类主体参与决策；二是要建立健全高校协商民主工作机制，扩展协商渠道；三是要加强高校统一战线工作，完善高校统战团队建设；四是要公开决策结果，完善反馈程序，规范监督机制。

关键字： 高校；协商民主；机制

一、高校协商民主机制建设的理论和现实意义

（一）选题缘由

社会主义协商民主是中国社会主义民主政治的特有形式和独特优势，是中国共产党的群众路线在政治领域的重要体现，是深化政治体制改革的重要内容。党的十八大报告提出："社会主义协商民主是我国人民民主的重要形式。要完善协商民主制度和工作机制，推进协商民主广泛、多层、制度化发展。通过国家政权机关、政

协组织、党派团体等渠道,就经济社会发展重大问题和涉及群众切身利益的实际问题广泛协商,广纳群言、广集民智,增进共识、增强合力……积极开展基层民主协商。"①十八届三中全会公报再次提出:"发展社会主义民主政治,必须以保证人民当家作主为根本……丰富民主形式,从各层次各领域扩大公民有序政治参与,充分发挥我国社会主义政治制度优越性。"②2015年2月,中共中央印发了《关于加强社会主义协商民主建设的意见》,对新形势下开展政党协商、人大协商、政府协商、政协协商、人民团体协商、基层协商、社会组织协商等作出全面部署,具有重要的战略指导意义。

  高校在中国特色社会主义事业发展中处于十分重要的地位,担负着培养人才、服务社会的重任,具有强大的社会引领和示范作用。先进正确的理念指引对高校建设、管理等多方机制的优化运作有至关重要的作用,协商民主这一民主方式对于保障广大师生话语权益、塑造师生公民人格和精神、提高高校公共决策质量和水平、巩固学校的团结统一具有重要的实践意义。高校要全面提高对协商民主建设的认识,调动全体人员广泛参与的自觉性和积极性,充分广开言路,并引导激励教职工等在学校政策制定、问题决策等方面献言献策,各抒己见,鼓励广大师生热情参与学校协商民主的具体实践活动,发挥统战部门在协商民主建设中的优势作用,推进协商民主多层有序地发展。

  本课题着眼于政治文明视角,从协商民主的概念入手,以上海财经大学基层协商民主建设机制为例,对目前高校协商民主治理机制所存在的问题进行深入剖析,找出造成这种状况的原因,并提出完善高等院校协商民主治理机制的路径和对策,力图为构建符合我国高校实际情况的协商民主治理机制提供可借鉴的依据,为

---

① 胡锦涛.坚定不移沿着中国特色社会主义道路前进 为全面建成小康社会而奋斗——在中国共产党第十八次全国代表大会上的报告[M].人民出版社,2012.
② 中共中央关于全面深化改革若干重大问题的决定[M].人民出版社,2013.

我国现代大学制度的完善提供具有建设性意义的参考。

(二) 研究价值与意义

高校协商民主是中国特色社会主义协商民主的重要组成部分。由于当前我国的高校协商民主实践还处于起步和探索阶段，实施高校协商民主实践的方式方法还比较少，经验总结也相对不足，还需要进一步加强实践探索与理论研究，所以在对当前高校协商民主发展的现状进行研究的基础上，进行一些理论总结与提升，具有一定的理论意义和现实意义。

高校协商民主治理是高校内部管理体制的重要组成部分，完善高校协商民主治理机制，是健全现代大学制度的重要内容，是推进高校民主政治建设的重要保证，是高校政治文明的重要标志。健全的高校协商民主治理机制能够发挥它的监督和制约功能，保障教职工和学生合法权利的行使和合法利益的实现，巩固学校的团结统一，是我国社会主义民主政治建设在高等教育领域得以贯彻推进的制度保证。

随着高校内部管理体制改革的不断推进，师生员工的民主诉求愈加凸显，尽快建立健全高校协商民主管理制度势在必行。通过文献检索和相关资料查阅发现，对于高校协商民主治理机制等问题，教育管理领域的关注度还不是很高，本课题力图弥补这一研究短缺，切合理论性与时代性，因此具有一定的研究价值和理论意义。本课题的研究以上海财经大学基层协商民主建设机制为例，以来自学校管理工作者和一线教师的调查、访谈资料作为研究依据，更具有真实性和针对性。在此基础上找出当前高校民主治理方面存在的问题，分析影响高校协商民主治理机制运行的制约因素，并提出切实可行的应对策略，对于健全和完善高校协商民主治理运行机制具有重要的参考价值。

(三) 协商民主理论

协商民主理论是 20 世纪后期西方民主政治理论的重要发展

形式。关于协商民主,政治学家从不同的角度予以界定,米勒、亨德里克等人认为协商民主是一种民主的决策体制或理性的决策形式,在这种体制中,每个公民都可以平等地参与到公共政策的制定过程中,自由地表达意见,愿意倾听并考虑不同的观点,在理性的讨论和协商中做出具有集体约束力的决策。瓦拉德斯等人则认为协商民主是一种民主治理形式,平等、自由的公民以公共利益为取向,在对话和讨论中达成共识,通过公共协商制定决策[1]。在毕塞特等人看来,协商民主是一种政府行为,是为了更好凸显传统代议制民主的一种新形式,要做到既尊重多数人的利益也不抛弃少数人的利益。而这也正是一个民主政府应该具备的,特别是在以政府为主导的民主思想下,协商民主更是代表了一个政府的态度与思维模式。简言之,协商民主是指在公共政策的制定过程中,社会共同体成员在自由、平等的基础上广泛参与讨论、对话和协商并达成妥协形成决策,从而赋予决策以正当性和合法性,最终谋求社会和谐。

　　协商民主有以下几个特征:一是理性。协商过程的实质性特征是以理性为基础,以真理为目标。参与者在拥有自己的理由基础上,合理公开的表达和交流自己的意见,而不是纯情绪化的诉求和无根据的辩驳,并且听取他人具有说服力的信息,愿意修改自己的观点,接受对其观点的批判。协商结果的合法性不仅建立在指向公共利益的基础之上,而且还建立在以理性为指导的公开审视过的事实基础之上。二是共识。在民主协商中,参与者充分运用理性,通过广泛交流讨论,每个人能够表达自己的意愿修改自己的主张,实现偏好的转移,最终对要解决的问题达成一种同质性或一致性。三是协商民主所要求的平等性、自由性和公开性。各个利益相关者享有平等参与决策协商的资格和机会,协商中个体的偏

---

[1] 陈剩勇.协商民主理论与中国[J].浙江社会科学,2005(1).

好、观点和理由应该被平等地考虑对待。并且表达意见和要求的方式是自由的,拥有对各种建议或方案公开审查、检视、批评的权利,通过实施这种公开透明性,人们可获得有关公共政策本质、背景、理论依据等信息,从而推动决策的科学性。

二、高校协商民主建设机制的现状分析

(一)高校协商民主建设取得的成绩

高校协商民主意识明显增强。随着高校改革的不断发展,广大师生员工的民主意识都明显提高,民主诉求表达的愿望越来越强烈,参与学校管理的热情也越来越高,知校情、论校事、参校政,渴望心声被倾听采纳成为一种普遍要求。同时越来越多的学校党政领导在实践中体会到,高校的任何一项改革如果没有教职工的参与,缺少学生的支持,都不太可能顺利展开。

高校协商民主制度逐步形成。目前高校普遍建立了校院两级教职工代表大会制度,校长在教代会上报告基本工作、财务收支状况,审议讨论通过学校的发展规划、人事与分配制度的改革等。重要干部的任命、领导干部的考核等都扩大了民主成分,形成了若干民主制度。随着《教育法》《高等教育法》《教师法》等法律法规的实施,高校民主政治有了制度的保障。

高校协商民主实现的形式逐渐丰富。目前,高校民主的实现形式主要有:民主选举,直接或选派代表选举党委领导班子,民主推选各级各类先进人选等;民主管理,参与学校重大问题的讨论审议、民主决策等;民主协商,参加学校改革、发展及其重要事项举行的征求意见座谈会等;民主沟通与协调,通过书记、校长信箱或其他途径反映问题、反馈信息等。

(二)高校协商民主治理机制存在的问题与不足

1. 高校协商民主治理理念不强,民主参与程度不足

当前高校民主治理理念不强,民主意识淡漠是影响高校民主

治理机制进一步健全的问题之一。无论是高校的行政人员还是教师,学生还是后勤工作者都对高校民主治理的内涵和意义缺乏应有的认识,民主意识不强,对于学校的重大问题决策,参与程度低,参与面不广。部分教职工把自己的职责仅仅局限为日常的教学活动,自身缺乏参与民主治理的意识,没有主人翁责任感,自行放弃对学校决策的话语权,另一部分则是学校在管理过程中不重视教师的主体地位,减弱了一些专家教授的知情表达权,久而久之导致他们对民主决策活动的淡漠。特别是作为教职工行使民主权利的教代会制度,存在着功能弱化的现象。另外据统计,高校学生大多认为学校在管理过程中把他们视为管理的被动对象,不注重倾听他们的心声,不关注他们的看法,自然而然他们也没有参与学校有关重大问题决策的积极性。

2. 高校公共参与平台严重短缺,参与效果不显著

高校协商民主参与形式单一,教职工代表大会、民主恳谈会等传统的协商方式仍然是当前高校实行民主协商的主要形式。教代会是党委领导下的校长负责制对高校实行民主管理的一种重要形式,但教代会每年只召开一次,有的高校每年甚至连大会也很难召开一次,难以保证广大教职工及时参与学校的重大决策[①]。另外,即使召开教代会,也很少开展大会讨论,其过程往往成为最高决策者一言堂的"独角戏",缺乏各个主体的论辩说理,言语交锋,对某一决策的科学性专业性分析表达机会太少,难以达到较高的决策质量和水平。此外,高校决策过程很少向公众开放,除非万不得已,一般不召开校园听证会。

3. 高校协商民主缺乏监督,决策信息的透明度不高

目前高校缺乏有效的监督管理机制,监督机制不健全。其表现主要是高校普遍没有设置独立的监督机构,已有的监督机构如

---

① 王勤.高校协商民主制度建设途径研究[J].才智,2013(32).

教代会、党支部、校务公开通常不能发挥应有的监督作用。主要是因为这些监督机构与被监督者行使监督权时常常有所顾忌,会顾虑到职位的高低和人际关系,所以一般监督也受制于学校领导,缺乏应有的相对独立性,有名而无实。另外,高校民主监督的渠道少,主要是教代会和校务公开,对全体师生公开的信息很匮乏,特别是某些关于决策的核心问题往往人为地与大众隔离开来,剥夺了各个利益相关者们的知情权。

4. 高校协商民主治理和监督机构不健全

高校民主治理机构是民主治理机制不可缺少的组织设置。目前,我国高校民主治理机构主要有教职工代表大会、校务委员会、校务公开等,部分学校还设立了如教育指导委员会等教学领域的民主治理机构,然而这些机构的作用没有得到应有的发挥。另外几乎每个学校都只有民主治理机构而很少有监督机构。虽然有些高校设置了"校长信箱""校长热线"等,但现实中也很少有人去使用。缺乏专门设立的监督机构和信息反馈机构,民主治理的实效性根本无从谈起。民主治理机构的人员构成不合理。在治理机构中大部分是高级行政人员和高职称人士的舞台,缺少普通教师、学生、后勤工作者代表,这样就不可能代表全体利益相关者的共同利益。

三、加强高校协商民主建设机制

(一)保证参与主体的广泛性,鼓励各类主体参与决策

高校是个人才汇聚、智力密集的地方,这里既有共产党员,也有民主党派和无党派人士;既有教师,也有行政管理人员;既有科研骨干、专家学者,又有广大青年学生,我们要充分利用这些宝贵资源,将他们都纳入协商民主的参与主体,在他们中间积极开展协商民主理论的普及学习活动,比如开展演讲、研讨会和茶话会或者建立微信交流群,加强各类主体对协商民主的认识,让其了解高校

协商民主的程序、优势、意义等,并同时树立起自己的主人翁意识,提高民主协商的积极性和参与度,这样才能充分发挥自身优势,维护主体利益;高校中的工会、共青团、学生会等群众组织是党联系教职工和青年学生的桥梁和纽带,民主党派和人民团体的基层组织是党联系统一战线的主要渠道,这都是参与协商民主的主要力量。各高校要支持他们依照各自章程,依照法律参与高校的管理,并制定相关的制度保障,让这些组织充分发挥协商民主参与、民主监督和协调作用,使民意民情能够及时的上传下达,梳理各种不协调的关系,减少阻力,增强助力,形成合力,鼓励他们依法独立和创造性地开展工作,为学校协商民主政治建设贡献力量。

(二)建立健全高校协商民主工作机制,扩展协商渠道

在现实情况中,教代会职权未能充分落实、教代会闭会期间民主渠道不够通畅,教代会制度与权力的弱化现象在一定范围内存在。我们要从思想上摒弃陈旧的"官本位"思想和错误认识,切实实现好和保障好广大教职工群体的基本利益,健全教代会和学术委员会的各项制度建设,努力提高其协商民主管理水平发挥,促进学校和谐发展。

学术委员会是学校最高学术机构,对学术事务进行决策、审议、评定和咨询。人选由民主推荐、公开公正的遴选等方式产生,由民主选举等程序确定。我们应当推进行政决策与学术决策适当分离,健全教授治学的体制机制,充分发挥学术委员会、学位评定委员会、教学指导委员会等学术组织在学科建设、学术评价、学术发展中的关键作用。大力培育和弘扬创新精神,积极鼓励和支持师生在学术领域大胆追求真理、百花齐放、百家争鸣,努力营造民主、宽容、开放、和谐的学术环境。

随着经济社会的迅猛发展,势必要求社会、高校进行管理创新,以面对现代化的机遇和挑战。要求高校在坚持行之有效的协商民主形式基础上,还要结合自身特点推陈出新,积极探索丰富多

样的高校基层协商民主的形式和方法,使协商民主的视域愈加宽广、活动愈加多彩、方式也愈加灵活有效。可以建立校园公开听证制度和针对重大事项的提案制度,注重协商的实效性,避免协商流于形式,避免协商内容随意。

(三) 加强高校统一战线工作,完善高校统战团队建设

基层协商民主是高校统一战线工作的重要内容,随着高校改革发展的深入高校统战工作面临着更加艰巨的内容和任务。高校党委应适应新形势下高校统战工作的新要求,进一步"坚持党委统一领导、统战部牵头协调、有关方面各负其责的大统战工作格局,形成工作合力",提高全校师生对新时期新阶段开展统战工作重要性的认识。高校基层党组织要努力创造宽松和谐的民主参与环境,不断加强协商民主理论与实践,营造良好的工作氛围,丰富协商民主内容,创新协商民主方式,规范协商民主发展,充分调动各党派教师的积极性,保证他们能够充分行使参与权、知情权、表达权、和监督权,为他们积极参与基层民主协商创造条件。

统战团体是高校党委和行政联系、团结、教育统一战线成员的桥梁,要充分发挥其积极作用[1]。高校党委要把协助各民主党派、统战团体搞好基层组织建设提高到贯彻落实中国共产党领导的多党合作和政治协商制度的高度来认识,建立健全统一战线成员思想政治引导长效机制,进一步加强统战团体工作,支持统战团体加强思想建设、组织建设、制度建设。引导民主党派基层组织和其他统战团体处理好政治建设与组织建设的关系,以实现政治交接作为主线,加强领导班子建设,积极物色和培养后备力量,稳妥解决新老交替问题。要发挥老一代统一战线代表人士的作用,切实指导统战团体加强对统一战线成员进行爱国主义、社会主义教育,引

---

[1] 杨光,冯振业,齐民.党外教师在高校基层协商民主实践中的地位和作用研究[J].广西社会主义学院学报,2013(6).

导统战成员坚定不移地走中国特色社会主义发展道路,积极发挥自身优势。通过加强对高校统战团体的建设,努力打造一支优秀的党外代表人士队伍,为高校基层民主协商提供有力的人才支持,保证基层民主协商顺利开展。

(四)公开决策结果,完善反馈程序,规范监督机制

各类主体参与高校民主管理是通过平等公开参与管理决策会议,最终实现管理决策的公开化、民主化、透明化。

1. 公开决策结果

高校应不断开拓广泛的公开渠道,利用公告栏、校园广播、班会、校园论坛等公开决策结果,也要紧紧跟随着网络通信的发展,建立和不断更新微信、微博等公众平台的信息,及时传达决策结果,让这些途径覆盖到全校方方面面,渗透到日常生活的各项工作中,切实保障学生、行政人员、后勤人员、教职工对决策结果的知情权,在了解决策结果的同时也可以起到对决策执行结果的监督。

2. 完善反馈程序

决策下达之后,必然会有一些不同的意见和心声,为了使决策方案更加科学,建立信息的双向反馈尤其重要。对于学校而言。一方面要通过校务公开、召开会议或网上发文等形式,实现学校行政对教职工、学生的信息传递,另一方面也要设置专门的决策咨询委员会,面向教职工、学生、家长广泛征集意见和建议,并将收集到的建议如实反馈到学校领导和相关职能部门处室;对于教师而言,应积极利用校代会这个平台,明确自己的职责,从自己专业性的角度出发,反馈各种建议和意见;对于学生来说,可以通过学工委员会或者学生会向学校反馈意见,也可以在学校论坛或者服务微博下面进行直接评论,表达自己的心声。

3. 规范监督机制

为切实保证监督主体的地位和独立性,学校应成立专门的监督机构。比如可以专门成立法制工作机构,和纪委、监审处、教代

会等一起成为监督的主体。法制工作机构的主要工作职责是监督法律法规和学校规章制度的执行情况;校纪委负责监督党员及党员干部的遵纪守法、廉洁自律的情况;监审处负责监督审计对学校各部门处室、各二级院系的财务收支情况等。为了避免监督机构被学校领导掌控,学校领导班子成员不能进入机构。机构构成人员要兼具广泛性和代表性,主要由学校教职工代表、学生代表和家长代表组成。机构直接由上级教育行政主管部门领导,具有监督、审查、质询的权力,同时,也要承担监督不力的责任。对学校存在的严重违法乱纪行为,监督机构要根据实际情况形成详细的事实材料,如实向上级教育行政主管部门汇报。上级部门坚持每学年通报机构工作情况一次,统计监督结果并向师生员工公开。

参考文献

[1] 朱为志.《高等教育法》与高校内部管理体制改革[J].安徽农业大学学报(社会科学版),1999.

[2] 金中.高校内部管理体制改革的民主化和法治化建设[J].江苏高教,1995(5).

[3] 陈剩勇.协商民主理论与中国[J].浙江社会科学,2005(1).

[4] 彭辉,禹旭才.论高校民主决策机制的构建[J].内蒙古师范大学学报(教育科学版),2008(5).

[5] 张利.现代大学民主治理途径探析[J].人民论坛,2012(8).

[6] 陈小鸿,任子途.论协商民主理论与高校教代会建设的契合[J].延边党校学报,2011(1).

[7] 王勤.高校协商民主制度建设途径研究[J].才智,2013(32).

[8] 尹晓敏.论高校决策中的协商民主[J].高教探索,2009(6).

[9] 屠春飞,王春琳.高校基层党组织领导下的协商民主机制研究[J].改革与开发,2011(18).

[10] 林坎利.学生参与大学决策的路径选择[J].江苏高教,2012(1).

[11] 王如新.新形势下高校统战工作规范化管理规章制度全集[M].北京:

高等教育科学出版社,2007.

[12] 杨振斌.高校统战工作指导手册[M].北京:中国知识出版社,2009.
[13] 何小红.充分发挥民主党派在高校建设发展中的重要作用[J].高等函授学报(哲学社会科学版),2009(22).
[14] 张斌贤.分权:高等学校内部治理革新之道[J].高校教育管理,2012(1).
[15] 董泽芳,岳奎.完善大学治理结构的思考与建议[J].高等教育研究,2012(1).
[16] 洪源渤,罗旭虹.论大学教师参与学校决策的权力[J].当代教育理论与实践,2010(2).
[17] 解飞厚.试论高校治理与协商民主[J].高校教育管理,2009(2).
[18] 许欢科.试论实现高校决策民主化与科学化的途径[J].南宁师专学报,1995(2).
[19] 李正元.实行民主化管理,促进高等教育改革[J].兰州大学学报(社会科学版),1996(24).
[20] 胡锦涛.坚定不移沿着中国特色社会主义道路前进 为全面建成小康社会而奋斗——在中国共产党第十八次全国代表大会上的报告[M].人民出版社,2012.
[21] 中共中央关于全面深化改革若干重大问题的决定[M].人民出版社,2013.

高校统一战线服务"十三五"所需人才培养数据平台建设研究

上海第二工业大学　赵军红

摘要： 高校统一战线是党外优秀知识分子相对集中的地方，具有凝聚人心、汇聚力量的作用，具有参政议政、人才荟萃、智力密集的优势，是服务"十三五"所需人才数据平台建设的重要力量，且能不断地凝聚和吸纳公众智慧服务于该平台的建设，在推进"十三五"发展规划实施中发挥重要作用。

关键词： 统一战线；高等院校；十三五规划；人才培养；数据平台

　　第十二届全国人大四次会议审议通过的"十三五"规划纲要，明确了经济社会发展的宏伟目标及任务，提出了诸多新的发展领域及新发展方向，要想实现这些目标及任务，就需要符合规划所提发展需要的各类专业人才的支持与积极参与。因此，如何搭建"十三五"所需人才培养数据平台，精准分析人才需求、精准投入实施培养人才，将成为"十三五"规划目标实现的关键。统一战线作为党领导和执政的重要方式，在服务"十三五"规划实施中肩负着义不容辞的责任。高校统一战线是党外优秀知识分子相对集中的地方，具有凝聚人心、汇聚力量的作用，具有参政议政、人才荟萃、智力密集的优势,是服务"十三五"所需人才数据平台建设的重要力量,且能不断地凝聚和吸纳公众智慧服务于该平台的建设,在推进"十三五"发展规划实施中发挥重要作用。因此,对高校统一战线服务"十三五"所需人才培养数据平台进行研究,具有重要的理论意义和现实意义。本课题在研究"十三五"所需人才培养数据平台建设意义的基础上,分析高校统一战线服务"十三五"所需人才培养数据平台建设的优势的基础上,探求新形势下高校统一战线优质、实效服务"十三五"所需人才培养数据平台建设模式与策略选择。

一、"十三五"所需人才培养数据平台构想与建设意义

人才是支撑社会经济发展的第一资源,精准分析人才需求、精准投入实施培养人才,将成为"十三五"规划目标实现的关键所在,因此,建设"十三五"所需人才培养数据平台,对稳增长、促改革、调结构、惠民生、推动"十三五"规划目标实现具有重要意义。

(一)"十三五"所需人才培养数据平台基本构想

人才是指具有一定的专业知识或专门技能,进行创造性劳动并对社会作出贡献的人,是人力资源中能力和素质较高的劳动者。人才以不同的分类方式分为:学术型人才、工程型人才、技术型人才、技能型人才;初级人才、中级人才、高级人才等等。在《国家中长期人才发展规划纲要(2010—2020年)》提出了统筹抓好党政人才、企业经营管理人才、专业技术人才、高技能人才、农村实用人才以及社会工作人才等人才队伍建设,培养造就数以亿计的各类人才,数以千万计的专门人才和一大批拔尖创新人才。"十三五"规划也提出人才强国,突出"高精尖缺"导向,实施重大人才工程,着力发现、培养、集聚战略科学家、科技领军人才、企业家人才、高技能人才队伍,发挥政府投入引导作用,鼓励企业、高校、科研院所、社会组织、个人等有序参与人才资源开发和人才引进,营造有利于

人人皆可成才和青年人才脱颖而出的社会环境。"十三五"所需人才培养数据平台主要由三大部分组成(图1)：

1. 建立各类人才特征标签及画像库

利用大数据技术，收集近30年各行各业中高级人才数据资料，结合"十三五"规划，建立向全社会公开所需各行各业中高级人才及其紧缺人才特征标签及画像数据库。借助于互联网使每个想成为行业中高级人才的人，均可以较全面地了解中高级人才所应具备的基本素质特征与特别素质要求。例如：科学家、企业家、劳动模范其基本素质特征大体相同，均具有吃苦耐劳、坚韧不拔、较强的自我学习能力等基本素质特征，但是他们还有截然不同的特别素质要求，即所在行业领域必备知识与技能不同、解决问题的方式不同等特别素质要求。人才特征标签及画像描述越细致，就越能清晰地向培养者展示培养行业所需人才的路径、让被培养者看到成为行业所需人才的希望。

2. 各类人才特征标签画像比对系统

建立向全社会公开的所需各行各业中高级人才及其紧缺人才特征标签画像比对系统，该系统可以接受每个想成为行业所需人才的自画像，并与各类人才特征标签及画像进行比对，给每个想成为行业所需人才的人提供客观的评估报告，告知其差距，给出正确、有效的实现路径并提供必要的指导与帮助，给每个想成为行业所需人才的人以希望和鼓励。该系统还可以提供定期的比对评估追踪服务，每次均提供客观的评估报告，告知其差距、进步、偏离，提供正确、有效的解决路径指导与帮助，描绘个人成长路线图，给每个想成为行业所需人才的人以持续不断的希望和鼓励，使其素质不断提高，自我培养意识不断加强，逐步跨入行业中高级人才的行列。同时比对系统产生的新信息还会不断丰富人才特征标签画像数据库。

3. 各类人才培养数据资源库

建立具有不断更新、拓展能力的社会所需及其紧缺的各类人

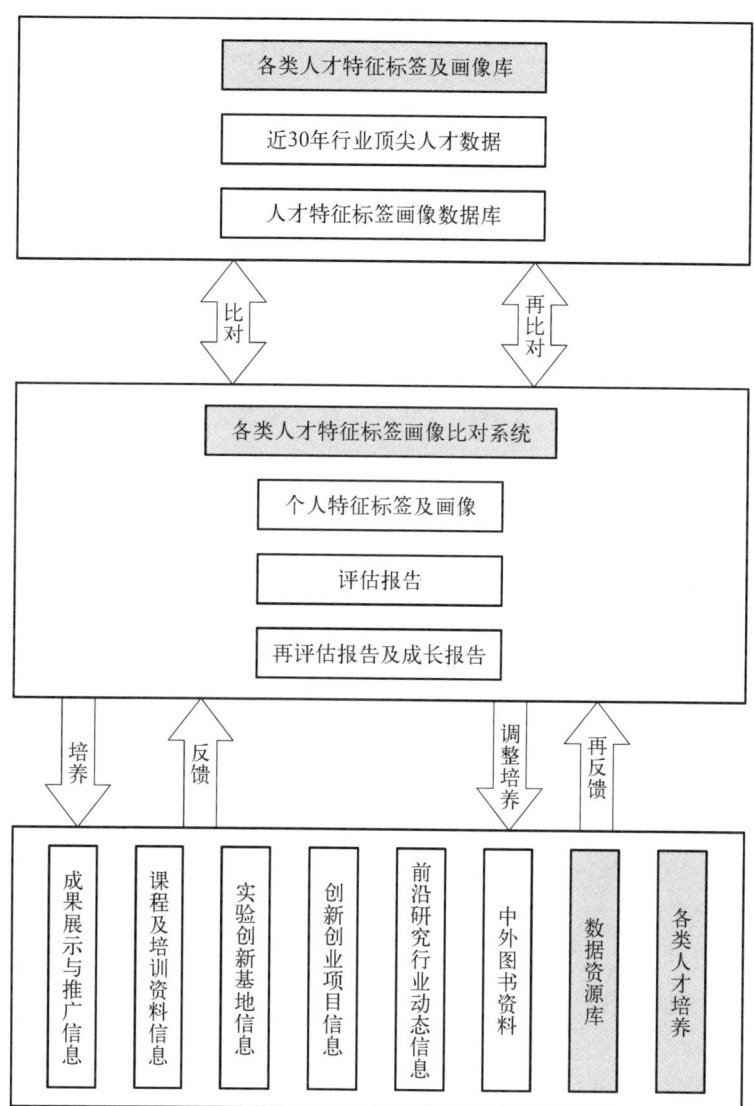

图 1　人才培养数据平台架构

才培养数据资源库,以帮助有识之士成为社会所需及其紧缺的各类人才。该数据库应包括:中外图书资料数据、前沿研究即行业动态信息数据、创新创业项目信息数据、实验创新基地信息数据、课程及培训资料信息数据、成果展示与推广信息数据等有关人才培养的信息与数据。该数据库使用应向全社会开放,采用免费或低收费使用方式,给每个想成为行业所需人才的人以持续不断、卓有实效的帮助;该数据库的建设可采用志愿投入与招标投入相结合的方式,充分利用好政府、企业、高校、研究机构及民间资源。

(二)"十三五"所需人才培养数据平台建设意义

1. "十三五"所需人才培养数据平台建设有利于人才评价、激励与配置机制完善,更好地推动社会经济发展

"十三五"所需人才培养数据平台以向全社会公开的社会所需行业中高级人才及其紧缺的各类人才特征标签画像库为基础,以向全社会公开的所需及其紧缺的各类人才特征标签画像比对系统为提升,给每个想成为行业人才的青年人提供客观的评估及成为行业人才的希望、指导与帮助,以具有不断更新、拓展能力的社会所需行业中高级人才及其紧缺的人才培养数据资源库为核心,以帮助有识之士成为社会所需行业中高级人才及其紧缺的人才,以实现"十三五"所需人才的精准分析与培养,从而实现社会经济发展第一要素人才的科学评价、激励与配置,促进生产方式和经济运行机制的变革,提升社会经济运行水平和效率,推动"十三五"规划的实现。

2. "十三五"所需人才培养数据平台建设将有利于推动人才结构战略性调整,突出解决"高精尖缺"人才,提升国家竞争力

在全球信息化快速发展、全球经济一体化的大背景下,人才已成为国家最重要的基础性资源,人才将引领新一轮社会经济变革与科技创新,利用"十三五"所需人才培养数据平台将推动人才结构战略性调整,突出解决"高精尖缺"人才,实现人才规模及质量的全面

提升,随着时间的推移释放出巨大的能量和潜在价值,有利于我国经济、科技、国防等能力的全面提升,从而有效提升国家竞争力。

3. "十三五"所需人才培养数据平台建设将有利于营造人人皆可成才和青年人才脱颖而出的社会环境,提升民族素质,早日实现民族复兴的中国梦

"十三五"所需人才培养数据平台将向全社会开放,每个公民都可以利用这个数据平台寻求、实现自己成为行业中高级人才或紧需人才的理想,这将激发每个公民主动学习、提高素质的内在积极性、主动性与自觉性,将有利于营造人人皆可成才和青年人才脱颖而出的社会环境,从而带动全民族文化及科学素养的提高,积极投身于民族复兴事业,早日实现民族复兴的中国梦。

二、高校统一战线服务"十三五"所需人才培养数据平台建设的优势

"十三五"规划的根本是促进社会经济更好地发展、持续地发展,促进经济提质、增效、升级,以促进社会的和谐发展,提高广大人民的生活质量,为党和国家事业发展营造良好社会环境,这与高校统一战线"增进团结、维护稳定、凝聚人心、汇聚力量"的根本任务相一致,而高校统一战线服务"十三五"所需人才培养具有得天独厚的优势。

(一)高校统一战线具有人才荟萃的智力优势,在丰富人才培养数据资源方面具有积极的作用

党外知识分子是高校统战的主要对象,他们大多工作在教学、科研和管理的第一线,从事创造精神产品、传授科学知识、管理学校事务等方面的工作。其中一些代表人物还是各级人大代表、政协委员、人民政府参事、各级各类专业学会负责人、校学术委员会成员,有的还担任了校院(系)的行政工作等,他们对国家的改革与发展关注备至,对服务社会发展情笃意切,对"十三五"规划、人才

培养、及其发展过程所遇到的问题有较深入的关注与研究。因此,可以通过加强组织和引导,激发他们参与"十三五"所需人才培养数据平台建设的积极性、主动性,支持他们投身"十三五"所需人才培养数据平台建设及建言献策工作中,这将在丰富人才培养所需各类数据资源方面发挥重要作用。

(二)高校统一战线具有得天独厚的科技创新及培养科技创新人才的优势,在推动"十三五"所需科技创新人才培养方面具有推动作用

高校不仅是教育中心,还是科技人才集中、学科门类齐全、仪器设备优良的科学研究中心。不少党外知识分子承担着国家、地方或企业的纵向、横向课题研究任务,有些同志甚至是基础、关键学科研究课题的承担者,他们在各专业领域的潜心钻研与积极拓展,推动了科技创新与成果转化,推动了国家和地方经济的发展。因此,积极组织和引导高校统一战线成员围绕"十三五"所需人才培养数据平台建设的重点与难点开展科技攻关,搭建"十三五"所需人才培养数据平台,充分发挥他们得天独厚的科技创新及培养科技创新人才的优势,这将在"十三五"所需科技创新人才培养方面起到积极的推动作用。

(三)高校统一战线具有较强的群众联系优势,在提升"十三五"所需人才培养数据平台使用的社会公众参与度及其建设意义等方面起着重要作用

高校统一战线中有一大批在海内外有影响、有声望的人士,近年来,出国讲学、访问、考察、留学的高校教师不断增多,一方面使高校统一战线成员在引进资金、智力、项目等优质人才培养资源方面具有独特的优势,另一方面,由于他们对外联系广泛、社会影响较大、信息渠道畅通、与世界各国科教界有着千丝万缕的联系,使其在获取最新人才培养信息、掌握教育科技发展前沿,扩大内地同港澳台以及海外科教领域合作等方面具有独特的优势;再者,高校

统一战线中各党派及党外人士,分别联系着不同群体,具有引导社会公众参与"十三五"所需人才培养数据平台使用及建设的优势。因此,高校统一战线参与"十三五"所需人才培养数据平台建设,可以凝聚各方力量、彰显民心民意,在提升"十三五"所需人才培养数据平台使用的社会公众参与度,使平台在推动人才结构战略性调整,完善人才评价、激励与配置机制,突出解决"高精尖缺"人才,推动社会经济发展,提升国家竞争力,营造人人皆可成才和青年人才脱颖而出的社会环境,提升民族素质,早日实现民族复兴的中国梦等方面起着重要作用。

三、高校统一战线优质、实效服务"十三五"所需人才培养数据平台建设的模式与策略选择

（一）高校统一战线优质、实效服务"十三五"所需人才培养数据平台建设的模式

高校统一战线优质、实效服务"十三五"所需人才培养数据平台建设,应在高校党委统一领导下,统战部门组织协调,以科学发展观为依托,围绕着培养人才、科学研究、服务社会三大任务展开,借助互联网＋与大数据技术的优势,通过引导组织、健全机制,实现优质服务"十三五"所需人才培养数据平台建设,达到充分发挥自身教书育人、科技创新、协调协作、服务社会四大职能的作用,发挥高校统战工作特有的优势,优质、实效服务"十三五"所需人才培养数据平台建设的目标。

（二）高校统一战线优质、实效服务"十三五"所需人才培养数据平台建设策略选择

1. 组织搭建"十三五"所需人才培养数据平台

"十三五"所需人才培养数据平台(图 2)应由教育主管部门委托有能力的第三方服务机构搭建、管理,建立的各类人才特征标签及画像数据库、各类人才特征标签画像比对系统以及各类人才培

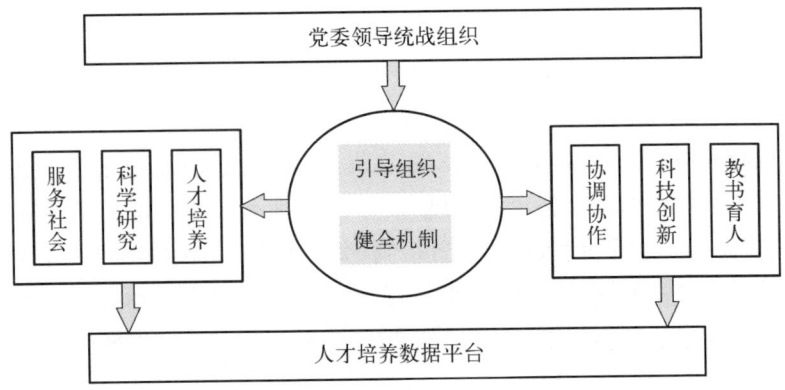

图2 "十三五"所需人才培养数据平台

养的三大数据资源库均向社会开放,其使用可依据所提供数据的不同采用免费与低收费相结合的方式,平台建设及维护所需经费采用政府资金+社会资助相结合的方式,平台数据资源建设可采取招标和志愿提供相结合的方式,欢迎中外及社会有能力机构、个人积极参与建设。

2. 强化引导与组织,激发高校统一战线成员服务"十三五"所需人才培养数据平台建设的积极性和主动性

应在高校党委的领导下,统战部门科学组织和引导下,一方面强化党的政治引导,使高校统一战线成员能进一步明确方向,掌握相关指示与政策精神,深刻认识服务"十三五"所需人才培养数据平台建设的意义;另一方面强化思想教育引导,及时关注高校统战成员的思想动向,根据他们特点和高校工作的实际情况,有针对性地开展思想政治工作,凝聚其人心,发挥其潜能,有效组织其为服务"十三五"所需人才培养数据平台建设出力献策。

3. 为高校统战成员参与的服务"十三五"所需人才培养数据平台建设提供信息与渠道,使统战成员能从本职工作出发,发挥自身的教研特长,更好地服务"十三五"所需人才培养数据平台建设

高校统战成员均具有较丰富的教书育人、科技创新经验,首

先，通过平台建设，发挥高校统战成员在培育人才方面的作用，学生具有很大的潜力和创造力，有效发挥高校统战成员在教书育人中的优势，不仅会给学生带来终身的财富，更重要的是为实现"十三五"规划目标培养、输送更多人才；其次，通过平台建设，开拓了高校统战人员服务人才培养、科技创新渠道，为广大统战人员在人才培养、科技创新方面提供交流与协作的机会，更大程度地发挥他们的创造力。再次，高校统战成员通过参与服务建设平台、指导青年学生使用平台，如向平台提供培训资源、科技创新项目、研发需求、研发成果等所需资源信息，丰富完善平台；指导青年学生使用平台，唤起他们成为行业高中级人才的希望，使该平台成为实效服务人才培养、科技创新建设的重要载体。

4. 从全面、协调、可持续发展的角度出发，根据"十三五"发展人才的需求，利用在高校特有的教学科研实力，通过多种途径争取各种社会资源为"十三五"所需人才培养数据平台建设服务

高校统战成员服务"十三五"所需人才培养数据平台建设，首先，立足于本职工作，改变传统的教学模式和思维引导方式，通过课堂授课、召开报告会、座谈会等方式向学生推介"十三五"所需人才培养数据平台，指导学生积极使用该平台，并能根据使用中发现的问题，反馈平台搭建及维护者进行调整，使平台更加科学完善；其次，发挥高校统战成员建言献策的作用，以满足学校发展和"十三五"所需人才培养数据平台建设的需求；最后，应将服务平台、服务高校发展同统战服务"十三五"所需人才培养数据平台建设信息交流工作联系在一起，开辟建言献策专栏、"十三五"所需人才培养论坛等，以更好地"十三五"所需人才培养数据平台建设服务。

5. 建立有助于推动高校统一战线服务科技创新中心建设工作开展的长效机制，科学有效地推动高校统一战线优质服务"十三五"所需人才培养数据平台建设工作的持续开展

社会运行论认为，社会的良性运行和协调发展需要合适的条

件和科学的机制。在社会组织的规范、地位、角色和权威等四个构成要素中,地位、角色和权威都来自规范,即稳定的规则、制度与机制。因此,完善协调机制,加强制度设计与机制建设是做好高校统一战线优质服务"十三五"所需人才培养数据平台建设的前提(图3):首先,完善协调机制,建立高校统战工作联席会议制度,统筹协调高校统一战线服务科技创新中心建设的各项工作,结合实际完善各项政策措施,制定重要工作任务与分工方案,通过高校统战工作联席会议制度,分级分领域抓好各项工作的落实。其次,构筑工作体系,面对"十三五"所需人才培养数据平台建设工作的复杂性,必须强调优势资源的整合,高校统战系统内部各单位也要积极协调各方,合理配置力量资源,将人力、财力、物力向重大科技攻关倾斜。再次,建立以高校统战优势力量为核心的辐射校内外的统战服务"十三五"所需人才培养数据平台工作体系,在校党委的统一领导下,统战部门统筹指导,集中各民主党派、党外人士的优势力量,借助统战服务"十三五"所需人才培养数据平台,建立广泛的

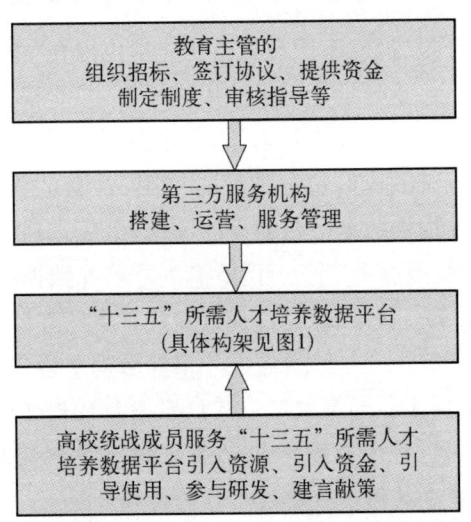

图3 "十三五"所需人才培养数据平台搭建及高校统战服务平台架构

横纵向联系;形成统战部门、高校统战优势力量、"十三五"所需人才培养数据平台建设管理部门横从交叉的联动机制。

综上,高校统一战线服务"十三五"所需人才培养数据平台建设是一项长期的任务,其模式与策略的选择是一项复杂的系统工程,本课题只是从高校统一战线服务"十三五"所需人才培养数据平台建设意义及优势出发,对高校统一战线优质、实效服务科技创新中心建设的模式与策略选择做了一些较浅探讨,期望能抛砖引玉,使大家能提出更好的建议,以提高高校统一战线服务"十三五"所需人才培养数据平台建设的实际效能。

统一战线在"一带一路"倡议构建中的作用研究

上海对外经贸大学　姜秀珍

摘要："一带一路"是党在新的历史时期做出的重大倡议，既顺应了世界发展潮流，也符合我国长远的和根本的利益。统一战线在当前仍然是建设和改革事业的重要法宝，在推进"一带一路"建设中可发挥不可替代的重要作用。本文对统一战线在"一带一路"倡议中的作用关系进行理论分析，提出了相应的实践路径，并进一步以"拓展海外统一战线"为应用实例，对如何发挥统一战线作用的顶层设计进行了可行性探索。

关键词：统一战线；一带一路；作用关系；实践路径

一、"一带一路"倡议构建及现实意义

"一带一路"倡议即建设"一带一路"经济带倡议。"一带"是陆地上的丝绸之路经济带，"一路"是21世纪海上丝绸之路。"一带一路"经济带连接着26个国家，总人口44亿人，约占全球的63%，目前经济总量约21万亿美元，占全球的29%，货物和服务出口约占全球出口额的24%。2015年3月28日，经国务院授权，国家发展改革委、外交部、商务部发布《推动共建丝绸之路经济带和21世

纪海上丝绸之路的愿景与行动》白皮书,把"一带一路"经济带建设推进到了新的阶段。

"一带一路"倡议,不仅是中国外交战略布局的新举措,也与我国经济发展相得益彰。十八大以来,以习近平同志为核心的党中央提出了"亲、诚、惠、容"的外交理念,积极发展与周边国家合作共赢的关系。中国把"一带一路"作为改革创新和对外开放的重要举措,在未来几年内将给中国多个行业产业链带来良好的投资机遇,加速推动我国和沿线各国经济转型,加强区域间经济的合作与发展,有力地推动了中国企业走出去的步伐。同时,"一带一路"倡议的实施有助于沿线国家之间实现政治互信、经济融合和文化包容。中国提出的"一带一路"倡议是世界上波及范围最广、最有活力和发展潜力的国际经济大走廊。中国自觉推行"一带一路"倡议,并积极号召世界各国参与到"一带一路"的建设中来,充分表现出中国对当前国际局势的高度自信,同时,也表明中国有能力处理好与世界各国和谐发展的关系,中国不仅以强大的经济实力为后盾,而且吸引世界各国智慧和力量参与到"一带一路"的建设中来,充分彰显了中华民族强大的包容性。

二、统一战线与"一带一路"的关系

历史已经证明,统一战线是我国新民主主义革命取得胜利的一大法宝,是我国社会主义建设取得重大胜利的一大法宝。中共中央政治局2015年4月30日审议通过的《中国共产党统一战线工作条例(试行)》明确指出,统一战线也是新时期全面建成小康社会,加快推进社会主义现代化,实现中华民族伟大复兴中国梦,即实现两个百年目标的重要法宝,统一战线是不同社会力量在一致的目的或目标基础上进行合作和由此形成的社会力量的联盟。我国的统一战线在范围上既包括以各族人民构成的大中华为主要内容的国内统一战线,也包括我国与别的国家之间结成的国际统一战线。统一战线的宗旨是在不同阶段服务于特定的历史任务,即"围绕中心,服务大局"。"一带一路"建设就是我国当前经济社会发展的一个大局,经过三十多年的改革开放,我国经济实力不断增强,国际影响力不断提升,正是在国内外形势发生巨大变化的基础上,以习近平同志为核心的党中央审时度势,提出"一带一路"倡议,从根本上服务于国家经济社会发展和外交战略布局。当前,党和国家高度重视"一带一路"倡议的实施,各级统战部门围绕"一带一路"倡议这个中心和大局服务。

然而,参与"一带一路"的各国大多是发展中国家,虽有较大的发展潜力和空间,却也面临着诸多难题,如基础设施欠缺、法制不健全、政局不稳定、恐怖主义危害等,如何化解阻力,增加助力,形成合力,这是推动"一带一路"建设顺利实施必须要解决的问题,由此,统一战线的作用不可替代。

(一)统一战线能够调动民主党派建言献策的积极性,提高"一带一路"倡议实施的科学性

统一战线素有"智囊团"之称,汇聚着各界代表人士、高级知识分子和社会精英,统一战线在人力、智力、资本、技术等方面具有的独特优势,能够和"一带一路"倡议紧密地对接起来,无论是探讨制定"一带一路"倡议的前期理论架构,还是深入"一带一路"一线实地考察调研,形成有分量的调研成果;无论是立足区域优势,描绘"一带一路"沿线特色经济发展蓝图,还是进一步扩大对外开放,开展同"一带一路"沿线国家和地区的政治、经济、文化交流;无论是转变经济增长方式、推进经济结构战略性调整,还是提高全民族的思想道德、科学文化素质和实现人的全面发展,统一战线都能充分发挥人才济济、人脉资源丰厚等优势,引导广大统一战线成员为"一带一路"建设献计出力,为该战略的实施提供理论依据和科学指导。

（二）统一战线能够汇聚社会各界物力财力，能够切实把"一带一路"倡议转化为现实生产力

通过统战工作能够把我国经济、科技、文化、卫生等各个领域的力量结合起来，共同推动"一带一路"倡议的实施。鼓励有关统一战线成员到"一带一路"沿线国家和地区干事创业；支持有意愿、有条件的民营企业到"一带一路"沿线进行资源开发、工程承包、商品销售等，开拓对外经济贸易；支持广大民族地区紧紧抓住"一带一路"倡议实施的重大契机，有序推进基础设施建设和城镇化进程，全面提升开放型经济水平；鼓励港澳台同胞、海外侨胞和留学人员把自身事业发展与"一带一路"建设紧密结合，共享发展机遇；充分发挥统一战线优势，积极发挥海外同胞在"一带一路"倡议中的积极作用，寻求世界各国合作共赢的最大公约数，为国家富强和民族振兴贡献力量。"一带一路"沿线的国家和地区都有自己的特殊困难，运用统一战线优势，把我国在相关领域的优势力量团结起来，帮助沿线国家和地区进行基础设施建设和环境保护，实现资源的合理开发和利用，并转化为现实生产力。

（三）打造国际统一战线，为"一带一路"倡议提供国际环境

"一带一路"根植于中国厚重的文化战略积淀，具有鲜明的时代特征和现实意义。"一带一路"是以习近平同志为核心的党中央外交战略思想的重要内容，是共圆亚洲梦、世界梦的当下之路和现实载体。"一带一路"强调包容发展、开放合作、互联互通、文明互鉴、和平友谊，有利于人类社会在新时代实现共同发展的美好梦想。"一带一路"建设需要包括中国人民在内的所有沿线国家和地区人民的共同努力，需要构筑一条囊括"一带一路"沿线国家和地区全体人民的国际统一战线。党领导的统一战线已经发展成为全体社会主义劳动者、社会主义事业建设者、拥护社会主义爱国者、拥护祖国统一和致力于中华民族伟大复兴爱国者的广泛联盟。民主党派、民族、宗教、新的社会阶层、港澳台侨等各方面统一战线成

员达数亿之多。党的十八大报告指出,要积极落实侨务政策,支持海外侨胞、归侨侨眷关心和参与祖国现代化建设与和平统一大业。我们要着眼于"一带一路"倡议,以乡情、亲情、友情、利益为纽带,以血缘、地缘、业缘为基础,广泛开展海外联谊,不断拓宽统战工作领域。要加强与港澳台同胞、海外侨胞的联络,进一步筑牢海内外中华儿女根植中华的情感认同、心怀故土的精神归属、报效桑梓的价值理念,不断增进港澳台同胞、海外侨胞对中华民族和中华文化的归属感、认同感和自豪感。海外华侨华人事业的发展壮大与"一带一路"建设互为依托、相向而行。要鼓励华侨华人特别是广大华商借"一带一路"建设的契机,参与基础设施互联互通项目,在分享经济效益的同时助推"一带一路"倡议的实施。要以大陆范围内的统一战线为重要载体,努力打造与之相适应的大陆范围外的统一战线,积极开展招商引资、招贤引智工作,最大限度地发挥沿线国家和地区人民的积极性和创造性。

三、统一战线服务"一带一路"的实践路径

中共中央统战部在《关于统一战线服务"一带一路"倡议的意见》中明确指出:要按照中央统一决策和要求,围绕《推动共建丝绸之路经济带和21世纪海上丝绸之路的愿景与行动》,充分调动统一战线各方面力量参与"一带一路"建设,围绕积极建言献策、推动经济合作、促进人文交流、传递正面声音等发挥作用,推动统一战线服务"一带一路"倡议工作向广度和深度拓展。"一带一路"倡议的实施,特别是统战部门从中央到地方各级统战部门抓住统一战线优势,不断为"一带一路"倡议的实现凝聚人心,汇聚力量。充分认识"一带一路"倡议提出的时代背景、实质内涵和现实意义,有助于统战部门更好地发挥自身优势,为"一带一路"倡议的实施创造良好的国际、国内环境,带动中国和沿线国家、地区大发展、大繁荣,切实创新国际合作的新路径和新方法。因此,找准统一战线发

挥作用的着力点，凝聚各国共识、深化合作领域，推进合作步伐，是当前推进"一带一路"建设的有效举措。具体如下：

（一）通过政党交流搭建高层对话平台，实现政策沟通

"一带一路"建设尽管倡导的是互利共赢，但一些国家对此却存在疑虑，他们既希望搭上中国快速发展的列车，却又担忧形形色色的中国"威胁"论，由于过去长达数十年的冷战，相当一部分国家对我国的内政外交存在不同程度的误解甚至是敌意。因此，如何化解这些疑虑，还有赖于通过政党之间的交流搭建高层对话平台，统一战线在国内首先要搭建好中国共产党与各民主党派交流的平台，民主党派是人民的一部分，汇集了各个领域的精英，具有广泛的代表性，通过对话协商可发扬民主，促进政党协商，就"一带一路"建设中的重大问题进行沟通，凝聚智慧，达成共识。再者，政策沟通是"一带一路"建设的重要政治保障，各国政府只有构建政治互信，在此基础上达成共识，加强合作，才能抵御各种政治风险，推动"一带一路"建设可持续地发展下去。中国共产党是我国执政党，从某种意义而言，党通过交流树立良好形象有助于发展对外关系，提升我国在国际舞台上的话语权，统一战线可通过平台开展政党外交，在各个领域同参与"一带一路"建设的各国执政党、参政党、合法在野党、政党国际组织和地区政党开展多层次的交流与合作，如探讨双边关系发展，就国际地区及热点问题交换看法，治国理政经验互鉴，党建理论研讨等等；在经济、政治、文化、国际关系各方面进行沟通和互动，以此形成政党外交、公共外交、民间外交有效配合的多层次对外工作格局，在公共外交方面，以政党交流为主渠道，通过各种形式让外界了解中国共产党的执政方针、路线和政策，最大限度地争取国际社会的理解与支持，以求得对方对中国形象的正面认识，同时也增进对其他国家的认识，做到有针对性地沟通和交流。由此可见，政党外交已成为配合国家总体外交，促进我国对外关系发展的重要途径。

(二)联合宗教界力量,助力民心相通

2014年7月4日,习近平总书记在首尔大学发表演讲时指出,加强人文交流,不断增进人民感情。与各种有形的物质建设相比,民心相通似乎看起来没有那么紧迫,而实际上其难度远远超过有形的障碍。因此,"一带一路"建设能否取得成功,能否成为一项长远持续的工程,民心相通是关键,是"一带一路"建设的社会根基,也是根本的落脚点。沿线各国存在着不同的文化,然而千百年来,共同的宗教信仰作为文化基因,在不同的国家和族群之间搭建起相同的情感和认识,纵观人类历史,宗教的核心作用就是输出思想与核心价值观,宗教由于渗透到人们的日常生活中,因而深刻影响着人们的认识和价值取向。全球化时代,宗教在构建区域和国家间的关系中发挥着日益重要的作用,宗教涉及亿万民众的精神需求和生活方式,在政治和社会领域中关系到党和国家工作全局,中国是宗教大国,具有丰富的宗教资源,中国的国力增强,为宗教影响力的对外投射创造了条件。

国家在国际舞台上的形象是软实力的重要组成,而宗教形象又是分量极重的国际形象要素,处理好国内外宗教问题因此也成为中国树立负责任大国形象的重要环节之一,宗教向来是中外文化交流的重要组成部分。因此,统一战线可联合宗教界人士,积极开展多渠道的宗教外交,搭建起国际宗教文化交流的平台,并借助这一平台正面宣传我国的各项方针政策,促进不同族群之间的平等、包容和相互理解,积极发挥宗教的正面作用,在此基础上引导沿线各国民众对"一带一路"倡议进行正确认识,达到认同,减轻阻力,增进合力,只有在民心相通的基础上,才能实现"一带一路"长远的和可持续的发展。

(三)发挥华侨华人优势,搭建民间外交桥梁

"一带一路"倡议的实施离不开公共外交的推动,公共外交通过文化传播和信息传递,面对外国公众说明本国国情和本国政策,

公共外交的主体既有政府外交部门,也有非政府组织,他们借助各自的领域和对外交往舞台,针对外国的非政府组织、广大公众,甚至政府机构,从各个角度传递本国信息。公共外交的目的在于提升国家形象,改善外国民众对本国的态度,从而影响外国政府对本国的政策。统一战线广泛联系着海内外同胞,可充分发挥华侨华人在"一带一路"建设中的天然优势,华侨华人作为一个特殊的群体,是推进公共外交的宝贵资源,一方面,华侨华人分布广、人数多,据统计,世界各地分布着 6 000 多万华侨华人,他们大多数深怀赤子之心,报国之情,时刻不忘祖国才是自己的根,只要有机会都愿意回报祖国;另一方面,华侨华人走出国门后,对祖国和所在国的国情均有比较深入的了解,因而成为连接中国与外界的桥梁和纽带,在传播中国文化、推动民间交流、消除偏见与误解、抵制敌意宣传、促进两国民众互信方面均可发挥积极作用。广大华侨华人的事业发展与"一带一路"的建设是相互支撑、相互促进的,"一带一路"倡议实施要达到互联互通,必须加强与沿线各国在文化、信息等方面的沟通,这需要充分发挥和利用公共外交渠道,树立良好的国家形象和利我的国家舆论环境,要达到这个目标,离不开广大华侨华人的支持,而"一带一路"的顺利推进,既符合我国长远的根本利益,也能为参与国创造发展机遇,促进沿线地区的社会稳定和政治安全,为华侨华人事业的发展和社会地位的获取提供良好的保障。

(四)引导非公经济人士走出国门,促进经贸合作

非公有制经济是社会主义经济的重要组成部分,改革开放以来,我国经济持续快速增长,其中非公有制经济起了很重要的作用,据国家工商总局统计,截至 2015 年 4 月底,我国私营企业有 1 653.8 万户,个体工商户发展到 5 139.8 万户,目前非公有制经济在我国的 GDP 和国家税收方面已占据较大比重,已成为推动经济社会发展,促进改革开放的生力军和扩大就业的主渠道。据全国

工商联估计,目前我国非公有制经济从业人士超过 7 000 万人,已经成为推动我国经济社会发展的重要力量。针对非公有制经济的现状,习近平总书记在 2015 年 5 月召开的中央统战工作会议上明确指出,促进非公有制经济健康发展和非公有制经济人士健康成长是重大经济问题,也是重大政治问题,要坚持团结、服务、引导、教育的方针,一手抓鼓励支持,一手抓教育,引导做好非公有制经济人士的统战工作同样有助于推动"一带一路"建设。一方面,非公经济经过数十年的发展,经济实力已比较雄厚,有条件积极参与"一带一路"基础设施等方面的建设;另一方面,非公经济各个领域的企业可充当中国政府与外国政府沟通和交流的桥梁,为政府提供贸易资讯、国内外市场信息,为相关产业谈判提供技术支持等。无论是设施联通、贸易畅通还是资金融通,均要以企业为主体去推动和实现,统一战线要做好非公经济人士的工作,联合相关政府部门对非公经济既要鼓励支持,也要教育引导,通过"一带一路"建设树立起"中国制造"和"中国创造"正面形象。现在,中国正处在一个非常重要的历史时期,面临的任务光荣而又艰巨,"一带一路"建设对于推进"四个全面"战略布局,实现"两个一百年"的奋斗目标,实现中华民族伟大复兴的中国梦意义重大,没有一个包括中华民族绝大多数人在内的最广泛的爱国统一战线,中国梦是不可能实现的。

四、顶层设计实例:拓展海外统一战线

做好侨团侨领工作,带动其背后联系的广大华侨投入"一带一路"建设,既符合统一战线做代表人士工作的原则方法,也有利于在空间、维系度和力量整合上进一步拓展海外统一战线。

(一)画好"一带一路"侨情资源分布明细图,发挥海外侨团主力军作用

实时掌握沿线国家的侨情动态,进一步建立健全与海外主要侨团特别是沿线国家主要侨团的长效化联系机制,全面掌握海外

侨团发展的具体情况,做到对主要人物及其产业、需求等信息了然于胸,建立信息共享平台,有的放矢开展工作;加强和谐侨团建设,通过海外侨团精心组织开展"一带一路"倡议宣传和信息报送工作,让更多海外华侨华人和住在国人民了解、认识"一带一路"倡议的理念和内涵,自觉支持、参与"一带一路"建设,为政府间合作创造条件、打下基础;借助海外侨团力量,及时了解、掌握住在国的社情民意信息和他们在参与"一带一路"建设中遇到的问题和困难,将具有普遍性、突出性的问题,准确、高效地向政府有关部门反映,最大限度地避免因信息隔阂造成合作障碍。

(二)支持海外侨团传播中华文化,加强与沿线国家的人文互通

抓载体建设,如浙江省侨联近年来多次呼吁从国家层面实施"海外中餐馆行动计划"。据《中国餐饮产业发展报告(2015)》显示,海外中餐馆超过 40 万家,仅以海外 1 万家中餐馆为基数,若按一天接待 100 人次计算,一年就有 3.65 亿的消费人次。这些场馆分布广泛,人流密集,是传播中国文化、讲好中国故事的重要场所。建议国家从战略层面实施"海外中餐馆行动计划",努力将其打造成集中展示中国文化和价值观的"活色生香"之窗。

(三)提升队伍建设水平,培养一支侨团侨领代表人士队伍

推动海外侨团形成规模效应,创建一定数量的省级海外重点侨团,特别要注重海外侨团的班子建设,优化完善侨团的组织架构和层级,着力培养一批讲大局、人品好、有才干、肯奉献的侨界领袖,深入挖掘他们在创业中的好做法、好经验和好事迹,积极发挥他们在服务"一带一路"建设中的示范引领、典型激励作用。

(四)建立健全工作机制,进一步形成合力

1. 探索建立协同工作机制

切实加强对统一战线支持华侨服务"一带一路"建设的领导,着力发挥统战部门的职能作用,牵头协调各民主党派、工商联、台联、侨联和政府有关部门,研究制定具体工作方案,明确目标任务、

工作重点、步骤安排和具体要求,探索组建负责具体协调、指导和督促的工作小组,确保统战系统在支持华侨服务"一带一路"建设的工作中目标一致、行动有序。

2. 提升新形势下海外华侨的服务管理水平

加快外事网上审批系统建设,加强上下级外事审批系统联网对接,进一步规范办事流程、提高办事效率、健全档案资料;加强与海外侨团和重点人士的联络联谊,寻求在侨胞较集中的重点国家和地区,建立海外侨务工作联络处,充分发挥海外侨团作用,大力拓展侨务公共外交工作;加强因公出访团组的绩效考核,探索建立因公出访成果数据库和因公出国(境)团组绩效评估机制,切实提高团组出访实效。

3. 不断提高招商引资工作水平

通过参加有关培训班和华侨商会活动、与华侨联谊交友、到招商引资一线岗位挂职等方式,加强政府干部在招商引资实务、客商接待礼仪等方面的教育培训,提高政府干部服务招商引资、支持华侨参与"一带一路"建设的能力和水平。

4. 充分发挥社会组织和民间团体的作用

以浙江为例,由马云任会长的浙商总会联系着 600 万名省外浙商和 200 万名海外浙商,在引导侨商投身"一带一路"建设中具有特殊优势。要充分发挥类似浙商总会这样的社团在侨商参与"一带一路"建设中的独特作用,继续办好两年一届的世界浙商大会,联系、团结更多的海外浙商;要让海外浙商感受到家乡的美丽、舒适和柔情,感受到祖国和家乡是他们的发展基础、强大靠山,促进海外浙商、侨商与祖国家乡的互动,在空间、维系度和力量整合上进一步拓展海外统一战线。

参考文献

[1] 推动共建丝绸之路经济带和 21 世纪海上丝绸之路的愿景与行动[EB/

OL].http//www.sdpc.gov.cn/gzdt/201503/t20150328_669091.html.

［2］ 习近平提战略构想:"一带一路"打开"筑梦空间"[EB/OL].新华网,http://news.xinhuanet.com/fortune/2014-08/11/c_1112013039.htm.

［3］ 中国统一战线理论研究会统战基础理论上海研究基地.统一战线理论与实践前沿[M].上海复旦大学出版社,2014.

［4］ 徐以骅.当前宗教与国际关系的若干问题[J].中国社会科学院院报,2008,(4).

［5］ 浙江省基本侨情调查工作全面展开[N].浙江日报,2013-11-29(3).

新形势下高校马克思主义民族观教育研究

——以上海市高校为例

上海体育学院 赵文越

摘要：马克思主义民族观是关于民族存在的世界观和方法论，是处理民族问题的行动指南。当前民族问题呈现出新的特点，直接影响着大学生民族意识的特征和发展。要把对大学生的民族观教育纳入教育的全过程，贯穿到大学生成长成才的各个阶段。因此，要加强对大学生的马克思主义民族观教育，引导其树立科学的民族意识，不断增强对中华民族的认同感，自觉维护民族团结。

关键词：学校教育；马克思主义民族观；民族观教育

2015年8月24日，习近平同志在中央第六次西藏工作座谈会上的讲话中提出："要坚持不懈开展马克思主义祖国观、民族观、宗教观、文化观等宣传教育活动，凝聚中国特色社会主义思想共识"。《国家中长期教育改革和发展规划纲要（2010—2020年）》指出："在各级各类学校广泛开展民族团结教育，引导广大师生牢固树立马克思主义祖国观、民族观、宗教观，不断夯实各民族大团结的基础，增强中华民族自豪感和凝聚力。"

一、新形势下高校马克思主义民族观教育的涵义及其必要性

民族观是人们对民族和民族问题的总的认识和根本看法,它是世界观在民族问题上的反映。马克思主义民族观是无产阶级处理民族问题的世界观和方法论。马克思主义民族观教育,就是要通过灵活多样的教育方式促使人们形成正确的民族观,进而为自觉去维护国家统一、促进民族团结、实现各民族共同繁荣而努力的社会活动。

2005年5月27日,在北京召开中央民族工作会议,会议"以科学发展观统领民族工作,促进民族地区和谐发展"为主题。大会报告在"平等、团结、互助"之外,加上了"和谐"两字,这表明在新的历史时期,中国共产党对于民族关系与时俱进的深刻把握。此次会议是新世纪新阶段召开的第一次民族工作会议,也是在中国改革发展进入关键时期召开的一次重要会议。2014年9月28~29日,中央民族工作会议暨国务院第六次全国民族团结进步表彰大会在北京举行,会议以"增强文化认同民族认同反对分裂"为主题。习近平同志在会上发表重要讲话,全面分析我国民族工作面临的国内外形势,深刻阐述当前和今后一个时期我国民族工作的大政方针。2017年10月18日,习近平同志在十九大报告中指出:"正确对待不同国家和民族的文明,正确对待传统文化和现实文化。尊重各国各民族文明,无论哪一个国家、哪一个民族,如果不珍惜自己的思想文化,丢掉思想文化这个灵魂,这个国家、这个民族是立不起来的。"

当前,国际国内形势深刻变化,不同思想文化交流交融交锋,社会思潮多元多样多变。改革开放和社会主义市场经济的深入推进,互联网等新的传播渠道的迅速发展,在有力促进社会发展进步的同时,也给社会思想文化领域带来复杂影响,高校思想政治工作

面临许多新情况新任务新课题。特别是境内外敌对势力加大对高校意识形态渗透力度,同我们争夺阵地、争夺青年、争夺人心的斗争日趋激烈。在《关于加强和改进新形势下高校思想政治工作的意见》中提出:"培育和践行社会主义核心价值观。加强国家意识、法治意识、社会责任意识教育,加强民族团结进步教育、国家安全教育,纳入日常课程体系。""弘扬以爱国主义为核心的民族精神和以改革创新为核心的时代精神,引导广大师生深刻认识到,爱国主义是具体的、现实的,中国共产党领导和中国社会主义制度必须长期坚持,不可动摇。"研究马克思主义民族观教育是对高校思想政治教育理论的深化和发展。

二、上海高校马克思主义民族观教育情况分析

通过对高校马克思主义民族观教育情况的调查分析,探索当今高校马克思主义民族观教育现状及成因分析。高校建立完善马克思主义民族观教育,既要继承传统的教育内容,也要与时俱进融入新的时代元素,要重点突出"民族团结是我国各族人民的生命线"教育、中华文化认同教育和中华民族共同体意识教育,努力增强马克思主义民族观教育的时代性、针对性和实效性。加强高校马克思主义民族观教育,把对大学生的民族观教育纳入国民教育的全过程,贯穿到大学生成才的各个阶段。

本文采取的研究方法主要有调查问卷法、访谈法、文献检索法等。本课题成员对上海的13所高校进行抽样调查,被调查的高校类型广,有综合性、文史类、理工类、艺术体育类、农医类、财经类等。在问卷调查的基础上,研究团队还对部分高校教师、辅导员、大学生进行了有针对性的访谈调查,同时参阅对比了近年来相关的调查资料和研究成果,对当前高校马克思主义民族观教育进行了分析和研究。本次调查共发放问卷800份,回收问卷781份,有效回收率为97.6%。

问卷调查对象的基本情况表(%)

性别	男(42.3)			女(57.7)		
民族	汉族(46.1)			少数民族(53.9)		
学科类型	文史类(33.03)	理工类(27.66)	艺术类(6.4)	体育类(6.4)	农医类(10.76)	其他(15.75)
年级	大一(23.56)	大二(35.34)	大三(23.43)	大四(6.66)	研一(9.22)	研二(1.79) 研三 0
政治面貌	共青团员(89.73)		中共党员(10.27)		民主党派(0)	其他(0)

根据调查结果显示,在对民族观的认知上,大部分受访者能够准确、全面地了解"民族观"这一概念是什么。在对本民族的民族文化了解的问题上,只有极个别受访者选择了不了解,说明绝大部分受访者对自己民族的民族文化有了解的,其中三成半的受访者表示非常了解,剩下超过六成的受访者表示他们了解得并不多,这个调查结果说明,树立正确的民族文化观是进行马克思主义民族观教育的主要内容。在对本民族以外其他民族的风俗习惯了解情况来看,近九成的受访者选择了了解不多的选项,选择非常了解的受访者数量极少。

从民族维度对比来看,不同民族大学生的民族文化认识存在较大的差异。对比汉族和少数民族大学生的民族文化认识情况,发现他们对各自民族的历史、文化和宗教信仰是比较了解的,而对于其他民族的了解则相对较少。而对比对本民族民族文化的了解情况,少数民族对本民族文化非常了解的人数多于汉族,而没有少数民族受访者表示不了解本民族的民族文化。在与接受访谈调查的大学生中发现,一些少数民族大学生从小开始就接触到关于自己民族的文化教育,这些教育不光来自学校,也有来自家庭和社会层面的教育,而也有一部分受访者是通过民族文化习俗等非教育渠道了解到自己民族的历史和文化。汉族大学生的民族文化观更多的是侧重于对中华民族文化的了解。对于中华文化,少数民族大学生也能有较好的了解。但具体到各个少数民族的民族文化,一般来说本民族大学生对自己的民族文化还是了解较多的。汉族大学生中也有一部分对少数民族文化感兴趣,但了解程度相对较浅。

在对民族文化的认同上,大部分受访学生对有人在自己面前用其他民族语言交谈,认为那是他们的个人习惯应该尊重,也有10%左右的受访者感觉自己被排斥,这10%中,绝大部分是汉族的学生,说明以汉语为日常生活用语的汉族学生,在少数民族同学使用少数民族语言交流时更容易认为受到排挤。而在对其他民族是否有偏见的问题上,七成的同学选择的是没有偏见,剩下的三成中,20.59%受访者选择的是偶尔有,8.82%的受访者选择的是视情况而定,说明大学生中对民族存在偏见的情况仍然存在,这样的偏见需要通过更多的民族教育去消除。在对个人民族身份的认同上,近95%的受访者认为,在外国人面前自己是中华民族的子孙,而5%的受访者认为自己是身份证上注明的民族。

民族政策观是人们对民族政策的制定、执行和效果的看法和态度。新时期我国在民族区域自治制度的基础上形成了多种具体的民族政策和法规,大学生对这些政策法规的看法和态度就形成了他们的民族政策观。根据调查结果可以看到,现在的环境下,大部分大学生能够正确地认识民族政策,但也存在一些大学生的民族政策意识淡薄和对政策理解偏差等问题。

民族问题观是大学生关于民族问题的本质、产生和解决办法的基本观点和看法。新时期大部分大学生能够正确地利用马克思主义民族理论来分析和看待民族问题,但也存在一些大学生缺乏基本的分析理论,不能客观地看待民族问题产生的原因,看不到解决民族问题的基本办法。新时期大部分大学生能够看到民族问题产生的根本在于民族地区经济社会发展的落后,认为解决民族问题的根本在于促进民族地区社会经济的发展,但还有一些大学生不能正确地认识这些问题,民族问题观存在偏差,存在着不能正确看待民族问题本质、不能看清民族分裂活动本质和认识不到解决民族问题的根本途径等问题。

而在民族教育情况的调查中,六成学生的民族宗教理论政策知识主要来源于各类媒体,而只有三成左右的大学生的民族知识来自于学校的民族课程,说明现在高校的民族课程还无法达到向大部分普及民族知识,引导正确民族观的作用。而对于民族理论与政策课程的开设,75%的受访大学生认为必要,其中56%的受访大学生认为很有必要,但是也有25%的受访大学生认为无所谓,而在课程性质上,32%的受访者认为应该是必修课,68%的受访者认为是选修课,说明受访大学生对于民族课程开设的欢迎程度较高,认为应该开设民族知识普及课程让大学生更准确及全面地了解民族知识,完善大学生民族观认知。

三、高校马克思主义民族观教育的实践路径

新中国成立初期,为尽快培养无产阶级政党的接班人及新社会的建设者,对在校学生进行了比较系统的马克思主义理论和党的路线、方针和政策的教育。第一次全国民族教育会议通过的《培养少数民族师资的试行方案》中提出在民族地区及各级民族师范学校的相关课程中增加民族问题和民族政策教育[①]。课堂教育是一场有目的、有计划、有组织的系统的教育活动。在教育实践活动中实现了教材与教师相结合,学习与思考相结合,直接地引导人民掌握科学的民族理论和民族政策,进而形成科学的马克思主义民族观。

---

① 新中国成立初期马克思主义民族观教育研究[M].中国政法大学出版社,2013:129.

（一）加强马克思主义民族观教育的师资队伍

如何在新形势下,有针对性地做好大学生的马克思主义民族观教育,对于高校的教师提出了新的挑战。高校"民族理论与民族政策"任课教师的专业素养和专业技能如何直接影响着大学生马克思主义民族观的形成,也关系着大学生的民族责任感和民族认同感的养成。为此,加强马克思主义民族观教育的师资队伍就成为新形势下马克思主义民族观教育改进的必然要求。加强教师队伍和专门力量建设,提升教师思想政治素质,引导教师增强对中国特色社会主义的思想认同、理论认同、情感认同。提高教师的教学能力,不断优化教学内容,调动学生学习的主动性和积极性,不断增强大学生的马克思主义民族观素养。

（二）加强教材建设工作研究,提升教材质量

《关于加强和改进新形势下高校思想政治工作的意见》（中发31号）中指出:"以提升教材思想性、科学性、民族性、时代性、系统性为重点,按照统筹为主、统分结合、分类指导的原则,建立健全高校哲学社会科学教材编审机制,加快建设一批哲学社会科学专业核心课程教材,基本覆盖哲学社会科学主要学科专业领悟,为高校思想政治工作提供重要载体。"马克思主义民族观教育的教材要顺应历史发展和时代变化的内在要求,把与世界政治经济和社会发展密切相关的涉及民族事务的最新研究成果充实到教材中;增加反映民族团结教育的典型事件和典型案例;不断优化教材的体系结构,注重教材体系中的模块建设,增加突出建设的逻辑性、思想性和时代性。

（三）构建马克思主义民族观教育的课程体系

有效的课程体系建设是学校进行马克思主义民族观教育的主要载体,课程开设和教材的编写要以教育为指导,以大学生的接受规律为依据,把教育内容进行系统化、体系化的编排和设置,在保证马克思主义民族观教学活动顺利开展的同时提升大学生的民族

意识,形成科学的民族观。马克思主义民族观教育课程的设置主要体现在核心课程的设置、相关课程的配合和课程设置的链接。在《上海市学生民族精神教育指导纲要》中指出:"以弘扬爱国主义为核心的民族精神为立足点,通过推动中华优秀传统文化'进教材、进课堂、进课外、进网络、进队伍建设、进评价体系',一体化构建大中小学中华优秀传统文化教育的内容体系和实践体系;通过构建大中小学各学段纵向衔接、课堂内外和网络横向贯通、学校家庭社会三位一体的联动机制,形成科学化、规范化和长效化的制度保障。"高校马克思主义民族观教育要承接中小学的民族常识教育内容,依据大学生对民族理性认识发展的要求,注重从理论高度上进行引导和说服。

(四)加强实践教育

良好的民族素养的养成,一方面需要民族理论与政策的学习和解读,另一方面也需要置身于民族发展的实践中去感触和体验,以此增强大学生的民族认同感和民族归属感。通过创设教学环境,指导学生进行民族身份扮演,让学生身临其境地感受和体验民族身份的情感、心理特点,进而激发学生的思维和认知情感;开设民族团结教育第二课堂教育活动增强大学生的民族观教育。诸如邀请民族学专家、政府涉民族事务的公务人员或优秀个人讲解民族团结教育史、民族团结教育典型事迹等活动增强大学生的民族认同感。引导大学生走出校园,参观爱国主义教育基地、民族团结教育基地或者深入边疆民族地区进行走访调研、"支教支农"、参加志愿服务等活动,在见闻中获取知识,在体验中感受民族情谊,在实践中领悟民族团结政策的实际意义,不断增强大学生们的社会责任感,自觉履行维护民族团结的责任和义务,切实增强自身的民族团结意识。

(五)保障机制的协调和整合

马克思主义民族观教育的有效实施实际上是合力教育的结

果,这一合力既包括民族理论的课程教学,也包括民族理论课堂之外的教育群体,如辅导员队伍、行政管理干部、各级社团组织,同时也包括校园民族文化环境建设以及校园网络建设。课堂外人才队伍的民族理论和民族文化教育工作,与民族理论课堂教育形成合力,共同培养大学生的民族认同和国家认同意识。重视大学校园文化环境的建设包括重视校园制度文化环境、物质文化环境和精神文化环境等。在制度文化环境建设上,除了建立健全常规性的规章制度之外,最重要的是要规范办学行为,依法治校,民主治校,从制度上保障党的民族政策在高校的落实;校园物质文化建设上,要努力营造多民族特色校园,如反映爱国主义和民族团结的雕塑、绘画,民族题材的校园文化专栏,增设民族风味餐厅,在校训和校园精神上要体现爱国和维护民族团结的思想主旨;在精神文化环境方面,定期开展民族团结教育活动月,在校园大学生的社团活动中增设民族文化交流和民族团结活动方面的内容。加强互联网思想政治工作载体建设,推动思想政治工作传统优势与信息技术高度融合,使互联网成为开展思想政治教育的新平台。以青年教师和学生骨干为主体,壮大网络舆论引导力量,唱响网上主旋律。

总之,高校马克思主义民族观教育的要素构成既包括教育者、被教育者,还包括教育目标、教育内容、教育方法和教育环境。探索新形势下高校马克思主义民族观教育的实践路径,不仅有助于形成大学生科学的民族观,而且有助于维护国家民族利益,维护好和实现好中华民族的复兴大业。

参考文献

[1] 蓝波涛.新时期大学生马克思主义民族观教育理论与实践[M].南宁:广西人民出版社,2015.

[2] 马晨.马克思主义民族理论的时代化[M].北京:社会科学文献出版社,2016.

[3] 斯琴格日乐.新中国成立初期马克思主义民族观教育研究[M].北京:中国政法大学出版社,2013.
[4] 中共中央宣传部理论局.马克思主义哲学十讲(党员干部读本)[M].北京:学习出版社,党建读物出版社,2013.
[5] 上海市民族和宗教事务委员会.上海民族工作读本——民族政策与法律法规汇编[M].2015.
[6] 上海市民族和宗教事务委员会.上海民族工作读本——民族知识、实务汇编[M].2015.
[7] 蔡海棠.马克思主义民族观教育的创新性研究[J].贵州民族研究,2011(6).
[8] 龚学增.十六大以来党的民族宗教理论的新发展[J].中共石家庄市委党校学报,2007(9).
[9] 胡良人.论少数民族大学生的民族观教育[J].广西社会科学,2006(8).
[10] 俞可平、李慎明、王伟光.民族和民族问题理论[M].中央编译出版社,2008.
[11] 马戎.民族与社会发展[M].民族出版社,2001.
[12] 王希恩.当代中国民族问题解析[M].民族出版社,2002.
[13] 华辛芝.马克思主义民族理论产生的历史前提[J].内蒙古社会科学(文史哲版),1993(2).

基于易班的高校民族团结进步创建活动载体和方式研究

上海应用技术大学　任玉英

摘要： 我国是统一的多民族国家，各民族的融合构成中华民族多元一体的格局，在大学生中开展民族团结教育成为高校思想政治教育的重中之重。在高校中创建民族团结进步的载体或方式，并以之为载体开展行之有效的民族团结教育，以澄清观念、辨明是非，这既是落实科学发展观、全面贯彻党的教育方针的根本要求，也是促进民族团结进步、实现中华民族伟大复兴的客观需要，具有由局部到整体的放大效应，也必将产生由当下到将来的深远影响。本文就高校民族团结进步创建活动载体和方式的问题展开调研和实践研究，依托互联网技术和新媒体平台，以期能为高校民族团结教育工作取得新成效建言。

关键字： 民族团结教育；高校；活动载体；网络平台

一、高校民族团结进步的重要性

我国是统一的多民族国家，各民族的融合构成中华民族多元一体的格局。民族团结是社会主义民族关系的基本特征和核心内容之一，向来受到历届政府和各民族群众的重视与认同。大学生

（含少数民族生）是建设社会主义国家、推动社会发展重任的中坚力量，影响国家的统一、社会稳定甚至中华民族伟大复兴的进程。因此，对大学的民族团结教育成为高校思想政治教育的重中之重，应当高度重视。学校一向坚持德育为先，全员育人，必须把深入持久地开展民族团结教育、维护稳定大局作为爱国主义教育的重要内容认真抓好。学校首先必须充分认识搞好民族团结教育、维护社会稳定的意义，做到思想上到位。

在社会物质环境急剧变动、社会思潮持续激荡的当下，在高校中创建民族团结进步的载体或方式，并以之为载体开展行之有效的民族团结教育，以澄清观念、辨明是非，这既是落实科学发展观、全面贯彻党的教育方针的根本要求，也是促进民族团结进步、实现中华民族伟大复兴的客观需要，具有由局部到整体的放大效应，也必将产生由当下到将来的深远影响。本文就高校民族团结进步创建活动载体和方式的问题展开调研和实践研究，依托互联网技术和新媒体平台，以期能为高校民族团结教育工作取得新成效建言。

二、创新高校民族团结进步活动载体

中共教育部党组印发的《关于教育系统深入开展爱国主义教育的实施意见》指出，维护祖国统一和民族团结，增强青少年学生的国家认同。教育部2016年工作要点：贯彻落实《国务院关于加快发展民族教育的决定》和第六次全国民族教育工作会议精神。制订学校民族教育指导意见，指导各地建立学校民族团结教育常态化机制。

有学者提出，民族团结教育需从"漫灌"到"滴灌"的过程转变，其重点是为夯实中华民族共同体思想基础。同样，作者认为民族团结进步也需经历耳濡目染、朝夕相处、携手并进、日久生情的过程并升华。恰逢上海市教委试点的大学生易班工作站在广大高校得到迅速发展，恰好为高校民族团结进步教育实践提供了良好的网络思想政治教育平台,通过平台创建、设置专栏、内容建设、常态化推送将其打造成一个能与广大学生朝夕相处,同学习、共欢笑、同进步、共成长的载体,并以之为阵地不断深化高校民族团结进步内涵,将易班平台建设成少数民族学生喜闻乐见的载体、将民族团结教育相关政策等潜移默化根植到学生思政教育之中。

三、高校民族团结进步的活动载体与方式

（一）以易班为载体,将高校民族团结教育常态化

当前对大学生进行的民族团结教育究竟应该达到什么样的目标,尚没有清晰的定论。一些教师在教育过程中单纯进行理论教学,认为民族团结教育就是民族理论以及国家民族方针政策的传授。要知道民族团结教育最终目的是要使广大学生能够站在国家统一、社会稳定的高度去考虑民族团结的重要意义,要使广大学生在走出校园,走向社会后不仅自身能够继续维护民族团结事业,还要积极宣传、倡导民族团结的重要性,不断为国家的民族团结事业贡献力量。

依托网络平台如大学生第二课堂管理系统向学生发布民族团结进步主题的知识竞赛、报告讲座、主题活动、节庆活动等的报名征集,真正让学生自由选择自己喜欢的活动,自主报名参加上述活动,学生在活动中通过聆听、互动、参与、体验等方式可以直观而详尽的了解国家的少数民族政策,民族团结教育内容。活动不限于仅少数民族学生参与,有助于多民族大学生在活动中交流沟通。

易班网是以在校大学生为主体的德育教育网站,其中不乏大学生喜闻乐见的校园活动、主题教育实践活动。易班网一直以培育和践行社会主义核心价值观作为丰富高校网络文化的着力点。以大学生学习工作应用易班网络为主,用学生喜闻乐见的活动吸引学生为辅,相互调谐,维系学生与易班网络的紧密联系。基于此,易班网络平台既可发挥网络优势、又可发挥思想政治教育阵地

的优势,做到与大学生学习生活息息相关、朝夕相处、携手并进。

我们坚持以易班网络平台为重要载体,利用易班公共平台、易班班级群、易班微信平台为信息发布媒介,开辟易班少数民族风俗、民族团结、民族政策与法制等专栏,定期向大学生推广普及多个少数民族的民风民俗、传统习惯等知识,促进各民族学生相互了解、彼此尊重;定期向学生推送语言风趣幽默、符合学生阅读习惯的民族法制与政策解析,让学生对国家政策方针做到了解普及。我们根据本校少数民族学生数量、地域分布、民族分布等特征,通过易班网络平台推送少数民族语言、文字、歌舞、习俗、服饰、婚嫁、饮食的各类小知识,推动非少数民族学生了解少数民族学生。在传统少数民族佳节向同学们发布少数民族节庆祝福推文,征集少数民族学生在其民族节日庆祝活动的相关照片、视频等,汇总编辑发布在易班微信平台,以期让更多的学生了解少数民族节庆习俗,并使少数民族学生通过网络平台获得更多的祝福,让他们的日常生活和民族风俗被其他学生了解、尊重,这样互联网便能架起各民族学生团结进步、包容理解的虚拟桥梁。

(二)通过易班网络平台,建立高校民族团结教育的方式

高校民族团结教育作为思想政治教育的重要组成部分,从思想政治教育的视角来研究它是毋庸置疑的,但其实民族团结教育问题是一个复杂的问题,具有它自己独特的一面,涉及教育学、民族学、人类学、心理学、社会学、历史学等众多学科,在对其开展科学研究时,需要从多学科、多视角、多种研究方法入手来解决分析问题,才能更高效、科学地找到解决问题的要素。

我们从少数民族学生特征入手,以远离家乡思乡心切、学业基础相对薄弱、语言文字沟通问题、人际沟通与交流局限性以及饮食习俗与内地学生差异大等突出问题入手,在易班公共号定期发布大学生心理情绪调节方法、心灵鸡汤、人际沟通技巧等方面的图文信息,让少数民族同学方便地获取心理调节、人际交往的小常识小

技巧。我们也利用社团、学生会和社区等微信号，为学生提供学习互助、课业辅导、校园美食推广等资源，这为不擅长人际沟通的少数民族同学提供了许多有用的在校资源。学校创新推出了高校学生 365 青年成长计划，号召学生在他律自律的过程坚持中养成自主学习、计划学习，培养良好的自学行为习惯，其中的英语学习 365、图书馆 365、爱阅读 365 和网课 365 的栏目，非常适合少数民族学生参与，参与方式均为加入项目微信群，自主学习微信打卡形式，许多少数民族同学从最基本的读书、背单词做起，培养学习习惯，补齐学业短板，不但提升了成绩，也提高了自信心。

我们以易班网络平台为载体，以拓宽民族团结教育范围，实现民族团结教育全面普及为目的，开展全校性、经常性民族发展历程、民族文化交流与互动、紧密团结并宣传中华民族优秀文化与传承，让全校师生从心底了解并认同五十六个民族是一家的信念。通过网络易班的优势在于避免把民族团结教育当作简单的政治任务，采用单向"宣传"而可能导致的逆反心态。

例如，学校在易班平台推广社会主义核心价值观，号召全校学生从自己做起、从生活、学习和身边小事做起，践行社会主义核心价值观，培养学生爱国、奉献、敬业等观念。在国庆期间，易班平台广泛征集全校学生与国旗的自拍照，号召学生用行动表达爱国热情。又如，学校社区公众号推广中华优秀传统文化——非物质文化遗产滚灯，许多能歌善舞的少数民族同学看到推文后非常感兴趣，愿意发挥特长、积极报名参与滚灯表演活动。在民族传统节日古尔邦节、三月三、肉孜节等节日到来之际，在易班平台向学生发布节庆民族和庆祝活动预告，开通活动网上报名参与，让学生体验线上节庆的氛围。

高等院校肩负着培养中国特色社会主义建设者和接班人的重要任务，历来将民族团结教育作为大学生思想政治教育的重要内容。新时期，更深入贯彻党的十九大和中央民族工作会议精神，将继续拓宽思路,将易班平台拓展到更多的新媒体平台,甚至开发适合学校师生的 APP、互联网应用,使得学校少数民族学生的校园文化生活更加丰富多彩,用新媒体新思路切实维护学校安全稳定,利用互联网技术和新媒体传播手段让学校的民族团结事业更上一层楼。

发挥区校联动平台
服务新侨人才创业的机制研究

东华大学　戴叶萍　莎日娜

摘要： 当前，国家不断加大海外人才引进力度，高校日益成为新侨人才开展学术交流、科技研发、弘扬中华文化的重要阵地。如何进一步创新区校合作机制，为新侨人才创业搭建良好的服务平台，是新形势下做好高校侨务工作面临的重要任务，也是统战工作的重要内容。基于此背景和目的，开展本课题的研究，旨在探索提出区校联动服务新侨人才创业的有效工作机制，切实推动高校科技人才科研成果的推广与转化，形成区校合作常态化、制度化局面。

关键词： 区校联动；新侨人才；创业

近年来，国家高度重视创新创业，提出把"大众创业、万众创新"打造成为推动中国经济继续前行的"双引擎"之一，引领了当前社会经济发展的时代潮流和价值取向。同时，伴随国家持续加大海外人才引进力度，高校日益成为新侨人才开展学术交流、科技研发、弘扬中华文化的重要阵地。如何进一步创新区校合作机制，为新侨人才创业搭建良好的服务平台，是新形势下高校做好侨务工作面临的重要任务，也是统战工作的重要内容。研究聚焦当前国家创新创业政策和上海经济转型发展的外部环境,立足高校新侨工作实际,探索提出区校联动服务新侨人才创业的有效工作机制,切实推动高校科技人才科研成果的推广与转化。

一、上海高校新侨人才创业现状分析

伴随着上海经济的迅速发展,越来越多的新侨人才选择进入高校工作,并成为高校科研、教学和管理等各领域的重要生力军。课题通过调查问卷、个别访谈等形式,对复旦大学、华东理工大学、东华大学、华东政法大学等四所高校的新侨人才进行调研,同时走访松江区统战部门、漕河泾新兴产业园,了解目前高校新侨人才的概况、背景以及参与创业的基本情况。共计发放问卷90份,回收有效问卷86份,回收率为95.5%。

(一)上海高校新侨人才参与创业的总体情况

调研从新侨人才的年龄、学历、职称、所在学科和回国时间等基础信息入手,对新侨人才的创业意愿、创业实践情况以及存在主要问题作深入分析,总体情况如下:

1. 新侨人才有较强创业意愿

调研显示,逾半数受访者有创业计划,其中,2%已将创业想法转化为行动,启动创业;17.1%已经在进行创业前期准备。新侨人才的创业意愿,一方面与当前"大众创业、万众创新"的环境氛围紧密相关,另一方面,反映了新侨人才希望积极发挥自身学科优势服务经济发展的愿望。

2. 新侨人才有扎实的创业基础

经统计,在有创业意愿的新侨人才中,所在学科为理工类的占77.1%,年龄在31~50岁间的占68.5%,回国时间在4年以上(含)的占77.1%。综合分析这几类群体的共同特征可知,有创业意愿的新侨人才已经在归国后,积累了一定的人脉和视野,且所在学科领域契合当前产学研发展方向,创业基础较为扎实。

3. 新侨人才具有较强的开放意识和国际视野

受访群体中,具博士学位的占 95%,具有副高级以上职称的占 76.9%,这些新侨人才不仅成为高校各类人才计划、教学科研的主力军,同时,积极参与科技创新活动,例如创新成果交流展示、成果推介等,具有较强的开放意识和国际视野。

(二) 当前制约高校新侨人才创业的问题

1. 政策感知度较低,高校新侨人才创业"扎根难"

政策感知度主要包括政策了解度和政策满意度。近年来,国家和各级地方政府陆续出台鼓励侨界人士创业的支持性政策,然而在具体实施过程中,由于一些优惠扶持政策分散到各职能部门,存在碎片化、雷同化现象,信息不对称的问题严重,导致新侨人才对外部支持环境的认可度较低。调研显示,仅有 15.4% 的受访者认为"目前政府和高校对新侨人才创业的制度力度大",有 56.9% 的受访者认为"支持力度一般",有 20% 的受访者认为"支持力度较弱"。同时,对政策的宣传解读力度不够,一些受访者表示,不了解当前各区、产业园对新侨人才的支持优惠政策。

2. 评价机制导向作用不突出,高校新侨人才创业"顾虑多"

高校新侨人才的第一身份是"教师"。长期以来,高校对教师的激励以职称评定、晋级晋升为主要形式,而职称评定、晋升晋级和奖励则大多以科研成果的学术水平为基础,借助于论文著作发表数量、科研成果获奖数量和等级等量化指标进行业绩考核。在这一评价体系作用下,新侨人才虽有较强的创业意愿,但考虑到创业需要投入大量的时间和精力,担心会影响自身学术科研、教学工作等方面的实绩,存在较大的顾虑。

3. 缺乏市场化引领,科研成果转化"落地难"

高校是科技开发的重要力量,能够产生大量有较高学术价值的科研成果,但这些成果大多停留在研究开发阶段,未能转化为现实的生产力。在高校新侨人才创业过程中,亟待解决科研成果从校园到社会的转化,特别是对于回国时间较短的新侨人才,由于人脉和研究基础有限,难以寻找理想的科研成果转化载体。调研数据同时表明,有40％的受访者将"科研成果转化难度大"列为新侨创业面临的最大困难。

二、区校联动服务高校新侨人才创业的必要性

在当前全社会倡导创新创业的总体形势下,发挥区校合力,服务高校新侨人才创新创业,具有突出的现实意义。

(一)是推动创新型国家建设的源动力

当今世界是一个大发展、大变革的时代,中国经济长时期快速发展,已经与世界经济深入融合,经济总量排在世界第二位,中国已成为世界经济发展的主要引擎之一。党的十八届五中全会提出了创新、协调、绿色、开放、共享的发展理念,将创新摆在第一位,习近平总书记也多次强调,抓住创新就是抓发展,谋创新就是谋未来。因此,积极推动新侨人才创业,在实施创业过程中发挥知识溢出效应,有利于创新型经济的更快发展,是建设创新型国家的源动力。

(二)是推动高校产学研发展的关键举措

产学研结合是我国高校科技成果转化及产业化的重要方式,是促进技术创新、推动社会经济增长和产业转型升级的重要手段。《国家中长期教育改革和发展规划纲要(2010—2020年)》指出,高校要牢固树立主动为社会服务的意识,全方位开展服务,推进产学研用结合,加快科技成果转化。立足这一背景,推动以新侨人才创业为载体,将高校科技成果"并入"生产过程,"物化"为现实的社会生产力,具有重要的现实意义。

(三)是发挥新侨人才优势的重要契机

高校的新侨人才具有较新的思维理念以及国际化的人脉和视野,有一定先进性与超前性,在各学科和专业领域具有较强的学术成就和影响力,在科技创新领域蕴涵巨大潜力。因此,激发新侨人

才投身创业的积极性,既顺应了当前时代发展的重要机遇,也契合了新侨人才希望发挥自身创新优势、服务社会发展的内在愿望。

三、区校联动服务新侨人才创业的总体策略

服务新侨人才创业涉及政策支持、项目对接、成果推介、融资等一系列问题,需要发挥区校合力,以共同的目标为引领,积极整合资源,切实推动新侨人才创业取得积极进展。在具体过程中,要注重坚持三个方面的策略。

(一)目标契合型策略——以推动经济转型发展为共同目标

成功联动模式的构建,目标契合是前提条件,也是关键要素。研究认为,虽然各区和高校在日常工作内容、工作对象等方面存在较大的差异,但拥有共同的发展目标,即服务区域经济转型发展、服务上海科技创新中心建设。例如,松江区在经济转型升级中提出,先进制造业、现代服务业、消费、技术和管理要素等新兴拉动力逐步成长。因此,在区校联动过程中,就要重点从制造业、服务业等行业形态入手,对接高校相关学科的新侨人才,为实现有效联动提供坚实基础。

(二)资源整合型策略——注重发挥区校核心优势

实施区校联动,就是要充分发挥资源整合优势,形成"1+1>2"的集群效应,为新侨人才创业搭建有效载体。具体而言,高校作为人才高地,集中了大批包括新侨人才在内的优秀人才,在把握前沿科技、开展创新技术研究等方面具有突出优势,表现为"离科技成果近";而上海各行政区,以其各具特色的发展模式,吸引了大批企业入驻,拥有大量企业资源,表现为"离市场近"。基于此,建立合作平台,能够有效缩短科研成果到市场的"距离",为新侨人才创业创造更多可行性。

(三)比较型策略——准确把握新侨人才特点和需求

在当前全社会都在积极倡导创新创业的背景下,服务新侨人

才创业要避免一味"移植"已有创业模式的做法,而要特别注意发挥新侨人才不同于其他创业青年的比较优势,把握市场、环境、文化的差异,创造更多新技术、新业态和新模式,提出具有较强针对性的创新型举措。

四、区校联动服务新侨人才创业的实施路径

在调研新侨人才创业需求的基础上,研究提出区校联动服务新侨人才创业的实施路径,主要体现在政策支持、环境营造、服务保障等方面。

(一)构建具有鲜明导向性的政策体系

新侨人才创业机制构建是一项系统工程,涉及的面很广,需要充分调动市级、区级政府以及高校力量,构建具有鲜明导向性的政策体系。

1. 市级政府层面

市级政府作为整体区域的行政机关,依法对国家和社会公共事务进行管理,要重点在政策制定、协调布局等方面发挥统筹作用。第一,要紧紧抓住"十三五"时期上海发展面临的各种战略机遇,立足建设具有全球影响力的科技创新中心的总体部署,根据新侨人才特点,研究制定鼓励新侨人才创新创业的相关政策,对区校联动形成指导性意见。特别是要主动对比上海市与其他省份在新侨人才引进、支持新侨人才创业等方面的政策,不断提升对新侨人才的吸引力、凝聚力。第二,要加大新兴产业园建设支持力度。在调研已有针对新侨的新兴产业园运作情况基础上,在高校新侨人才分布较为集中的区域,如松江大学城、临港新城、杨浦大学园区等区域,成立产业园分中心、孵化基地等载体,让高校新侨人才可以方便"定位"并用好产业园的优惠政策。

2. 区级政府层面

区级层面在整体政策体系中具有承上启下的重要作用,一方

面,要贯彻落实国家、市级层面相关支持政策,提出具体操作实施方案;另一方面,要立足本区经济转型发展的现实需要,制定具有区域特色的支持政策。具体实施过程中,要凝练形成本区重点行业发展战略,抓住一批有较强影响力和竞争力的创新工程、创新项目,以项目为载体凝聚新侨人才参与。同时,不断优化调整本区域产业布局,打造区域产业"名片",为实现科技成果转化打好基础。

3. 高校层面

高校作为新侨人才的集聚地,要主动关注新侨人才需求,完善制度设计,为新侨人才创业保驾护航。第一,突出政策导向,探索将新侨人才参与创新创业情况纳入现有教师科研成果认定体系,将"说起来重视"转变为"行动上重视",真正让新侨人才能够踏实开展科研创新活动,积极探索产学研合作形式。第二,完善与区级政府部门、各新兴产业园的沟通机制,通过组织参观、调研等形式,团结新侨人才"走出去",并把具有典型科技代表性的企业"请进来",形成良好的沟通合作基础。第三,加强交叉学科的建设,充分发挥新侨人才优势,突破现有学科壁垒,积极建设促进交叉学科发展的新机制,建立具有高度灵活性和适应性的交叉学科研究基地,鼓励学科间相互渗透交叉,支持培育新的学科生长点,不断增强科技创新的能力。

(二) 构建产学研一体化的成果转化机制

不断推进产学研一体化的成果转化机制,是区校联动服务新侨人才的重要举措,不仅可以充分发挥高校的科研优势,也可以解决企业缺乏新技术支撑的难题,从而实现资源共享、优势互补。

1. 构建一体化合作平台

一体化平台建设的核心,需要高校与企业间打破各自为政的传统体制,使科研、设计、生产各子系统有机结合、协同作用。具体而言,就是在区校联动机制作用下,企业与新侨人才实现在科研项目设计、研发、转化等全过程的深入合作。例如,在项目立项阶段,邀请区政府部门代表、企业代表共同参与,引入市场化理念。同时,通过参与立项,区政府、企业等还可以对符合自身发展需要的重点项目提供多种形式的支持,包括资金、市场深度调研、产品设计等。基于上述合作基础,在完成研发时,科研成果就已经具备了一些天然市场化属性,为后期实现顺利转化创造条件。在项目合作基础上,高校和企业还应当加强日常人员合作,鼓励人员进行流动和信息交流,这既能帮助新侨人才更好的了解行业发展,也能促进双方良好合作关系的构建。

2. 加大科研成果推介力度

政府部门和高校要加大科研成果推介力度,有效增强科技创新成果转化所带来的巨大经济效益。如东华大学与长宁区统战、侨务部门合作,举行海归教授科技成果推介会,学校纺织、化工、生物等学科教授分别向长宁的侨商企业介绍相关领域的研究成果,并围绕进一步促进产学研合作与进行深入交流。

(三)完善新侨人才创业服务体系

在区校联动服务新侨人才创业过程中要不断完善服务体系,确保各项举措落实到位,带给有创业意愿的高校新侨人才更加优质的服务体验。

1. 优化工作流程

调研显示,许多新侨人才希望进一步优化各项工作流程,使各项优惠政策的保障更具透明度。例如,依托第三方咨询机构建立贯穿整个创业过程的专业化服务,包括创业过程的阶段性辅导、法律咨询、业务办理等,使广大新侨人才能够从复杂的手续办理中"解放"出来,专心参与日常科研项目研究。

2. 构建金融服务体系

区校联动服务新侨人才创业,要积极破解新侨人才在创业初期的资金瓶颈问题,完善以政府、高校投入为引导、企业投入为主体、金融及社会力量积极参与的金融服务体系,为科研成果实现产业化提供基础保障。一方面，在科研成果推介过程中，吸引各类金融机构积极参与，扩大融资渠道，并根据项目的市场化评估指标，探索建立科技风险投资引导和金融科技贷款风险补偿机制，优化区域科技创新的良好氛围。另一方面，参照国家科技部中小企业科技创新基金模式，区校合作设立市场推广专项基金，支持符合条件的归国留学人员创业市场推广项目，依据创业项目的现实价值、发展愿景、对区域经济推动情况等设定基金等级。

3. 创建网上服务平台

有效运用现代新媒体条件，在现有的信息数据库基础上，积极拓展服务新侨人才创业的网络、微信等公共平台。东华大学侨联自创建立的"网上创新工作室"，作为新侨海归专利与成果转化网上发布平台，为海归人才创新创业提供了有效的信息服务。建议区校联合推动平台资源在更大范围内共建、共享，构建一个汇聚高校、科研院所、企业、金融机构等各方资源，具备信息发布、合作对接、项目推广等功能的综合网上创业服务平台。

(四) 营造有利于高校新侨人才创业的浓厚氛围

李克强总理在政府工作报告中指出，要推动大众创业、万众创新，让千千万万个市场细胞活跃起来，使"草根"创新蔚然成风。在当前发展形势下，区校要进一步营造有利于高校新侨人才创业的浓厚氛围，鼓励新侨人才勇于创业创新，鼓励企业增加创新投入，在全社会厚植创业创新文化。

1. 丰富新侨人才创业内涵

目前，人们对新侨人才创业的理解和评价更多地聚焦于新侨人才是否已经创办了公司上。事实上，创办公司只是新侨人才创业的一种形式，并不是最终目标。要进一步丰富对创业的认知，明确提出以创业为载体推动科技成果转化、创新型国家建设的核心目标，鼓励新侨人才通过开办公司、与公司进行科研合作等多种形式探索创业路径，以对区域经济发展的贡献度作为衡量新侨人才创业成效的重要指标。

2. 树立新侨人才创业典型

对在创业、科技成果转化等方面做出突出贡献的个人进行表彰奖励,把新侨人才身上蕴含的创业和创新潜能激发出来,让更多的新侨人才勇于创业创新,参与重大科技项目实施、科研平台建设。特别是对于填补国家空白、国家急需或是对地区经济转型发展的重大贡献的合作项目,要加大支持力度,在区域内发挥良好的示范效应

3. 加大政策的宣传推广力度

通过媒体报道、咨询会、参观活动等丰富的宣传形式,全方位、多角度地进行优惠政策宣传解读,提升新侨人才对政策的知晓度,激发其积极参与创业。在宣传过程中,要注重结合新侨人才最为关心的资金支持计划、生活保障体系、成果对接形式等热点问题,有针对性地解决新侨人才创业中的困惑和顾虑,切实提高服务新侨人才创业的工作成效。

参考文献

[1] 孙建中,黄玉杰.高校科技成果转化系统的因素分析与对策研究[J].河北经贸大学学报,2002(2).

[2] 潘永俭,姜雪梅,陈梅,马一峰.新常态下上海郊区经济转型升级综合评价研究——以上海松江区为例[J].统计科学与实践,2016(2).

新形势下高校侨联引领服务侨界青年的有效途径研究

东华大学　莎日娜

摘要：高校日益成为侨界青年开展学术交流、科技研发、弘扬中华文化的重要阵地。随着改革开放的不断深入和经济社会快速发展，侨界青年在思想观念、价值取向、生活方式等方面都发生了深刻变化。如何进一步发挥高校侨联在引领服务侨界青年方面的积极作用，是新形势下做好高校侨务工作面临的重要任务，也是统战工作的重要内容。

关键词：侨界青年；高校侨联；服务；途径

近年来，高校吸引了大批优秀侨界青年，并日益成为侨界青年开展学术交流、科技研发、弘扬中华文化的重要阵地。同时，随着改革开放的不断深入和经济社会快速发展，侨界青年在思想观念、价值取向、生活方式等方面都发生了深刻变化。如何进一步发挥高校侨联在引领服务侨界青年方面的积极作用，是新形势下做好高校侨务工作面临的重要任务，也是统战工作的重要内容。

基于此背景和目的，本研究通过问卷调研、座谈会、访谈等形式，围绕高校侨界青年的特点、需求、发展目标等进行深入调研。

在调研基础上,以成立东华大学侨联青年工作委员会为实践载体,进一步研究构建高校侨联引领服务侨界青年的有效工作机制,积极为侨界青年成长成才和发挥作用搭建平台、创造条件。

一、新形势下高校侨联引领服务侨界青年的重要性和必要性

(一)侨界青年的界定

由于各国对于青年的年龄界定很不一致,国内目前也没有明确的标准。综合考虑我国高校海外留学归国人才的年龄构成现状,研究定义高校侨界青年为 45 岁以下的归侨、侨眷以及海外留学归国教师。

(二)加强对侨界青年的引领服务是贯彻落实党中央关于做好新形势下统战工作部署的重要举措

1. 党和国家高度重视统战工作

党的十八大以来,以习近平同志为核心的党中央高度重视统一战线工作。2015 年,召开了中央统战工作会议。习近平同志在会上发表重要讲话,强调要扎扎实实做好统一战线各方面工作,巩固和发展最广泛的爱国统一战线,为推进"四个全面"战略布局,为实现"两个一百年"奋斗目标、实现中华民族伟大复兴的中国梦,提供广泛力量支持。同年,中共中央颁布实施《中国共产党统一战线工作条例(试行)》(以下简称《条例》),这是中国共产党关于统一战线工作的第一部党内法规,明确了一系列重要理论观点和政策规定,标志着统一战线事业进入新的发展阶段。习近平同志的重要讲话和《条例》的颁布,为进一步找准高校统战工作的着力点指明了方向。

2. 我国迎来了历史上规模最大的海归潮

近年来,国家不断加强人才引进力度,相继出台各种形式的高端留学人才吸引计划。截至 2016 年底,我国归国留学人员总数达

265.11万人,其中2016年回国43.25万人,十八大以来5年回国人数占到70%,出国留学完成学业后选择回国发展的留学人员比例由2012年的72.38%增长到2016年的82.23%,形成了新中国成立以来最大规模留学人才"归国潮"。不断攀升的海归数量,蕴含着海外留学人员投身国家建设发展、实现自我价值的期许,是进一步做好侨界青年思想引领和发展服务的出发点和落脚点。

3. 上海市不断加大海外人才引进和培养力度

伴随着上海积极建设国际经济、金融、贸易、航运中心和具有全球影响力的科技创新中心的发展目标,高端人才队伍建设的重要性更加凸显,因此,上海市积极出台政策,为归国留学人员来沪干事发展创造良好的条件。重视载体建设,逐步推进区留学报国基地、留学人才实践锻炼基地建设,通过各类培训锻炼,建立一支覆盖不同行业、不同领域、不同专业的留学人员代表人士队伍;拓展工作资源,紧紧围绕党和政府中心工作,运用新媒体等现代科技手段,整合智力资源,拓宽建言渠道,提高归国留学人员建言献策的针对性和实效性,打造新型留学人员智库。

(二) 引领服务侨界青年是发挥高校侨联组织优势的重要路径

1. 高校日益成为优秀侨界青年的聚集地

伴随国家不断加大海外人才的引进力度,高等院校日益成为优秀侨界青年的聚集地。他们多有在海外知名高校深造或海外工作经历,有较新的国际视野和创新意识,在各学科和专业领域具有较强的学术成就和影响力,在科技创新领域蕴涵着巨大的潜力,是当前侨务工作的一个重点对象。

2. 高校侨务工作机制完善、工作基础扎实

高校侨联是高校党委领导的群众团体,是高校联系广大归侨侨眷和海外侨胞的桥梁和纽带,是团结服务归侨侨眷和海外侨胞的群众组织。近年来,按照党中央关于做好侨联工作的全面部署,高校侨联立足不断发展变化的海内外侨情,不断创新工作的载体

和方法,形成了较为完善的工作机制,切实团结服务了广大归侨侨眷和海外侨胞。

3. 引领服务侨界青年已成为当前侨联工作的重点内容

2001年9月,中国侨联青年委员会在北京成立,会议通过了《中国侨联青年委员会章程》,选举产生了中国侨联青年委员会第一届理事会,对于进一步团结和联系海内外青年侨胞做出顶层规划。在中国侨联青年委员会的引领推动下,广东、福建、上海、浙江等地侨联相继成立青年工作组织。侨联青年工作组织作为开展海内外侨界青年工作的专门机构,以侨界青年为主要工作对象,立足侨界青年的特点和发展需求开展工作,体现出新形势下侨联组织工作重点的变化。

二、新形势下高校侨联引领服务侨界青年要重点坚持四个导向

(一)政策导向

认识准确,实践才能正确。发挥高校侨联引领服务侨界青年的积极作用,要准确把握、全面贯彻落实党中央关于做好统战工作的方针政策和战略部署,以统一的思想推动工作落实。研究认为,围绕做好青年侨界引领服务的根本任务,要注重把握两个方面的政策导向特点:

1. 高度重视知识分子

知识分子是一个非常宽泛的概念,百度百科将其定义为具备大专及其以上学历的,以创造、阐发、传播或者运用知识为核心工作的脑力劳动者。当今时代,人才资源作为经济社会发展第一资源的特征和作用更加明显,人才竞争已经成为综合国力竞争的核心,人才红利已经成为经济社会发展最大的红利。因此,高度重视知识分子,不仅是中国共产党的优良传统,更是国家实现长远发展的战略思考。党的十八大以来,习近平总书记多次就人才工作发

表重要讲话。2017年两会期间,总书记在看望参加政协会议的民进、农工党、九三学社委员时强调,知识分子要主动担当、积极作为,为国家富强、民族振兴、人民幸福多作贡献。

2. 以创新创业凝聚侨界青年的价值追求

党的十八届五中全会提出了创新、协调、绿色、开放、共享的发展理念,将创新摆在第一位,习近平总书记多次强调,抓住创新就是抓发展,谋创新就是谋未来。侨界青年充满活力、怀揣梦想、富有进取精神,继承了华侨华人特有的敢闯敢拼的热血,更应成为创新创业的主力军。特别是,由于侨界青年的特殊发展经历,他们既是国家发展需要"请进来"的对象和纽带,又是中国发展需要"走出去"的使者和桥梁。因此,国家积极出台政策,鼓励侨界青年投身创新创业实践,在实施创业过程中发挥知识溢出效应,敢于走前人没有走过的路,敢于抢占国内国际创新制高点,凝聚战略性创新攻关的合力,为创新型国家建设贡献力量。

(二)需求导向

高校作为侨界青年的重要集聚地,需要准确把握侨界青年的发展需求,以此作为开展各项工作的基础。结合调研情况,研究总结当前高校侨界青年的总体需求,主要概括为三个期待:

1. 期待尽快融入高校学术研究及文化氛围

侨界青年基本都具有海外留学或工作经历,通过各类人才引进计划回到高校工作。在引进过程中,由于多采用单个引进的模式,他们脱离海外的学术团队,要面临"白手起家"的过程,急需在回国后尽快融入高校现有科研团队。同时,由于国内高校管理体制、科研体系的评价标准等与国外存在一定差异,侨界青年需要有一个逐渐适应的过程,例如,有老师表示,国内合作交流讨论的组织形式和学术氛围与国外相比存在较大差异,因此,文化的融入也是侨界青年的重要诉求。

2. 期待高校多渠道搭建交流与合作平台

许多侨界青年回国后，因工作繁忙、人脉缺乏等原因，很少主动地对外开拓和联系，他们对于国内社会和企业的需求了解也不够，对于其开展学术研究合作以及科技创新成果的转化等产生了阻碍和影响。特别是伴随着当前学科交叉融合加速，新兴学科不断涌现，许多侨界青年迫切希望有更多机会结识各领域的青年人才，在互动交流中激发更多创新想法，寻求更多合作机会。同时，立足科技成果转化的角度，侨界青年还希望更多了解校外产业发展、企业需求等情况，期待高校侨联组织等搭建更多的平台。

3. 期待在生活中获得更多帮助与支持

以上海、北京等一线城市为例，高校侨界青年普遍感觉生活压力大。先"安居"而后"乐业"，帮助侨界青年解决学习、工作、生活等方面的困难，关乎每一个侨界青年的切身需求，对于缓解他们的生活压力，提高他们对归国后生活的满意度将有很大促进作用。

（三）问题导向

研究高校侨联引领服务侨界青年的有效路径，要立足侨联当前作用发挥现状，聚焦服务侨界青年过程中存在的问题，以解决问题为根本目标制定工作策略和举措。研究认为，当前高校侨联在引领服务侨界青年方面，主要存在三个方面的突出问题：

1. 组织创新活力不足，缺乏引领服务侨界青年的针对性

2001年以来，各地侨联组织纷纷成立青年工作机构。然而，在高校层面成立侨联青年工作组织的较少，在组织形式创新方面的活力不足。现有高校侨联工作模式下，较难充分关注侨界青年的特点和需求，缺乏引领服务侨界青年的系统性规划，导致日常工作的针对性不强。

2. 活动形式单一，对侨界青年中的影响力和吸引力不足

侨联是群众团体，组织起来、活跃起来是侨联的工作方式和方法，开展多种活动是一种有效途径。调研显示，广大侨界青年对于

侨联的活动关注度、参与度不高,究其原因,主要是各类活动未能精准"把脉"青年需求,活动形式较为单一,在侨界青年中的影响力和吸引力有待提高。

3. 资源保障力度有待加强

伴随着侨界青年数量的不断扩大,高校侨务工作的对象、需求发生显著变化,侨务工作任务更加繁重。然而,从现有高校侨务工作的运作模式看,侨联主要负责人及工作人员均为兼职人员,未设置专职侨务干部。相关经费形式也采用打包下拨方式,无法凸显对于重点工作项目的支持和保障力度。

(四)协同导向

要充分认识到,引领服务侨界青年,不仅仅是统战部门和侨联组织的任务,而是要积极整合校外组织以及校内各职能部门力量,形成全员参与、协同推动的工作格局。

1. 校内协同,全面把握需求

高校侨界青年分散在各个二级学院及研究机构,人数众多、研究方向分属不同领域,需求也呈现出显著的多元化特点。因此,侨联要在学校党委的领导协调下,积极争取人事部门、科研部门、组织部门等的支持,以开展深层次调研、互动交流活动为载体,全面掌握侨界青年在工作、生活方面的需求,以此作为下一步引领服务的基础和前提。

2. 校外协同,争取多方资源

目前,各级地方侨务组织均成立了以服务侨界青年为重点的组织,成员来自高等院校、科研院所、高新技术产业开发区、大型企业等侨界青年较为集中的单位。高校侨务部门要积极搭建校内侨界青年与校外侨务组织间互动交流的桥梁和载体,例如,围绕侨界青年投身创新创业的发展需求,广泛联系新侨产业园、侨资企业等,合力推动特色项目"生根发芽""开花结果"。

三、高校侨联引领服务侨界青年的路径探析——以东华大学成立侨联青年工作委员会为例

2017年5月,东华大学侨联青年工作委员会正式成立。这是学校侨联围绕加强侨界青年引领服务这一核心目标,在组织机构方面的有益探索和实践,有效拓展侨联工作的载体,开创学校侨联工作的新局面。以东华大学侨联青委会的筹建和运作实践为例,研究提出新形势下高校侨联引领服务侨界青年的有效路径,重点要做好四个方面的工作:

(一)加强队伍建设,架起侨界青年与组织之间的"联络桥"

侨联青委会以团结引领服务侨界青年为根本宗旨,旗帜鲜明地向所有侨界青年发出"召集令",以组织的创新带动管理机制的创新,受到侨界青年的欢迎。在具体工作中,要重点加强组织建设,以扎实举措吸引更多优秀侨界青年加入青委会。

1. 加强队伍建设,要不断完善青委会成员管理机制

东华大学侨联青委会在筹建之初,首先选拔了各学院侨界青年中的典型代表,组建筹备工作小组。依托工作小组的骨干成员,面向校内各学院、研究机构招募首批成员,共吸引49名青年侨界人才参与,研究领域涉及纺织、化工、高分子材料等多个方向。青委会设会长1名、副会长4名、秘书长1名(由1名副会长兼任),5名成员作为骨干管理团队,在学校党委的领导下,在党委统战部和学校侨联的指导下,制定青委会发展规划,就青委会成员的准入、管理等形成一致意见,采用"本人申请—成员推荐—骨干团队审议—全体成员通报—正式加入"的模式。在成员加入后,骨干团队细致梳理每一位成员的基本情况,包括教育背景、研究方向、所在学院(部门)、兴趣爱好等,信息汇总表既便于成员之间相互了解,也为下一步有针对性地开展各项活动打好基础。

2. 加强队伍建设,要充分发挥高校作为高知高智人才集聚地的独特优势

汇总分析东华大学侨联青委会首批成员情况可知,100%具有海外留学或访学经历,主要集中在美国、英国、日本等国家;84%具有高级职称,其中41%具有正高级职称。青委会成员的构成,更加体现了高校作为高知高智人才集聚地的显著特点。引领服务侨界青年,要切实发挥高校人才高地的独特优势,一方面,吸引更多优秀侨界青年加入青委会组织,使组织成为大家共同的精神家园;另一方面,按照成员的学科方向,进一步凝练形成若干小组,将社团型较为松散的组织模式不断转变为科研互助型的紧密型团队。

(二)突出品牌建设,架起引领侨界青年的"发展桥"

侨联青委会是侨界青年根据身份特征和发展需求自愿组建的社团型组织,其成员既是组织者,又是参与者。因此,在组织发展过程中,要避免一味追求面面俱到,这样的发展模式既不必要,也难以实现。要遵循组织发展规律,牢固树立品牌意识,立足侨界青年共同的发展愿景和需求,以创新创业为重点,树立高校侨联青年组织的品牌形象。

1. 以服务学校改革发展和社会经济发展为目标,凝聚侨界青年发展共识

高校侨界青年均有海外留学经历,思想观念呈现多元化特点,巩固共同思想政治基础尤为重要。因此,要不断加强思想引领,用实现中华民族伟大复兴中国梦的强大感召力凝聚奋进力量,引导侨界青年将个人的青春理想融入学校改革发展和社会经济发展之中。要加强对前沿领域、热点话题的眺望与前瞻,加大国家、地方政府相关政策的宣传力度,将青委会打造成为第一时间传递资讯、解读政策的权威平台;另一方面,通过调研、交流等形式,深入了解侨界青年的所思所想,及时化解思想上的顾虑,充当起侨界青年的坚实后盾。

2. 以推动创新创业为重点，汇聚广大侨界青年发展力量

创新是国家发展、社会进步的永恒动力。积极推动高校侨界青年投身创新创业实践，引领侨界青年在实施创业过程中发挥知识溢出效应，是建设创新型国家的源动力。调研显示，较多侨界青年有创业意愿，甚至部分已经启动创业实践。青委会以创新创业为品牌项目，充分契合了高校侨界青年的优势特征和发展需求，能够达到在事业发展中凝聚力量的重要作用。例如，东华大学侨联与长宁区统战、侨务部门合作，举行海归教授科技成果推介会，学校纺织、化工、生物等学科教授分别向侨商企业介绍相关领域的研究成果，并围绕进一步促进产学研合作与进行深入交流；举办海归留学人员科技创新成果展，邀请企业负责人前来观展，为科研项目落地打好基础；组织海归教授赴漕河泾开发区、松江新兴产业园参观交流，全面了解产业园建设发展情况以及在吸引优秀人才方面的政策和举措，实地走访园区代表性企业，探索更多合作可能；组织侨界青年代表赴金山区进行参观交流，尤其注重教师的研究方向与金山区产业结构的相关性，让老师们不仅通过参与交流活动，对金山区政策资源等有一个宏观性的了解，更能够从自身研究领域出发，与对口的企业进行面对面深入交流，一些老师还在交流过程中与企业就选派学生实习等形成合作意见。这些活动均在侨界青年中引发积极反响，受到普遍欢迎。

（三）创新活动载体，架起服务侨界青年的"活力桥"

通过对侨联青委会首批成员的访谈调研可知，"多组织活动""多开展互动交流"已经成为广大侨界青年对于青委会的共同期待。因此，要进一步创新活动形式，丰富活动内容，以活动促交流，进一步提升组织的凝聚力和吸引力。

1. 要注重以侨界青年喜闻乐见的形式开展活动

共同的海外学习和生活经历，使侨界青年对于活动的需求更加多样化、国际化。例如，在学术研讨活动方面，他们更加倾向于

参与开放式的沙龙活动,在轻松的氛围中碰撞思想的火花。同时,在繁忙的工作和科研之余,广大成员尤其希望组织各类体育活动,在锻炼身体的同时促进交流。

2. 要注重发挥侨界青年在活动组织中的主体作用

侨界青年思想活跃、富有创新意识,因此,要充分调动他们的主体作用,采用"组织搭台、成员唱戏"的模式,让广大侨界青年成为活动的策划者和组织者,积极搭建他们便于参与、乐于参与的平台载体。例如,东华大学侨联青委会成立之初,有骨干成员依托网络交流平台发起"约饭"活动,时间合适的成员们相约一同就餐,看似简单的活动形式,却成就了一次次说"约"就"约"的交流活动。例如,邀请在学术研究方面具有显著成果的学术带头人等,为新进校的成员介绍科研工作经验,这样的活动形式受到侨界青年的喜爱。

(四)完善联动机制,架起校内外服务侨界青年的"聚力侨"

侨联青委会的成立,有利于进一步拓展校内外合作平台,依托区校联动、校校联动以及学校青委会与青年总会的联动,整合多方力量推动青委会各项工作取得积极成果。

1. 加强区校联动,构建科研成果合作推介转化新模式

近年来,经过东华大学侨联与区侨联的沟通合作,逐渐探索形成了以科研成果对接为重点的联动模式。依托青年工作委员会的成立,要在延续互动模式的基础上,进一步把握侨界青年的需求,完善与地方政府、产业园的沟通机制,通过组织参观、调研等形式,让侨界青年"走出去",把具有典型科技代表性的企业"请进来",形成良好的沟通合作基础。

2. 加强校校联动,共享优势发展资源

高校侨界青年具有显著的共性特征,这是开展校校联动的重要基础。依托侨联青委会,能够进一步挖掘各高校侨界青年的优质资源,跨校、跨学科探索合作研究模式,共同服务地方经济转型

发展需求。

3. 加强与市侨联青年总会的联动,构建发展合力

上海市侨联青年总会是在上海市侨联领导下的由归侨、侨眷、海外侨胞为主体的青年联谊性组织,其中,侨界青年的分布更加广泛、资源更加丰富。在高校侨联青委会的发展过程中,要积极融入,广泛参与,构建形成推动发展的合力。在组织机构方面,选拔推荐学校侨联青委会的骨干成员担任市青委会常务理事、副秘书长等职务,积极参与市侨联青委会建设,多渠道传递高校侨界青年的声音。在活动组织方面,积极组织学校侨界青年参与各类校外联谊活动,拓展发展视野,丰富发展人脉,真正使侨联青委会成为连接校内外、海内外优秀侨界青年的桥梁和纽带。

参考文献

[1] 习近平:巩固发展最广泛的爱国统一战线[EB/OL].http://news.xinhuanet.com/politics/2015-05/20/c_1115351358.htm,2015年05月20日.

[2] 赵兵.新中国成立以来最大规模海归潮形成[N].人民日报,2017-04-12(1).

[3] 辛鸣创造无愧于伟大时代的业绩——深入学习贯彻习近平同志系列重要讲话精神[N].人民日报,2017-03-14(7).

[4] 乔卫:侨界青年的创新创业应融入中国梦连接世界梦的过程中[EB/OL]. http://news.xinhuanet.com/info/2016-07/29/c_135548779.htm,2016-07-29.

[5] 杨丽丽.充分发挥侨联作用努力做好高校侨务工作[J].内蒙古统战理论研究,2007(3):33-34.

新形势下高校归国留学人员工作研究
——以上海大学为例

上海大学　叶泰和　吴国琴　李　青

摘要：习近平总书记在中央统战工作会议上强调了做好留学人员工作的重要意义，归国留学人才是我国人才队伍的重要来源，在社会主义各项事业的建设中发挥着重要作用。高校中的归国留学人员是师资力量的重要组成部分，本文将以上海大学为例，对做好归国留学人员工作进行研究，并提出进一步思考，使他们更好服务于学校高水平大学建设。

关键词：高校；归国留学人员；研究

习近平总书记在2015年召开的中央统战工作会议上指出，留学人员是人才队伍的重要组成部分，也是统战工作新的着力点。要坚持支持留学、鼓励回国、来去自由、发挥作用的方针，鼓励留学人员回国工作或以多种形式为国服务。新颁布的《中国共产党统一战线工作条例（试行）》也对留学人员工作作了明确规定。

中央于2008年实施了"千人计划"，计划从2008年开始用五到十年时间，引进并有重点地支持两千名左右能够突破关键技术、发展高新产业、带动新兴科学的战略科学家和领军人才回国来创新创业,加大了海外高层次人才引进力度。根据中国与全球化智库(CCG)发布的国际人才蓝皮书《中国留学发展报告》显示,从1978年到2015年底,各类出国留学人员累计达404.21万人,221.86万人在完成学业后选择回国发展,即超过半数选择回国。在这200多万名归国留学人员当中,有不少高学历知识分子选择进入高校工作,在培养人才、学科建设、科学研究及国际化等方面发挥着越来越重要的作用。据相关数据显示,高校的"两院"院士、长江学者、博士生导师中有一半以上是"海归"人才,国家三大科技奖项目的第一完成人,也有相当一部分是"海归"。这表明,归国留学人员已经成为新时代人才队伍的重要组成部分,是实现"四个全面"战略布局,贯彻五大发展理念,促进大众创业、万众创新,服务"十三五"的重要力量。特别是以留学人才为主体的海外人才是我国高层次人才队伍的重要来源,钱学森、李四光、邓稼先、吴文俊等老一辈杰出科学家海外留学归国,为发展新中国的工业、科研、教育和国防建设事业建立了卓越功勋。

本文将以上海大学为例,选取在海外(包括港澳台地区)取得学历的归国留学人员为对象(为了便于统计和较高程度地体现海外留学生活经历所产生的影响,只有海外访学、海外博士后研究和其他海外经历的不包括在研究范围内),研究归国留学人员的发展状况。

一、上海大学归国留学人员基本情况分析

截至2015年底,学校有各类在职归国留学人员(在编)共345人,其中男性188人、女性157人,性别比例基本为1∶1,他们多分布在学院、机关系统。

从年龄分布看,以2015年为基准线,60岁及以上的有12人,占3.5%;50～59岁的有79人,占22.9%;40～49岁的有99人,占28.7%;30～39岁的有132人,占38.3%;29岁及以下的有23人,占6.7%。从年龄分布数据可以看出,归国留学人员年龄梯度较为

合理，大部分人处于年富力强的年纪，是学校发展中坚力量的不可或缺的一部分。

从留学国家或地区看，46人留学美国和加拿大地区，138人留学欧洲，139人留学亚洲（包括港澳台地区），21人留学澳大利亚，1人留学其他地区。一半以上的"海归"人员来自欧美地区，主要是得益于他们发达的科学技术等原因。40%左右的"海归"人员来自亚洲（包括港澳台地区），主要是由于地缘和环境较为接近等原因。

从政治面貌看，中共党员（包括2名预备党员）123人，占35.7%；民主党派成员和无党派人士40人，占11.6%；群众182人，占52.8%。群众人数超过50%，主要原因：一是大部分人因为在本科阶段就考虑要出国，所以没有加入党组织；二是部分人员还在思考是加入中共还是加入民主党派，群众身份是他们目前的"过渡"；三是少部分人员海外留学前已加入中共，在海外留学期间因各种原因与组织长期失去联系，失去了党员身份，回国后因为政策规定等，未能恢复党员身份；四是部分人员不想加入任何党派，保留群众身份。

从学历学位看，博士研究生221人，占64.1%；硕士研究生121人，占35.1%；大学本科及其他3人，占0.9%。高校对于引进教师的要求越来越高，不少学院，特别是注重科学研究的，既要求是博士研究生，也要求是"海归"人员，所以"海归"人员中博士研究生占比比较高。硕士研究生"海归"多分布在外语学院、悉商学院等教学为主的学院和美术学院、数码学院等艺术类学院和机关系统等。

从岗位分布看，296人为教师岗和科学研究岗，29人为管理岗，30为其他岗（实验技术岗、图书资料岗等）。数据显示，80%以上的"海归"教师从事教学和科研工作，这与他们大多数在海外取得了博士学位和他们的意愿是分不开的。

从职称看，院士2人，正高职称83人，副高职称74人，中级职称及以下186人(具体分布见图1)。院士和正高职称的"海归"教师多分布在理工科、经管学科、人文学科等科研任务较重的院系,教学为主的学院和艺术类学院的"海归"教师以副高职称和中级职称居多。"海归"教师中,不乏多位入选"千人计划"和"青年千人计划",获得"长江学者"和"国家杰青"等称号。

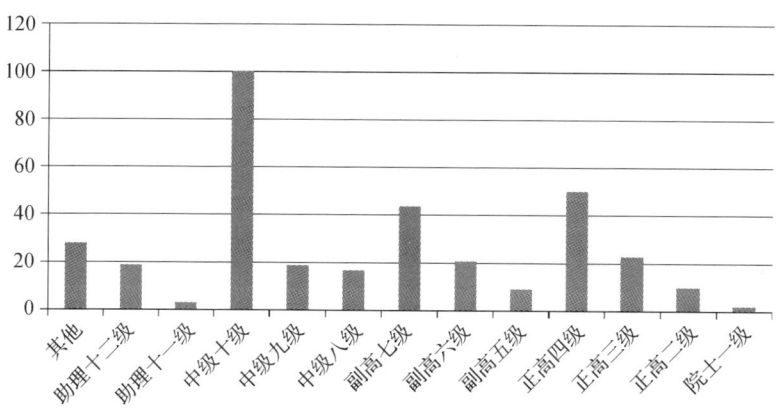

图1 职称分布图

从职级看,局级1人,处级16人,科级17人,科员级17人(具体分布见图2)。相对于"海归"教师的总数来说,具有职级的人数

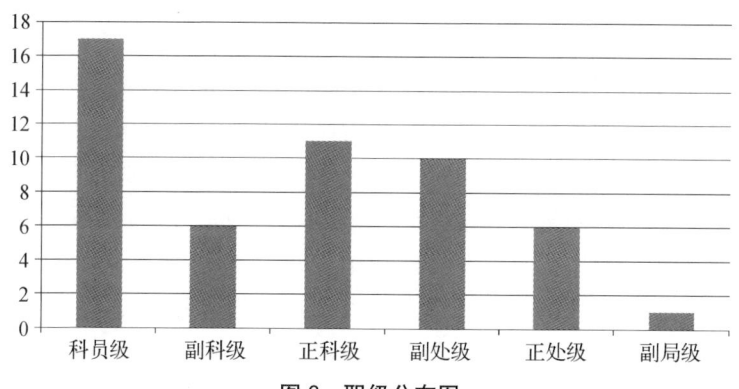

图2 职级分布图

并不多，说明多数教师处于一线从事教学和科研工作。在具有职级的 51 人中，局级和处级为校级领导、院系领导和部分机关领导，他们大多为教师岗和科研岗，具有博士学位，科研能力突出。科级和科员级多为管理岗，从事管理服务工作。

二、归国留学人员发展中存在的问题分析

"海归"教师长期在海外学习和生活，特别是新侨人才，总体上看，他们掌握先进的科学技术和管理经验，具有国际视野，创新能力强。从上面的分析可以看出，"海归"教师回国后在学校的发展总体处于良好的势头，他们融入学校工作，在科学研究、行政管理等方面取得了一定的成绩，但同时也出现了影响其发展的问题，主要表现在以下几方面：

（一）政治意识的强化度不够

本文选取在海外攻读学位的留学人员为研究对象，是因为海外读书经历使他们全方位地融入当地的生活，相对于价值观成型的海外访问学者和海外博士后来说，西方的意识形态对他们产生的影响更大。对于本科甚至高中就在海外求学的年轻人来说，他们出国时的政治观、价值观还没有完全定型，长期在海外学习与生活，受到了留学所在国或地区的社会文化、政治制度、意识形态等的影响和熏陶，使他们反而对中国的一些制度和管理了解不多，回国后会不适应国内的生活。即便是当时已经价值观成型的人，留学生的身份使得他们不具有当地居民所拥有的政治权力，长此以往，他们养成了"两耳不闻窗外事，一心只读圣贤书"的习惯。再加上发达国家的高福利、高科技及三权分立的政治体制，会不同程度地影响他们对中国政治制度的接纳。回国以后，成家立业的紧迫感让他们把主要的时间和精力投入到自己的研究领域，生活的压力让他们关注自身的发展和家庭建设。以上种种原因，造成了他们对中国政治、社会等问题关注度不够，政治意识弱化，政治敏感

度不强。从本文的数据分析"海归"教师中政治面貌为"群众"的人员占多数也可以看出他们的政治热情不够高,对我国政治制度、国家的政策方针了解不全面,对社会主义大学的性质了解不够,造成了对我国正处于经济社会发展转型中出现的一些负面现象、敏感问题缺乏一定的判断力,会不自觉地进行中西方体制的比较,而且这种比较往往是不够全面、甚至是隔断历史的,容易造成理想信念方面的困惑,甚至对社会主义制度优越性的信念动摇,所以,应该加强对他们的政治引导和思想教育。

(二)对学校体制环境的适应度不够

中国大陆高校实行的是与西方国家不同的"党委领导、校长负责、教授治学、民主管理"的管理模式,归国留学人员的工作观念、学术理念、生活方式深受留学所在国家或地区的影响,特别是在海外高校有工作经历的人员,已经有基本的工作模式,进入国内高校工作后,对高校现有的管理模式认知度不够,心理准备不够充分,就会难以适应国内的学术氛围、工作环境和考核方式,在观念上容易产生冲突,在心理上容易造成落差。此外,现在公办高校属于事业编制,带有一定的行政特征,在办事效率、办事程序等行政手段上也与海外高校不同,导致归国留学人员在手续审批、科研项目申报、经费报销等事务工作方面花费较多的时间和精力,对全身心投入学术研究和教学工作产生了影响。由于学校处于快速发展期,经费充裕度不够,所以对部分归国留学人员科研所需的实验设备、办公条件、经费等满足度不足,需要他们暂时克服困难,与学校一起艰苦创业,这也导致一些人员不能很好地适应这种艰苦条件。

(三)发挥作用渠道的拓展度不够

目前大部分归国留学人员是学校教学研究工作的骨干,主要在教书育人和科学研究等方面发挥才能。但他们在海外多年,同时也建立了较为深厚的海外关系,拥有丰富的海外资源。学校对于他们对外联络和民间外交等方面的作用发挥度不够。特别是在引导他们协助做好海外统战工作,开展对台湾同胞、港澳同胞和海外侨胞以及一切热爱中华民族的人的工作,放宽视野,广交朋友,宣传政策,争取人心,为祖国统一、振兴中华服务,促进国际友好交往与合作等方面还有待加强。

三、新形势下做好高校归国留学人员工作的几点思考

习近平总书记在中央统战工作会议上的讲话中特别强调在新时期要加强"三类人"的工作,作为统战工作新的着力点的留学人员就属于之一,体现了中央对新型人才的重视。高校教师是归国留学人员,特别是高层次"海归"人才青睐的职业,新形势下做好高校归国留学人员工作,充分发挥高校归国留学人员功能,服务国家战略,实现自身价值,对于进一步加强和改进党对高校的领导,巩固党的执政基础具有重要的意义。

(一)注重政治引导,凝聚政治共识

加强社会主义核心价值观教育,增强归国留学人员政治素质。针对西方社会思潮的影响和西方国家在意识形态领域的隐性渗透等,结合高校实际,有针对性地开展和加强海外归国留学人员的思想工作,保证党的路线、方针和政策的贯彻落实。一方面将一部分具有共产主义信仰、紧跟党走、在学术上有造诣、有影响力、代表性强、能够并且愿意发挥作用的归国留学人员吸纳到党的队伍中来,充分发掘新生力量,壮大党的队伍和力量。对于在海外留学前已经加入中共但后续因各种原因失去党员身份的人员,根据不同情况,在符合党的规章制度下,恢复其党员身份或"二次入党"。另一方面,有意识地把一部分优秀的归国留学人员留在党外,根据他们的思想特点,积极探索新时期思想政治工作的有效途径,利用新兴媒体开展宣传工作,以正确的理论观点和形式多样的教育活动切实做好引导工作,发挥党校和社会主义学院培训阵地的作用,强化马列主义、毛泽东思想和中国特色社会主义理论教育。可以通过

理论培训、挂职锻炼、国情考察等方式,帮助他们正确认识国情,了解民情,引导和教育广大留学人员,自觉地将实现个人价值与实现高校发展、实现中华民族伟大复兴之中国梦结合起来,积极投身中国特色社会主义事业的全面推进。

(二)加强关心,营造良好环境,积极帮助归国留学人员再本土化

当前不少高校在引进人才时非常积极主动,引进之后会出现有所松懈的现象,任其自然发展,导致部分归国人员不能很好地适应国内工作环境和机制,不能很好地发挥作用,因此需要引进之后再跟进,把归国留学人员作为一个特定的人才群体,通过制定政策、机制建设等方式,改善工作环境,提升工作条件,营造宽松、和谐的氛围,使他们能够充分施展才华。一是要以包容、理解、民主、平等的态度来看待他们在工作生活中表现出的部分带有西化的意识和行为,帮助他们尽快了解、熟悉、适应和认同国内高校的运行体制和工作环境、氛围,让他们充分认识到高校的中国特色社会主义大学的实质,实现他们在思想上的再本土化。二是要改善归国留学人员的工作条件,给予专项科研启动资金,改善硬件设施,提供工作平台,帮助他们在工作上的再本土化。三是要热情帮助,发挥好院系行政人员和科研秘书人员等的作用,协助他们做好项目申报、财务报销等事务,尽量帮助解决他们的居所等生活上的出现的问题,使他们可以全身心地投入教学科研工作。

(三)拓宽平台,全面发挥归国留学人员才能

一是要发挥学校欧美同学会、侨联等团体组织的作用,为归国留学人员创造更多机会。习近平总书记在欧美同学会成立100周年庆祝大会上强调:"面对新形势新任务,欧美同学会·中国留学人员联谊会要立足国内、开拓海外,成为党联系广大留学人员的桥梁纽带、党和政府做好留学人员工作的助手、广大留学人员之家,把广大留学人员紧密团结在党的周围。各级党委和政府要认真贯彻党和国家关于留学人员工作的方针政策,更大规模、更有成效地

培养我国改革开放和社会主义现代化建设急需的各级各类人才，为留学人员回国工作、为国服务创造良好环境。"欧美同学会、侨联等要发挥他们的海外优势，依托统战部、人大、政协、海联会等机构，搭建建言献策平台，协助开展好海外统战工作。二是在学校国际化战略推进和高水平大学建设过程中，发挥他们海外联系广泛、资源丰富的优势，协助推动学校国际化环境建设，帮助引进国际优秀人才，提升国际化管理水平，将他们在海外一流高校求学工作的经验，应用到学校高水平大学建设上。这样既能推动学校整体发展，也能让他们找到自我价值，提升归属感。

当前，我国教育改革正在逐步走向深入，上海大学也正处于发展的关键时期，结合市委市政府对学校的要求，如何进一步凝聚广大归国留学人员融入学校中心工作，最大化地发挥他们的积极作用，为学校的快速发展积极贡献力量是我们需要继续思考的方向。

参考文献

[1] 中国共产党统一战线工作条例(试行).
[2] 吴飞,张海芳.新形势下做好高校留学归国人员统战工作[J].河北联合大学学报(社会科学版),2016(3).
[3] 陈晓萍,史明霞,刘小峰.新形势下高校留学归国人员统战工作探微[J].陕西社会主义学院学报,2014(2).
[4] 彭万.新时期高校留学归国人员的现状、特点与管理[J].教育与职业,2016(10).
[5] 刘俞余.高校留学归国人员统战工作[J].曲靖师范学院学报,2016(5).

高校归国留学人员统战工作研究

上海海事大学　黄　昆　陈伟平　刘道蓉

摘要：留学人员是人才队伍的重要组成部分，也是统战工作新的着力点，越来越多的归国留学人员作为国际性人才被吸纳到高校人才队伍，他们活跃在教学、科研、管理第一线。把握当前高校归国留学人员的特点，更好地支持他们开展各项工作，进一步激发他们的主动性和创造性，积极引导他们利用自身优势为高校改革建设和社会经济发展服务，是当前高校统战工作面临的重要任务。本课题探讨新形势下高校开展归国留学人员统战工作的新情况、新问题及其实践的有效途径。

关键词：高校；归国留学人员；统战工作

当前，归国留学人员在各高校人才队伍中的比重越来越大，2015年，习近平同志在中央统战工作会议上强调，留学人员是人才队伍的重要组成部分，也是统战工作新的着力点，要鼓励留学人员以多种形式为国家服务。如何在新形势下做好归国留学人员统战工作，是高校近年来探索和实践的重要命题。

为此，本课题组以上海海事大学归国留学人员为样本，通过问卷调查、群体座谈、个别访谈等方法搜集相关资料，调研其对国家政策支持度、对学校制度建设认同度、回国后的工作生活满意度等,探讨新形势下高校开展归国留学人员统战工作的新情况、新问题及其实践的有效途径。

一、归国留学人员调查的基本情况

以上海海事大学为例,学校现有民主党派成员 350 余人;各级人大代表、政协委员 11 人;在培养的专业领域成果显著、政治上有代表性、社会上有影响力的党外代表人士 7 人;归国留学人员 365 人,其中民主党派成员中归国留学人员达 176 人。

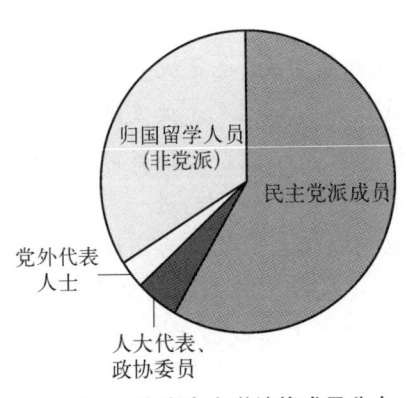

图 1 上海海事大学统战成员分布

从图 1 的上海海事大学统战成员构成比例可以看出,归国留学人员(非民主党派)已占到统战成员的 40%,民主党派中归国留学人员占比近 50%。

2008 年以来,学校每年都选拔 20~50 名在专业领域较突出并具有培养和发展潜力的青年博士教师到美国、英国、加拿大等发达国家进修。归国留学人员(这里仅指从国外引进及公派在国外做访问学者、访问研究和客座教授、客座研究以及做博士后研究和进修、研修,时间达一年以上的人员)已成为高校统战成员中人数占比最大、增幅最大、最快的群体。

研究高校归国留学人员的一般特征,揭示高校归国留学人员工作中存在的问题,探讨做好高校归国留学人员统战工作的对策,对于充分调动高校归国留学人员的积极性、主动性和创造性,最大限度激发其聪明才智,具有十分重要的战略意义。

二、高校归国留学人员的特征分析

高校归国留学人员相对于其他知识分子群体而言，具有以下一些特征。

（一）高学历、年轻化，具有无限的发展潜力

年轻化、知识化、国际化是高校归国留学人员最为显著的特征。目前高校的归国留学人员中以三四十岁者居多，他们学历高、外语强，同时掌握了国际先进科技理论或尖端技术专长。以我校为例，归国留学人员平均年龄在40岁左右，50%具有博士学位，他们朝气蓬勃、思想活跃，善于独立思考，富于创造性思维，不迷信权威，不喜欢随波逐流，比较容易接受新事物、新现象、新知识，对社会具有比较敏锐的洞察力，是高校知识分子队伍中充满活力的一个特殊群体。

（二）具有较高的专业素养，是为学校发展提供巨大潜力和智力保障的中青年骨干力量

归国留学人员在学术上有造诣，专业上有特长，既掌握国外先进的知识、技术和管理经验，同时对西方的政治、经济、文化等各个层面也具有较为深刻的感悟和比较，是一支懂得国际惯例，具有很强的创业精神和开放兼容的胸襟、国际化视野的高素质人才队伍，他们已成为各自所在专业、学科、部门职能的主要承担者之一，是活跃在高校教学、科研和管理工作上的生力军。

（三）社会责任意识强烈，具有较强的参政议政热情

高校归国留学人员大多热爱祖国，注重国家、民族和个人人格的尊严，对所从事的高等教育事业、对真理有执着的追求，具有无私奉献精神和强烈的社会责任感和历史使命感。他们在奉献社会的同时重视自我价值和人格尊严的体现，具有较强的政治敏感性，关心国家大事，关注社会重大问题，希望利用自己的专业知识去推动社会发展及公共政策的完善。

(四) 价值取向理性务实并呈多元化发展

由于受中西方文化多层面碰撞的影响，归国留学人员在思想观念、价值取向、行为准则等方面体现出多元化的特点。体现在：爱国主义、民族自豪感与自卑感并存；多元价值取向中的讲奉献、轻索取和个人本位的功利化倾向并存；较强的社会责任心、使命感和对社会丑恶现象无可奈何心理导致的斗争意识较差的现象并存；积极参与政治活动与政治信仰的虚无性并存。

三、高校归国留学人员工作中存在的问题

(一) 政策保障、管理服务、人文关怀不到位

有些高校制定了统一的归国留学人员选拔使用标准，但有些政策缺乏灵活性；过分强调了学科带头人的个人贡献而忽略了科研团队的整体力量，多是单打独斗，难以形成团队合力，科研成效大打折扣；普遍存在留学人员的培养选拔使用机制不健全，发挥作用的平台搭设不到位等问题，使得归国留学人员感到待遇落差。归国留学人员整体年轻化，高校校址较多位于郊区，离市区偏远，住房和子女上学问题等是年轻归国留学群体存在的普遍问题。对于广大资历浅、年纪轻的群体而言，高校提供的薪酬普遍偏低，大多数高校校内公寓等配套设施和经费制度保障还不完善。有些高校人才引进后，不去关心传承和发扬国外先进的发展理念和人才培养方式，也不关心科研人员的后续培养，只关心留学人员争取了几个课题、发表了多少论文。急功近利地单纯用科研进款、课题申报和论文发表作为考核标准，而忽视人才的培养和团队的打造，严重阻碍了归国留学人员作用的发挥。

(二) 留学归国人员之间缺少沟通，与学校间的沟通渠道不明确

高校归国留学人员普遍具有学习能力突出、创新意识较强的优势，但在管理和沟通协调能力等方面仍有欠缺。个别留学人员性格内向，学术工作技术能力过硬，但领导技能和承压能力较弱，

沟通交流能力不强，难以形成富有战斗力的科研团队。归国留学人员尚缺少与学校的沟通、相互之间的交流、资源和技术的联合、资金与项目的整合等所需的平台。从国外引进的留学人员回国创业或工作，单枪匹马的居多，缺少团队交流，尤其是无党派留学归国人员，他们对学校发展的意见和建议，以及自身发展中遇到的问题和困难，缺乏表达和倾诉的明确的渠道。

（三）归国留学人员的后续使用和管理方面缺乏有效措施

派出和引进的留学人员都不同程度地存在着管理服务前紧后松的状况。派出前严格选拔、制定一系列相对完善的管理服务措施，派出后却疏于联系和沟通，对其生活学习状况和存在的实际困难不够了解。留学人员入校后，各种行政手续繁琐，政策落实进度缓慢，工作开展困难。人才是高校的宝贵财富，各高校对归国留学的高层次人才常常是求贤若渴，不惜重金引进；然而，在引进留学人员的后续使用和跟踪管理方面，却缺乏足够的重视和有效的措施，例如，无法提供必要的科研条件支持、没有处理好引进人才与原有人才的关系、服务支撑体系的支持力度不够、科学的人才评价考核机制尚未形成等。

（四）归国留学人员的思想政治引导工作重视不够

由于很多高校从领导到教师最关心的工作是科研项目、科技成果、科研经费的多少，而把对教职工（包括归国留学人员）的思想政治引导工作置于次要地位。思想政治工作没有针对归国留学人员的特点与他们所面临的需要解决的问题相结合，使思想政治工作流于形式，思想政治引导作用不能有效的发挥，不能弥补学校在"硬件"上存在的不足，这些造成了归国留学人员到校后能力发挥不足，人才资源的极大浪费甚至再次流失。

四、高校做好归国留学人员工作的途径与对策

（一）充分认识归国留学人员在推动高校发展中的战略性作用

高校要加快高水平、研究型、国际化的建设，实施"人才强校"

战略,对人力资本的要求将越来越高、越来越紧迫。归国留学人员是一批有特别经历、掌握国际先进技术和管理经验的宝贵人才,留学人员、特别是高层次留学人员对建设国际化高水平大学具有不可替代的推动作用。因此,依据高等院校发展的目标和留学人员的特点,充分发挥归国留学人员在推动学校发展、实现未来发展目标过程中作用,是高校统战工作中占据着战略性地位的重要任务之一。因此,统战工作应从战略高度出发,重视归国留学人员的统战工作,把做好归国留学人员团结、服务、引导以及发挥作用的工作提高到建设高水平、研究型、国际化大学,提升高等院校创新能力和构建和谐社会的高度来认识。

(二) 统筹规划,进一步完善归国留学人员的管理机制

1. 成立归国留学人员工作领导小组

由高校分管校领导牵头,领导小组成员由人事处、国际交流处、科技处、组织部、统战部负责人组成。其中:人事处负责归国留学人员的引进、公派出国人员的选拔及相关待遇等政策的落实。科技处负责将国家需求,学校近期各学科领域发展状况、学科发展的需要、国家重点发展方向等情况向拟派出国人员介绍,以利于出国进修人员在国外的选题更有针对性,回国后能够迅速地与国内的研究接口,以免由于学校的实验条件、经费、研究水平等各方面的限制,使归国留学人员的作用不能更好地发挥。同时,科技处还负责留学人员回国后各种资源的整合和使用,以及归国留学人员科研启动基金的审核。国际交流处负责拓展校际交流、科研合作渠道,与国外高水平的科研院所建立联系,以使公派出国人员的访学质量和效益得到进一步的提高;组织部、统战部负责与留学人员建立联系,对出国人员派出前进行必要的辅导,以使出国留学人员在国外的留学生活更加顺利,随时掌握留学人员在国外的思想生活状态,以提供必要的指导和帮助,保障留学人员的访学圆满完成,并对留学人员归国后作用的发挥进行积极的协调与引导。

2. 深入调查掌握归国留学人员动态

进一步加强调研并做好基础工作,对归国留学人员的流动态势、工作条件、思想动态和生活需求等进行深入细致的了解,以真正实现动态管理。建立校、院系两级留学人员信息库,及时掌握他们的基本情况、事业发展前景、存在问题和矛盾、真实想法和个人意愿及意见、建议等,为学校制定归国留学人员政策、做好归国留学人员工作提供决策依据。

3. 建立归国留学人员工作联席会议制度

统战部应积极围绕各个时期、各个阶段归国留学人员的实际需要和面临的问题,加强对归国留学人员工作的协调与服务。定期召开由归国留学人员工作领导小组各成员单位和归国留学人员集中的重点院系领导参加的联系会议,沟通全校范围内归国留学人员工作的情况、研究全局性政策措施、协调解决全局性问题。

(三)搭建归国留学人员统战工作的平台

从统战工作"围绕中心、服务大局"的目标出发,根据归国留学人员的特点和需要,围绕"广泛团结、热情服务、积极引导、发挥作用"的工作方针,重点搭建三个平台,并加强归国留学人员旗帜性人物的培养。

1. 依托归国留学人员联谊会、欧美同学会等组织,搭建参政议政平台

根据归国留学人员的政治诉求和参政议政热情不断提高的情况,充分发挥政治安排的激励、引导和培养作用,依托政协、海外联谊会、欧美同学会等组织和团体,积极鼓励支持归国留学人员参与政治和社会生活,发挥他们知识层次高、社会联系广、信息资源多、管理观念新的特点,为地方和学校的建设发展建言献策。同时,发现、考察、培养归国留学人员中的代表人士,并积极加以引导,建立归国留学人员代表人才库。

2. 以项目为纽带、以活动为载体,搭建联谊交流平台

积极开展有针对性的归国留学人员联谊交流活动。利用归国留学人员在海外建立的联系邀请相关领域的专家学者到学校与校内专业教师和学生进行学术交流活动;围绕地方经济建设和社会各项事业的发展,以及海内外共同关心的重点、热点问题举办专题论坛,使归国留学人员能根据各自在国内外的亲身经历和感受,发表真知灼见,建言献策,推进和谐社会建设事业的发展;以联谊活动建联系,组织归国留学人员参加欧美同学会、归国留学人员联谊会等社会团体,为归国留学人员提供一个相互间联络交流的平台。以联谊为桥梁,以项目为纽带,既发挥了民间组织的作用,又扩大了归国留学人员的联系面,为他们之间形成合力、实现资源共享创造良好的氛围。

3. 搭建信息交流沟通平台,营造良好氛围

留学人员在国外学习和工作中,会遇到许多问题,尤其是对国外有关政策方面的了解存在一定的盲点,学校可利用网络建立与留学人员的联系,及时给予解答和帮助是团结留学人员做好引导工作的不可忽视的环节。如在网上设立"留学人员信箱""留学人员交流与活动""归国留学人员论坛"等形式多样、行之有效的栏目,通过畅通与留学人员间的信息渠道,及时给予解答,帮助维护留学人员在国外的合法权益;同时在网上设立专题栏目,介绍与留学人员在国外生活、工作及留学人员回国后工作、创业有关的政策和知识。通过这些信息渠道的建设有效地加强留学人员之间、留学人员与学校之间的交流和交往,从而使统战工作做到有的放矢。

4. 加强归国留学人员旗帜性人物的培养

要重点培养那些思想政治素质高,业务水平能力强、参政议政意识旺,具有较强的影响力和感召力的旗帜性人物,推荐他们参加上级部门举办的各类培训班,制定周密的培养计划,增强培训强度,延伸培养宽度,不断提高他们的政策把握能力、组织领导能力、

参政议政能力。高校党委要支持归国留学人员联谊会、欧美同学会等平台,以旗帜性人物的感召力,带动广大归国留学人员关心学校事业发展,利用自己的智慧和力量推动高校改革发展和地区经济社会发展。

(四)强化服务意识,加大服务力度,实现服务有序

高校各有关职能部门应进一步强化服务意识,部门间加强协调配合,增强服务能力,拓宽服务渠道,创新服务方式,提高服务水平,在人才工作中,努力为各类人才提供便捷、有效、周到的服务,进行必要的跟踪、调查,做好配套、衔接工作,及时为人才排忧解难,特别是对归国留学人员,由于思想观念、工作环境、生活条件等的差异,在工作、生活等方面都有一个适应期,学校应该为他们提供良好的服务。此外,对引进的高层次人才的管理还须体现个性化,要认同、包涵一些人才的鲜明个性,使每个引进的人才都能在宽松的、充满人文关怀的环境氛围中施展才华。

高校要认真研究归国留学人员实际存在的问题,有针对性的出台相关政策,在人才引进方面可以试行"一人一策、一事一议"政策,制定合理的薪酬标准,落实相关的住房、科研经费政策,支持科研团队建设,适当合理解决家属子女等实际困难和问题,提升管理服务的质量和水平,解决归国留学人员的后顾之忧。

总之,如何切实做好高校归国留学人员的统战工作是统战部门仍须不断探索的新问题,在充分重视高校归国留学人员的统战地位及其作用发挥的同时,统战部门还应关注自身的职业道德建设和业务水平建设,以德感人,以才服人,切实做好高校归国留学人员的统战工作,开创人尽其才、人才辈出的新局面。

参考文献

[1] 王娟.高校留学归国人员统战工作探析[J].黑龙江省社会主义学院学报,2013(6).

［2］贺俊杰,伍小龙.新时期归国留学人员统战工作机制研究[J].浙江理工大学学报(社会科学版),2016(6).

［3］彭万.新时期高校留学归国人员的现状、特点与管理[J].教育与职业,2016(10).

［4］吴飞,张海芳.新形势下做好高校留学归国人员统战工作[J].河北联合大学学报(社会科学版),2016(3).

［5］郝平.把发挥作用作为提升留学工作水平的根本目标[J].中国人才,2016(9).

新媒体下的高校"微统战"的建设研究

上海政法学院 朱 凯

摘要：新媒体资源的不断呈现以及互联网络等技术的飞速发展，为高校统战工作的开展提供了有利条件。高校统战工作必须充分运用新媒体资源，并在新媒体理念的树立、借助新媒体手段、搭建新媒体平台、加强统战干部队伍建设几个方面狠下工夫。

关键词：新媒体；高校统战；研究

2016年12月2日，由中央统战部信息中心主办、贵州省委统战部承办的首届全国新媒体时代统战工作研讨会在贵阳召开。中央统战部副部长陈喜庆在讲话中说，近年来，党和政府高度重视新媒体的发展，推动新媒体发展已经成为党中央治国理政的重要内容。全国统战系统围绕适应新媒体时代的发展变化进行了很多有益的探索，基本形成了纵向全链接、横向全覆盖的网站集群；"两微一端"（官方微博、微信、新闻客户端）建设有序推进，逐步构建起全方位的统一战线新媒体宣传平台。

新媒体资源的不断呈现以及互联网络等技术的飞速发展，为高校统战工作的开展提供了有利条件。在新媒体资源环境下，新的信息传播模式和沟通方式不断出现，信息的特征也不断发生着质的变化。因此要将新媒体资源充分运用到高校统战工作中,以克服传统工作模式的弊端,不断提高高校统战工作的效率和质量。

一、树立新媒体理念

新媒体是新的技术支撑体系下出现的媒体形态,如数字杂志、数字报纸、数字广播、数字电视、电子书、博客、数字图书馆、空中课堂、手机媒体、移动电视、网络、桌面视窗、数字电影、触摸媒体等。相对于报刊、户外、广播、电视四大传统意义上的媒体,新媒体被形象地称为"第五媒体"。可以肯定的是"新传媒"是建立在数字技术和网络技术基础之上延伸出来的各种媒体形式。"新"最根本体现在技术上,也同时体现在形式上,有些新媒体是崭新的,比如互联网;而有些是在旧媒体的基础上引进新技术后,新旧结合的媒体形式,比如电子报纸。新媒体就是能对大众同时提供个性化的内容的媒体,是传播者和接受者融会成对等的交流者,而无数的交流者相互间可以同时进行个性化交流的媒体。新媒体具有操作的即时性与交互性,信息的海量性与共享性,内容的多媒体,与超文本,风格的个性化与社群化等优点。特别是人人网、微博和微信等社交媒体,使得人们的媒体接触和使用习惯也随之改变,人们越来越离不开对网络的依赖,电脑和手机成为新媒体信息传播的最佳载体。

新媒体已成为思想文化信息的集散地和社会舆论的放大器。统战工作者要充分认识新媒体的社会影响力,高度重视互联网的运用管理,积极探索和运用现代信息技术开展统战工作,运用网络更新统战的理念,如微博、飞信、微信、易信、QQ群等深刻影响到社会生活的方方面面。契合统战的要求,拓展统战的渠道,提供崭新的平台,突破统战工作中存在的各种难题,为新媒体背景下的统战工作探索更广阔的发展路径。突出新媒体的渠道特征与优势,处理好传递正能量与消解负面影响的关系,以微博、微信、个人空间创建掌上互动载体,只要统战部门积极行动起来,集思广益,充分利用新媒体技术与资源建设鼓励高校统战成员在社会、政治舞台上积极为学校改善办学环境、提升教学质量、提升社会精神做出更大贡献,我们的统战工作就会有更大的成效。

二、借助新媒体手段

新媒体的大众性和快捷性催生了"草根"效应和"地球村"效应。时空距离再不能成为信息沟通的障碍。任何人无贵贱之分,无地域之别,只要懂一定的操作技能就能方便地借助网络平台为社会公共管理献计纳策①。因此,高校统战部门运用新媒体拓展统战工作平台,进行统战相关领域的专题研究活动,不仅能及时收集、整理和反馈来自网络渠道的各种意见建议,而且能围绕社会热点、校园焦点和重大政策问题开展校情民意调查,为高校统战决策提供依据和参考。统战部门通过新媒体问政于民、问计于民、问需于民,能有效提高统战工作针对性②。新媒体有效改变了统战工作的运行机制,是使民主人士的知情权、表达权、参与权充分得以体现,是履行民主监督、参政议政职能的重要途径。

三、搭建新媒体平台

《中共中央关于巩固和壮大新世纪新阶段统一战线的意见》明确提出,要把统战工作纳入宣传、新闻工作计划之中,通过包括互联网在内的各种媒体积极宣传统一战线理论和方针政策,扩大统一战线的社会影响。因此,我们必须创新高校统战工作理念,以新媒体为网络载体大力开展统战工作,努力开创高校统战工作新局面,加快高校统战新媒体平台建设。

---

① 昌庆钟,康泰,李振安.新兴媒体与统一战线[J].广州社会主义学院报,2009(1):34-37.
② 冯友平,汪崇渝.新媒体参与城市形象塑造与传播的受众分析——以重庆市新媒体实证调查为例[J].重庆师范大学学报(哲学社会学版),2010(2):109-115.

(一) 建立统战宣传主阵地

通过新媒体提升党外群众对高校统战工作的参与度,拓宽高校统战工作的口径。建立统战工作专题网站,由高校统战部门牵头,动员民主党派基层组织也建立自己的公开网站,并且通过友情链接的方式互相连接起来,形成一个较大规模的网络统战阵地,建立党的理论政策宣传平台,网站应围绕学校的中心工作,贴近全体统战成员,将指导性、权威性、服务性、可读性、时效性与便利性有机结合起来。充分利用高校的强项专业和优势专业所衍生出来的特色优势,展示高校统战网站的文化含量和文化内涵,体现高校的文明形象和人文精神。系统建立统战资源库、创建统战要闻、统战理论、统战工作、统战人物、建言献策等专栏,打造活动品牌,做好分类工作。加大网络统战宣传力度、积极推动网络互动以及主动开发网上调查测评应用系统。健全高校统战网站管理机制、充实网站内容、完善网站栏目设置、创新高校网络统战模式。积极主动利用统战网站,让宣传工作更加生动与深入,努力扩大高校网络统战工作的覆盖面、穿透力和影响力[1]。消除陌生感与神秘感,用主流信息占领网络舆论阵地与制高点。

(二) 建立统战联谊交友新平台

高校统战工作者以即时通讯工具为手段可以建立统战成员联谊交友基地。此平台基于以人为本的思想,发挥增进与统战成员之间的互动交流、深化统战成员之间感情的作用,加强党内外人士的桥梁与纽带。特别是微信平台,在对统战成员舆论引导方面发挥重要作用,成为传播统战新闻资讯、加强舆论引导的重要途径;拓宽参与高校民主监督和管理、对外联系交流和实践创新的新渠道,为统战成员施展才华、发挥作用搭建平台。使用即时通讯工具

---

[1] 王永红.新媒体时代高校统战家园建设刍议[J].湖北函授大学学报 2014(12):5-6.

密切了高校党内外人士的联系,开辟网络统战新领域,提高统战工作的效率。

（三）创建统战互动掌上新载体

利用QQ、飞信、短信、微信等平台建立校内成员的网站、好友群或朋友圈,方便及时交流沟通,增进相互了解,联络感情,形成互帮互助的氛围。"网上参政议政"载体、"个人空间"载体、"手机短信"载体、"QQ群联系"载体、"微博、博客交流"载体以及"网上统战理论研究"载体的搭建与运用,使新媒体真正成为开展统战工作的新的舆论阵地。

目前,短信与飞信主要用于发送会议或活动通知,其中群发的功能可以大大减轻打电话的工作量,还可以编辑手机报,将一些统战工作中的重要信息,以群发的形式及时发送给统战成员,以提高信息的覆盖面。手机报要文字精炼、图文并茂,提高可读性。微信可以通过语音发送短信,还可以发送视频与图片,适合于大部分智能手机。微博是公开的社交工具,字数限制在140字以内,可作为发送公开信息、扩大统战工作范围与影响力的宣传工具。统战部门开通官方微博,邀请统战成员与其他相关人士加入粉丝团队,可以及时发送统战信息,随时互动。

统战工作还可以建立QQ群。QQ的特点是实时性强,私密性较好;可以一对一聊,也可以群聊;可以打字,也可以通过语音和视频交流;可以通过电脑,也可以用手机上QQ;QQ还带有类似于博客的空间,以及论坛、相册等功能。建立QQ群与各民主党派、统战团体负责人建立密切的沟通联系,各民主党派负责人也可以与各自组织的成员建立QQ群,以方便沟通交流与信息共享。还可以利用QQ群召开一些在线会议,就一些问题开展实时的和非实时的交流与讨论,以减少每次都要召开面对面的正式会议的麻烦。QQ群的建立,方便了学校宣传统战部门快捷收集、分析、处理来自各领域统战成员的信息,发现问题时也便于及时协调、沟通和反馈。

这些"微媒体"是政策学习、互通信息、资源共享、交流情感的平台,有效地提升了统战成员的参政议政热情和办事效率。激发统战成员参与统战工作的积极性,形成全方位、多层次、多形式、多途径的工作渠道,切实增强统战工作实效性[①]。

四、加强统战工作队伍建设

在新媒体时代,统战工作者必须认识到,网络与信息技术带来的社会转变是前所未有的,时代要求我们不断深化统战工作的内涵,探索统战工作的新渠道、新方法。高校是人才荟萃之地,统战工作更应充分发挥新媒体的作用,让新媒体成为传播主流信息、宣传统战理论、收集社情民意、加强自身建设的有力工具和坚强阵地;应该积极了解、学习和掌握新媒体技术,并将其作为新的统战工具和手段,针对新环境、新问题开展高校统战工作;充分利用新媒体具有的开放与互动功能,及时了解统战对象的思想动态,抓住机遇,占据主动。但高校目前统战工作的条件,无论是人员还是技术,都使得新兴媒体的运用还有一定的难度,急需建立起一支既熟悉统战工作业务同时又有一定信息处理技术能力的队伍,为各项工作的开展提供专业支持和技术支持[②]。打造一支懂统战、懂新媒体的统战干部队伍,真正实现高校统战工作的新突破。

新媒体时代,综合运用各类媒体、全面搭建各种统战网络平台加强对统战成员的舆论引导已势在必行。

(一) 坚定政治方向

中国共产党领导的多党合作和政治协商制度是我国的一项基

---

① 张玲.新媒体时代高校统战工作研究综述[J].山西社会主义学院学报,2015(9)58-61.
② 刘景伟,韩静.全媒体时代高校统战宣传和舆论引导工作研究[J].湖北省社会主义学院学报,2016(2).

本政治制度。中央统战部研究室高阳指出，统一战线是一定社会政治力量的联合。这种联合包括两个层面：一是力量联合，既是各个政党、团体等政治力量的联盟，也是不同阶层、不同民族群体、不同信仰群众等社会力量的集合；二是思想联合，统一战线凝聚的是中国特色社会主义主流思想共识，同时也彰显着不同领域丰富多彩、各具特色的文化精髓和价值取向①。西北大学统战部部长窦争光在《高校院系统战工作研究与实践》一文中提出，要搭建思想政治教育新载体，积极探索新时期网络统战工作的重要内容，依托新媒体统战工作创新高校思想政治教育手段，增强思想政治教育认同感。

随着社会组织形式和信息传播方式的变化，主流意识形态不再仅仅通过各种组织和行政力量来推行，更多地要通过大众媒体来传播。能否以高超的政治艺术有效调控各种大众媒体，引导社会舆论，用主流意识形态来整合日益多样化的思想观念以及多样化的社会，对于提高党的执政能力、巩固党的执政地位至关重要。尽管新媒体优势很多，但是统战工作运用新媒体也要从党和国家的工作大局出发，对各种热点问题进行正确分析、准确判断、妥善引导，促进改革发展、维护社会稳定。要积极开展舆论监督，按照事实准确、客观公正、以理服人的要求，揭露问题、扶正祛邪、弘扬正气，维护群众利益。新媒体的属性有两重性：其一是政治属性，其二是技术属性。新媒体的政治属性是党性要求，是以互动传媒为特点的一种新型的媒体。在新媒体时代，运用好网络和新兴媒体已成为统一战线工作的重要环节。新媒体平台就是统一战线工作的新阵地，我们必须主动占领，积极发挥新媒体的便捷性、广泛性、群体针对性等特征，坚定理想信念，牢牢把握正确舆论导向，深入开展中国梦的宣传教育，引导人们增强民族自信。凝聚促进改

---

① 高阳.新媒体时代意识形态工作要多一点统战思维[J].中国统一战线，2013(10).

革发展、维护社会稳定的正能量;深入推进社会主义核心价值体系建设,不断培植我们的精神家园,增强全民族的凝聚力。

(二) 把握特点规律

统战工作点多、线长、面广,涉及不同领域,涵盖不同群体,这是统一战线最鲜明的特色。进入新世纪新阶段,统战工作重心也相应地发生了新变化,大体上实现了三个发展转向:统战工作领域由政治领域向经济、科技、文化、教育、社会等多领域发展;统战工作方式由争取人心、凝聚力量向发挥优势、服务经济社会大局发展;统战工作内容由做好民主党派、党外干部、民族宗教等传统领域工作向新的社会阶层人士等新领域工作发展。

统一战线工作的核心任务是"争取人心、凝聚力量",主要方式是思想宣传工作。因此,高校搞好统一战线工作,就必须着力弘扬中国精神、凝聚中国力量,充分发挥思想引领、舆论推动、精神激励的作用,引导广大师生统战成员为实现中华民族伟大复兴的中国梦而奋斗。一方面,统战工作要善于利用好新媒体,宣传正能量,另一方面,针对新媒体资源中的混乱信息乃至网络谣言,要采取合理机制加以治理和清除。必须在信息的真实度方面下功夫,提供经过核查的、准确的、深入的、有参考价值的信息。

新媒体的兴起对高校统战工作产生了极大的影响。高校统战工作者必须准确把握新媒体在高校统战工作中的应用规律,总结以新媒体为载体做好统战工作的成功范例,不断强化统战工作网络舆论引导能力,积极创新统战工作方法,完善工作机制,不断推动统战工作迈上新台阶,为高校的发展作出新的贡献。

(三) 提高工作能力

高校统战工作者是统战事业的主体和具体执行者,其媒体素养的高低,直接关系着新媒体时代统战工作的实效性;要通过组织学习培训掌握新媒体技能、实践锻炼和交流考察等多种形式建立一支高素质、专业化的"双优"型高校统战工作队伍。同时要提高广大统战对象的新媒体素养,包括增强传播新媒体信息的法纪意识和自律意识,端正对待新媒体的态度,提高对新媒体信息的鉴别能力,自觉接受主流媒体所提供的权威、积极、有益信息,有效识别并自觉抵制虚假、消极、不良的信息。

同时,还要有沟通和协调能力。传统的纸质媒体时代,统战工作重点关注具有实体身份的传统意见领袖,他们有一定的地位和权力,大都是民主党派或无党派人士,属于知识精英阶层,在"金字塔"结构中有固定位置。进入新媒体时代,不少高校知识分子通过建立个人网站、发表微博、微信等途径介入公共讨论,有着自己的追随者和粉丝群,属于公共知识分子和网络意见领袖;高校统战部门在做好传统统战对象工作的同时,还应更多地关注网络意见领袖,将其纳入统战范畴,通过他们影响到传统意见领袖所影响不到的人群。

高校统战工作是高校党的工作的重要组成部分。新媒体为做好高校统战工作提供了诸多便捷,使高校统战工作面临着新的挑战和机遇,高校统战工作亟需在形式和内容上有所创新,加快新媒体统战平台建设,准确定位、树立大统战理念,建立起兼具政治理论素养和新媒体应用能力的新型统战工作队伍,转变工作方式、增强服务意识,培养优秀统一战线"意见领袖",借助新媒体扩大统战号召力,增强高校统战成员的政治认同,最大限度地凝心聚力、汇才聚智,顺应信息化、网络化、数字化、全球化的时代潮流,不断提高统战工作的信息化、网络化水平,为在新形势下开创统战工作的新局面创造条件。

"互联网+"时代侨务工作的创新研究

上海第二工业大学　蒋文蓉

摘要：海外华侨华人是推进中国和平发展、实现"中国梦"的独特力量。本课题分析了当前侨务工作的状况，通过移动平台进行了调研，并访问了相关网站，查阅了文献资料。通过调研分析，给出针对"互联网+"时代的侨务工作的创新改革建议，创新"互联网+侨务"的为侨服务方式，提出了侨务服务（大数据中心、协同办公系统）；侨务宣传（中国侨网、侨务工作移动端）；侨务工作（参政议政、侨企服务、侨务公益）等建设。

关键字："互联网+"；侨务；一带一路；电子政务

一、选题的意义、价值及研究的主要思路方法

归侨侨眷和海外侨胞是推进中国和平发展、实现"中国梦"的力量之一。为贯彻落实习近平总书记关于"博大精深的中华文化是海内外中华儿女共同的魂"之论述，在"一带一路"战略中发挥华侨华人的重要优势，为国家对外战略服务，为建设提高国家经济社会的能力和水平服务。因而，归侨侨眷和海外侨胞是推进经济建设，构建和谐社会，促进祖国统一的重要力量。在"互联网+"时代，如何利用网络信息，作好侨务工作具有现实和重要的意义。

其理论价值在于运用"互联网＋"技术和手段，助力侨务宣传模式创新，拓展对外侨务宣传领域，助力侨务工作创新发展，搭建"互联网＋"侨务平台。其应用价值在于侨务对外宣传如何合理使用新媒体，如何利用网络社群凝聚新侨人士，如何发挥社会力量为侨界人士服务，如何提高服务地方的能力和水平。

在"互联网＋"时代，以互联网、移动通信、云计算、大数据等为代表的媒体和技术给新时期侨务工作带来了前所未有的冲击和挑战。如何迎接挑战，抓住机遇，发挥互联网优势，积极探索侨务工作新模式、新方法，增强工作成效，更好地发挥争取人心、凝聚力量的优势和作用，是本课题研究的视角。本课题采用问卷调查、召开专题座谈会、组织有关归侨侨眷和海外侨胞研讨、走访侨联组织等多种形式，广泛收集了解各方面对运用"互联网＋"开展侨务工作的意见和建议。通过研究，促进侨务部门深化改革，支撑侨务科学决策，服务国家"一带一路"倡议及对外战略，从而构建"大侨务"发展格局。

二、"互联网＋侨务"的现实作用

"互联网＋侨务"不是简单的现实侨务工作情况的"电子版"，而是能够围绕议程设置整合各种资源和力量的富于开放性、灵活性的国际交流合作平台。

（一）搭建侨胞与政府的沟通平台

通过塑造政府网上执政形象，掌握网络话语权。在这方面可充分发挥网络社会的广泛、集群作用，加强与公众的联系；充分发挥网络社会的开放、高效作用，提升决策的科学化与民主化；充分发挥网络社会的虚拟、民主作用，强化对权力监督的正面作用，推动公共政策议程，拓宽政策方案的选择空间，使政策制定更加科学，并且及时调整公共政策，提升公共政策的质量；通过网络社会私人化、生活化、碎片化的特点，搭建政府工作人员与网民沟通的桥梁，在网民中培养良好的公信力。

(二) 增加政府与侨胞的凝聚力

通过积极引导网络意见领袖，增强政府侨务部门的凝聚力和号召力。既要充分重视网络社会中侨界意见领袖的意见和建议，也要通过他们了解舆论动向，引导舆论向正确方向发展，促使更多侨胞增强对侨务工作的理解和认同，继而通过人际和口碑传播，实现传播效果的集群辐射。

(三) 使侨务工作惠及所有侨胞

通过强化侨务网站引导服务功能，发挥"长尾"效益。"长尾理论"是由美国人克里斯·安德森提出的，他认为网络时代是关注"长尾"、发挥"长尾"效益的时代。对照而言，传统的侨务工作特别是国外侨务工作往往是"精英取向的侨务"，门槛较高，惠及面不广，侨胞的认同感和参与热情没有激发出来。

(四) "互联网＋侨务"工作相较于传统侨务工作有较大的优势

开展网络侨务可以让我们在工作中学会使用跨文化的思维习惯和适合侨胞接受的方式，充分发挥网络侨务的"大服务"功能，快速提供并及时更新那些更加切合需求、更有价值的信息和活动；可以拓展原有品牌活动的网络平台，嵌入在线即时沟通工具，增设对话互动、供需对接环节和备选参与空间；可以就侨胞关注的热点、国内涉侨政策草案、处理涉侨事务的难题破解等内容，通过议程设置开展网上调查扩大对侨胞民意的广泛收集；可以通过对同类型或关联度较高的业务进行梳理整合后开展专题宣传；可以联合社会力量设立海外华侨华人合作项目对接系统；可以依托华文教育基地开展远程华文教育；可就某主题组织侨界公益人士集结；可以汇集专家讲座音频或视频内容开展远程教育等；可以有奖征集侨界人士"金点子"等；甚至可以成立"侨界网络名人堂"、"海外××微信群"、"海归××俱乐部"之类的虚实结合的社交型分类侨友团体。

三、保障"互联网＋侨务"顺利实施的建议

"互联网＋侨务"就是利用先进的信息技术和通信手段，通过采集、整理、分析相关侨界各项有效信息，从而对地区发展、智力引进、国际交往等各种需求做出智能响应，实现侨务智慧管理和运行，进而为侨界提供精准服务，使侨务资源合理配置在首都和国家发展建设中，促进地区侨务事业可持续发展。

（一）依托"互联网＋侨务"，提升政务服务

跨部门信息资源的共建共享、开放互通是"十三五"政务信息化工作的关键点。"互联网＋侨务"标志着涉侨电子政务进入了以信息资源综合开发利用、共建共享、业务协同应用为主要目标，以服务导向为主要特征的电子政务深化应用的深层发展阶段。

1. 尽快实现涉侨部门之间数据共享和业务互通机制

数据共享、业务互通是建立高效能政府的必然要求。涉侨数据分别在"五侨"（侨办、侨联、致公党、人大华侨委员会、政协港澳台侨委员会）、科技部、教育部、海关总署等部委中，需实现各涉侨部门之间的数据共享和业务互通，通过数据开放共享，支撑政府业务应用。具体如何实现，需要各部委多方共同协调，建议尽快成立一个跨部委的信息化工作领导小组，制定相互交流与合作机制，有计划、分步骤地进行部委之间的数据共享与业务互通。

2. 推进海外信息点建设，采集全球涉侨数据

由于部分网站存在政治倾向等主客观原因，在国内不能浏览与采集信息，不利于侨务部门全面、准确地把握海外侨情动向。为有效监控全球涉侨舆情，建议建立海外信息点，建设服务器，采集全球涉侨数据。对海外信息点的选取，可根据华侨华人规模、侨情复杂程度、侨务人力资源以及信息技术条件等多方面因素进行综合考量。

3. 基础设施集约化建设，提高效能

"十二五"期间信息化建设在取得显著成绩的同时，也存在缺乏相互协调、多头投资、重复建设等一系列资源浪费现象，尤其是基础设施的投资利用率比较低。因此，建议在政务云服务中心、设备保障与之相应的技术服务体系方面的基础设施投资应以集约建设为导向，避免重复建设导致资源浪费，以提高建设资金的利用效能。未来，各地侨办需充分利用侨务信息化建设成果，在联系华侨华人、服务地方发展、践行国家侨务发展战略上，努力创建好侨务信息和侨务资源指标体系，利用大数据和云计算做好侨情舆情的分析与利用，使侨务资源更好地在地区建设中发挥作用。

4. 做好侨务数据的安全保密工作

侨务数据涉及国家机密、部门信息安全和个人隐私，如果安全保密工作不到位，后果严重，甚至可能产生不良的国际影响。因此，建议同步落实涉密信息网络分级保护和非涉密信息系统信息安全等级保护的相关要求，在"互联网＋侨务"项目建设过程中，将安全、保密措施与业务应用紧密结合，制定安全保密责任制度，形成技术上能实现自主可控的信息安全和保密解决方案，并组织专人定期开展信息安全风险评估工作。侨务信息安全保障体系需根据 OSI 信息安全体系框架和国家信息安全保障体系，系统由组织安全体系、管理安全体系、技术安全体系三部分构成。其中，组织安全体系负责操控安全防范技术，管理安全体系负责管理安全防范技术体系和组织体系，技术安全体系是一切信息安全行为的基础。

（二）依托"互联网＋侨务"，拓展网络宣传

新时期"互联网＋侨务"的模式，正发挥着为侨服务，为高校科教服务，为地区社会发展服务，为国家侨务工作大局服务的独特作用。因此，需高度重视侨务信息化，依托互联网技术，创新网络宣传工作，积极协调各方力量，遵循"理念引领、制度完善、机制创新"

的原则,按照"抓重点、解难点、创亮点"的思路,聚焦定位,整合资源、搭建平台,努力促进政府部门间、政府与侨界间、侨团与侨团间的信息交流。

1. 打造地区侨务网站,助力侨务宣传模式创新

各地区政府均已建有自身的侨务官网,但政府工作味道浓,且知名度不够,无法成为真正为侨友服务的平台。目前上海市侨办的官网为上海侨务(http://qwb.sh.gov.cn),主要由东方网技术支持(见图1)。

图1 上海侨务官网

利用网络统计工具,查询了 sh.gov.cn 上海市政府网站的排行,统计信息见图2。由图2可见,上海市政府信息网访问最多的子网站是上海市国家税务局、上海市地方税务局官网(tax.sh.gov.cn),人均页面浏览量 4.2 次;其次是网上政务大厅(zwdt.sh.gov.cn),人均页面浏览量为 2 次;而上海侨务(qwb.sh.gov.cn)未出现在被访问子网站列表中,属于 other 类,人均页面浏览量为 0。作者并通过 QQ 群和微信群咨询身边归国和海外朋友,均表示

网站 全球综合排名第 24035 位，中文排名第2337位						
	站点: sh		站长: 不详		EMAIL:不详	
	综合排名: 24035		下期排名: 24035		收录日期: 12-sep-2001	
	所属国家: zh-cn		编码方式: Chinese Simplifi		访问速度: 603 Ms/92分	
	成人内容: no		反向链接: 1541 个		联系电话: 不详	
	谷歌PR: 0		百度权重: -		百度收录:	
	站点简介: 不详					
	地址: 不详					

站点 sh近期排名趋势

当日排名	排名变化趋势	一周平均排名	排名变化趋势	一月平均排名	排名变化趋势	三月平均排名	排名变化趋势
40586	↓39783	60954	↓41534	22604	↑2091	24735	↓146

站点 sh子站点 浏览详情

被访问网址 [8 个]	近月网站访问比例	近月页面访问比例	人均页面浏览量
tax.sh.gov.cn	44.20%	54.04%	4.2
zwdt.sh.gov.cn	8.29%	5.41%	2
ybj.sh.gov.cn	4.70%	4.78%	3
gsxt.sh.gov.cn	5.19%	1.69%	1
csj.sh.gov.cn	2.33%	1.32%	2
fzzx.sh.gov.cn	3.46%	1.18%	1
zfcg.sh.gov.cn	2.97%	0.87%	1
other	0	30.71%	0

图 2　上海市政府信息网网站排名

从未访问过上海侨务网站，也不知道上海侨务网站中有哪些信息对他们有用。另外，上海东方网还为上海市归国华侨联合会（http://www.shanghaiql.org）服务，该网站存在内容少、信息更新速度慢、页面访问错误等问题。如建言献策最新信息是 2016 年 10 月的；调查研究板块总共就 3 条信息，均是 2015 年 2 月的（图 3）。

利用"互联网＋侨务"，进一步推动地区侨务工作创新开展，在国务院侨办的大力支持和指导下，依托中国新闻社、中国侨网和华声报社等部门网络资源广、社会影响力大的优势，由国家级网站也开始与地方政府侨务部门的合作创办（http://www.chinaqw.com）"中国侨网·××频道"（见图 4），而其中仅有北京、潮州在内

图3 上海市归国华侨联合会网站

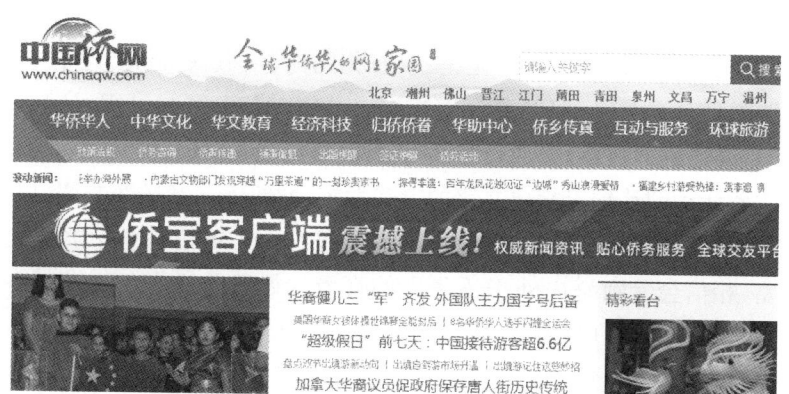

图4 中国侨网官方网站

的11个地区,除北京外,并没有其他一线城市在内。据官方统计,"中国侨网·北京频道"以"生活在北京""旅游在北京""维权在北京""创新创业在北京"的新颖形式和丰富内容,为华侨华人来京发展提供咨询和服务。由于政策性强、实用性优、影响力大,仅一年受众人群的阅读量就高达1 100余万人次,中国侨网、华声报社(电子刊物)来函祝贺,称"中国侨网·北京频道"在全国起到了示范作用。纽约、洛杉矶等地北京会,智利北京海外联合会,法国亚洲餐饮联合总会等海外侨团高度评价"中国侨网·北京频道"是海外侨胞了解北京和来京发展的"第一资讯"。

利用互联网,由国家级网站和地方政府合作,扩大了地区的知名度和影响力,为宣传地方、服务地方"走出去"发展战略、有效对接侨务资源起到了桥梁和纽带作用,为地区侨务工作的延伸探索出新的路径。

2. 利用新媒体平台,拓展侨务宣传领域

侨务的官方网站均由政府有关部门搭建,内容缺乏吸引力。为了进一步探索新媒体平台在侨务宣传中的作用,实现侨务工作创新实践,建议推出亲民化、去政府化的博客、微博,同时,增设相关微信公众号与APP移动客户端。其中,博客、微博可用民间语言,讲述侨务故事,即通过华侨华人大众化视角,用一个个鲜活的侨务活动图片配以简单文字的形式发布,方便侨友发送朋友圈,以"说家常话,讲政府事"的形式进行播报。由于可读性强、内容丰富,相信会受到海内外华侨华人的喜爱。如目前已有的"广超视角",关注人数月月攀升,目前已逾4万人次。先后与世界华商大会、世界华裔青年、旅美科协、马中友好交流会、中加互助中心等四十余个海外知名侨团建立联系,有效地将地区发展的最新动态和侨务信息及时推送到世界各地,成为海内外侨界互动的重要渠道,将"你说我听"传统宣传模式转化为"众说众听,人人参与"的新媒体宣传模式,这进一步激发了华侨华人关心祖国(籍)发展变化的热情,拓展了侨务宣传领域,实现了侨务资源在"宣传地方、报道侨务,汇集侨智,凝聚共识,发挥侨力"等方面的功能。

在 APP 移动客户端和微信公众账号等移动平台的应用中,利用侨联和各种比赛、活动,鼓励海内外侨界人士踊跃参与。经测试,某地区举办"全球华侨华人(网上)大拜年"活动,仅三周时间,网上点击量就突破 42 万人次;该地区侨办移动客户端仅用半年时间,就使关注度突破 160 余万人次,在海外产生了较好的影响。随着"智慧侨务"建设的不断进步,为侨服务、互动沟通和侨务信息推送等方式将从"固定端"向"移动端"延伸。侨务的 APP 移动客户端和微信公众账号乃是侨办系统、海内外涉侨机构和组织以及广大华侨华人、归侨侨眷统一的即时通讯工具和侨界社交平台。移动侨务应用系统应具有如下功能和特点:具有一对一、一对多、多对多的即时通信功能;打破地域限制,可召开侨务、侨界即时短会;侨办系统及侨界重要的信息发布平台;侨办职能部门网上办公与服务;侨界个人名片功能;安全保密性强;有严密的组织架构,保证注册人群的信息真实有效;向各地侨办、涉侨机构与组织开放服务和后台管理。

(三)依托"互联网+侨务",创新侨务工作

1. 加强侨务信息工作,提高侨胞的参政议政能力,加强社会参与度

充分发挥侨联联系广大归侨、侨眷和海外侨胞的桥梁和纽带的积极作用,实现群众工作、参政议政、维护侨益、海外联谊等基本职能,要为侨胞争取更多的权益,可以允许他们参与到地方政治,通过引导他们,挖掘他们的需求,提高他们的参与度,积极为地方的发展出谋划策。近些年来,有些地方也积极推荐了华侨代表参与到议政中,当然除了让他们参与,还要提高他们的能力,让他们能够发挥有效的价值。

2. 踏实侨务工作态度,走下去协助侨眷侨企的发展

通过为侨眷侨企解决困难,对他们的实际情况进行针对性的

调查，开展的一切侨务工作都是为了更好地服务侨胞，促进侨胞工作的优化进展。同时，还要设置维护华侨的低保政策，对符合低保政策的能保就尽力保，这也是为了解决他们本身的经济困难。要通过建立保障机制维护侨胞的利益，多下去了解侨胞及侨眷的具体情况，多了解他们的需求，做到运用真情感化他们，拉近与他们之间的距离。必要的时候，通过法律来保障侨胞的合法权益，将侨胞的权益列入到地方法律的管控中，加强侨胞的法律意识，对发现的问题及时处理，有效维护侨胞的权益。

3. 发挥侨友工作，服务地区经济发展

在地方，侨务工作提供贴心的服务，也会赢得侨界的好评，尤其是那些曾经享受到地方帮助的华侨们，也会积极地贡献自己的力量，协助地方经济的建设。另外，也会加强与海外侨胞之间的联系，促进他们关注，为地方的侨务工作奠定良好的基础。为了推动社会的整体发展，也需要建立侨心工程，促进地方品牌效应的影响。一是要加大海外的捐赠力度，对于困难的组织或者单位给予捐赠协助，促进地方文化教育、医疗卫生和社会公益的发展。开展聚侨救灾活动，地方的自然灾害也会极大地影响经济的建设和文化产业的发展。当发生灾难时，要第一时间组织广大侨胞，让他们积极地响应，推动公益事业的进步。

高校统一战线工作研究的现状与反思
——基于改革开放近40年高校统战工作研究的线路

华东师范大学　方金奇　程　涛

摘要：高校统战工作历来是党的统战工作的重要领域。以改革开放近40年来公开发表的关于高校统战工作研究成果为对象，梳理其现状，探索其规律，分析其存在的问题与不足，从而为新时期进一步做好高校统战工作，提供参考与借鉴。

关键词：高校；统一战线；理论研究；反思

党的十八大报告指出，统一战线是凝聚各方面力量，促进政党关系、民族关系、宗教关系、阶层关系、海内外同胞关系的和谐，夺取中国特色社会主义新胜利的重要法宝。高校统一战线工作历来是党的统一战线工作的重要领域。以改革开放近40年来公开发表的关于高校统战工作研究成果[1]为对象，梳理其现状，探索其规律，分析其存在的问题与不足，对于做好新时期高校统一战线工作，无疑具有重要的理论与实践借鉴意义。

---

[1] 以中国知网（含期刊、学位论文、会议、报纸等）主站检索为准，其他出版物暂不列入。

理论是实践的先导。我党历来注重从实践中提升理论,以理论指导实践,同时在实践中检验理论、发展理论,这也是人类认识的辩证法。改革开放以来,在高校统一战线工作领域,也积累了很多理论研究成果,这些成果为更好地做好高校统一战线工作提供了有效的指导与借鉴。

一、高校统一战线工作研究的几个阶段

笔者以中国知网(含期刊、学位论文、会议、报纸等)主站能检索到的 1186 篇文章资料为研究对象,发现自 1978 年 12 月实行改革开放截至 2017 年 8 月 1 日,高校统一战线研究成果在数量上呈逐年上升趋势,但若以现行的刊物等级为标准,其质量上的提升与数量上不成正比例,1999 年以后并无突出表现。

根据知网主站检索的结果,从高校统一战线研究成果的数量与质量角度分析,可以分为几个阶段:

1978~1987 年为第一个阶段,此阶段的研究成果阙如。

1988~1993 年为第二个阶段,这个阶段的成果很少,每年的研究成果篇数在个位数。核心期刊论文不过 2 篇,其中 1992 年的一篇还是发表于《中南民族学院学报(哲社版)》关于湖北省高校统战理论研讨会的会议报道,1993 年发表的是《青海民族学院学报》,这一阶段,国家重点大学的研究成果尚未出现。

1994~2000 年为第三个阶段,年研究成果在 10~31 篇之间,其中,1996 年达到峰值。核心期刊论文同样集中在 1996 年,为 13 篇;其次是 1998 年和 1999 年为 9 篇,其他年份均为 1 篇。

2001~2006 年为第四个阶段,此阶段年研究成果,其篇数在 30~50 篇之间。核心期刊论文与前一阶段相比,并不突出,几乎平均分布。

2007~2016 年为第五个阶段,此阶段年研究成果篇数在 60~91 篇之间。核心期刊论文虽然总体上比之前多,但也没有突出表现,

最高为 2011 年 9 篇,是与 1998、1999 年持平,而这两年占据 CSSCI 期刊的数量(分别为 9 篇与 7 篇),却是其他年份难以望其项背的。

(表 1　1988～2000 年发表成果统计)

论文数	3	2	0	7	5	6	18	25	31	10	15	23	19
年　份	1988	1989	1990	1991	1992	1993	1994	1995	1996	1997	1998	1999	2000

注:数据来源为中国知网(含期刊、学位论文、会议、报纸等),截至 2017 年 8 月 1 日。

(表 2　2001～2016 年发表成果统计)

论文数	34	35	46	43	57	48	60	73
年　份	2001	2002	2003	2004	2005	2006	2007	2008
论文数	72	67	73	67	60	78	91	82
年　份	2009	2010	2011	2012	2013	2014	2015	2016

注:数据来源为中国知网(含期刊、学位论文、会议、报纸等),截至 2017 年 8 月 1 日。

二、不同时期高校统一战线工作研究的特点

历届党中央领导集体都把统一战线工作放在重要位置,与之相应,学界关于高校统一战线工作的地位与作用,素来都有阐述,因此关于其地位与作用,笔者这里不加详述。但纵观这近 40 年的研究成果,可以发现,在不同时期,高校统一战线工作研究有着不同的特点。

(一)为经济建设服务:1988～2000 年

几乎所有对高校统一战线工作地位与作用的阐述,通常可以概括为两大要点:一是对经济建设与国家建设的作用;二是对高校自身发展的作用。尽管在对国家建设的作用方面,因不同时期国家发展的程度不同,强调的侧重点不同,比如前期侧重"提高劳动者素质","为培养四化建设的高级专门人才和发展我国的科学

技术人才服务",后期则侧重"维护社会稳定""实现国家统一"。

从检索的情况看,在 2000 年前发表的成果中,强调高校为经济建设服务是个典型的特征。除了在高校统一战线的地位与作用方面会有阐述,另外,还有很多直接论述的文章。如 1992 年张春华的《高校统战工作要为经济建设服务》①,1993 年发表的 6 篇文章就有 3 篇文章论述"高校统战工作如何为经济建设服务"。

1994 年开始"为经济建设服务"转变为"为社会主义市场经济服务"。如 1994 年张欲玉的《浅议高校统战工作如何服务社会主义市场经济》②,1995 年共有 4 篇文章论及社会主义市场经济与高校高战工作的关系。1996 年有 2 篇、1997 篇有 1 篇论述"市场经济形势下知识分子人生追求的新特点"③。

自 1999 年开始,"知识经济"开始出现。虽然仍有提到"社会主义市场经济",但本年度,就有 3 篇论述"知识经济"的文章出现,随后的 2000 年,也有 3 篇文章直接论及"知识经济"。

(二)"三个代表"重要思想:2001~2004 年

2000 年江泽民同志在广东省考察工作时,首次对"三个代表"重要思想进行比较全面的阐述。在高校统战工作研究方面,2001 年就开始有所回应,先是江淑平、伊绯、王淑英联合撰文《以"三个代表"重要思想为指导做好高校统战工作的思考》④,然后是朱国维发表《贯彻"三个代表"思想抓好高校统战工作的重点》⑤。2002 年直接论述的有 3 篇,2003 年上升至 6 篇,2004 年也是 6 篇,2005

---

① 张春华.高校统战工作要为经济建设服务[J].莱阳农学院学报(社会科学版),1992(1).
② 张欲玉.浅议高校统战工作如何服务于社会主义市场经济[J].四川教育学院学报,1994(3).
③ 朱合理.市场经济形势下知识分子人生追求的新特点[J].湖北省社会主义学院学报,1997(1).
④ 江淑平,伊绯,王淑英.以"三个代表"重要思想为指导做好高校统战工作的思考[J].河北农业大学学报(农林教育版),2001(1).
⑤ 朱国维.贯彻"三个代表"思想抓好高校统战工作的重点[J].中央社会主义学院学报,2001(11).

年回落至 2 篇。

这近 20 篇文章就高校统战工作如何贯彻落实"三个代表"重要思想,从高校统战工作的规范化和制度化、加强党外人士队伍建设、领导队伍建设、工作方式方法创新以及统战文化等诸多方面做了阐述。

(三)和谐社会/和谐校园与科学发展观:2005～2012 年

"社会主义和谐社会"是党的十六大以后,特别是十六届三中、四中全会,从全面建设小康社会、开创中国特色社会主义事业新局面的全局出发,明确提出的构建和谐社会的战略任务,尤其是 2004 年召开的十六届四中全会,进一步提出了构建和谐社会的任务。

因此,2005 年就开始出现直接讨论高校统战工作与"和谐社会"的文章,本年度就有雷克啸、屈文燕、徐方、王毅军的 4 篇文章直接论述高校统战工作与构建社会主义和谐社会及和谐校园。2006 年上升至 10 篇,2007 年 9 篇,2008 年 13 篇,2009 年 12 篇,2010 年 4 篇,2011 年 6 篇,2012 年 6 篇。

另外,直接论述科学发展观与高校统战工作的关系也于 2005 年就已出现,不过直到 2009 年、2010 年才特别突出,据统计,2009 年 9 篇、2010 年 10 篇。

(四)"同心"思想与中国梦:2013～2016 年

"同心"思想是 2012 年初,胡锦涛同志在党外人士迎春座谈会上提出来的,即思想上同心同德、目标上同心同向、行动上同心同行,这是新形势下对统一战线和多党合作理论的创新和发展,具有深厚的历史底蕴和丰富的时代内涵。

2012 年,李菁论述"高校民主党派践行'同心'思想"[1],邱诗越浅析"'同心'思想在高校统一战线中的现实意义与实践作用"[2]。

---

[1] 李菁.知行合一:高校民主党派践行'同心'思想[J].沈阳师范大学学报(社会科学版),2012(6).
[2] 邱诗越.浅析"同心"思想在高校统一战线中的现实意义与实践作用[J].福建省社会主义学院学报,2012(6).

2013年有4篇,之后两年也都有出现,但不显著。

中国梦是中国共产党第十八次全国代表大会召开以来,习近平同志所提出的重要指导思想和重要执政理念,正式提出于2012年11月29日。习近平同志把"中国梦"定义为"实现中华民族伟大复兴,就是中华民族近代以来最伟大梦想",并且表示这个梦"一定能实现"。2013年,除了"同心思想"这个热词外,就是"中国梦"这个新词。就检索的情况看,黑嘉鑫首次论述"'中国梦'视阈下高校党外高知群体统战工作思路创新"[①],2014年以陈范华、常智敏为代表,探索"中国梦"视域下高校统战工作创新机制研究[②],2015年、2016年均有涉及。

三、关于做好高校统战工作的思考

改革开放近40年来,共召开了8次全国统战工作会议,其中全国高校统战工作会议召开了2次。高校统战工作研究始于20世纪80年代末,研究人员包括高校党建、统战工作者、学者等,通过系统梳理研究成果可以发现,研究者们既坚持与时俱进,不断调整更新研究重点,又紧密结合高校改革、发展的实际;既有理论研究,又有实践研究;既有宏观研究,又有微观研究,取得了诸多研究成果,有力地推动了高校统战工作的恢复、发展和创新,但依然有待进一步提升与深入。

(一)坚持理论与实践相结合,但理论研究的深度缺乏

20世纪90年代开始,为澄清认识、解决问题、加强研究工作,我党先后于1990年、1993年组织召开了第17次、第18次全国统战工作会议。第18次全国统战工作会议着重研究从计划经济体

---

① 黑嘉鑫."中国梦"视阈下高校党外高知群体统战工作思路创新[J].理论界,2013(11).
② 陈范华,常智敏."中国梦"视域下高校统战工作创新机制研究[J].学校党建与思想教育,2014(3).

制向社会主义市场经济转换的新形势下,统一战线面临的新情况、新问题,明确了新时期统战工作的重要地位、作用和基本职能、重要原则、基本经验。由此,统战工作逐渐真正走向研究之路。90年代中期,学者们掀起了研究高校统一战线工作的热潮。

高校统战工作既要有统战理论的指导,又要有统战工作的实践探索。研究者们善于结合党的历次统战工作会议精神和相关会议文件、讲话精神,结合高校实际,进行高校统战工作的探索,不断创新研究思路和研究方法,为高校统战工作提供了比较全面、有效的指导。但是,总体上而言,实践探讨远多于理论研究。研究者们对民族认同模式、民主政治、社会阶级发展、宗教观等的研究显得薄弱,使得文章的理论深度不够。当然,一方面由于统战工作涉及的范围太广、领域太宽,就理论本身而言,至少跨越社会学、政治学、宗教学、思想史等多个专业领域;另一方面,研究者多为从事统战工作的管理人员以及青年教师,资深学科专家较少,如何吸引高校资深教授从事统战理论研究,也是高校统战工作值得探索的一项课题。

(二)注重问题研究,但问题解决的实际效果不够显著

为更好地指导高校统战工作的有效开展,学者们善于树立问题意识,通过调研、访谈,部分学者结合自身工作,重点对高校统一战线工作存在的问题开展研讨。如在统战工作队伍方面,指出领导不够重视、队伍不够稳定、经费紧缺等问题。在发挥民主党派成员和党外知识分子的作用方面,学者们指出:通报学校重大事项和主要工作,往往是事后多事先少,在具体操作和执行过程中不能及时地听取意见;监督作用没有充分发挥,在学校各级监事机构中民主党派成员和党外知识分子的人数偏少;在建设学校两个文明的过程中,组织民主党派和党外知识分子开展一些有影响的活动偏少等等。在民主党派做好自身组织发展工作方面,学者们认为,对他们在加入组织前后的培养教育还不够;有一些成员对加入民

主党派带有一定的盲目性,等等。然而如果纵观这些文章发表的时间,可以发现自 20 世纪 90 年代至今,这些问题一再被指出,可见,这些问题在实际中的解决不容乐观。当然,有些问题只能渐进式解决,有些问题得到改善,可能只是不够显著。

(三) 注重新媒体对目前高校统战工作的影响

2015 年 5 月,中央统战工作会议在北京召开,习近平同志出席会议并发表重要讲话。习近平强调,党外知识分子工作,是统一战线的基础性、战略性工作。他特别指出要加强和改善对新媒体中的代表性人士的工作,建立经常性联系渠道,加强线上互动、线下沟通,让他们在净化网络空间、弘扬主旋律等方面展现正能量。由于新媒体时代的到来,特别是微博、微信、论坛及 QQ 群等社交媒体的广泛应用与影响,高校统战工作呈现出一系列新特征,给新时期的统战工作及高教改革与发展,带来极大挑战,这也引起了研究者们的极大关注。

黄芙蓉明确提出新媒体给统战工作带来的挑战:统战工作对象增多,信息分发碎片化;统战对象诉求增多,舆论倾向风险化;统战工作渠道增多,传播效果裂变化。建议在"大统战"格局下,高校应转换思路,协同创新,提高高校统战工作的舆论引导能力;立体传播,整合互动,提高高校统战工作的舆论沟通能力;因势利导,同心同治,提高高校统战工作的舆论整合能力[①]。陈巧燕认为:网络在给高校统战工作提供丰富的信息资源、崭新的网络载体、参与的网络平台、拓宽工作的新领域等的同时,又使统战信息工作难度加大、要求更高、把关更难等。建议加强系统管理,扩大工作影响力;完善信息工作机制,增强工作实效;利用网络载体,提供参与平台;培养信息员队伍,提高信息质量等开辟高校

---

① 黄芙蓉.新媒体时代高校统战工作的新特征与舆论引导[J].学校党建与思想教育,2015(11).

网络信息工作新途径①。杨志玲、杨梦梦指出：伴随着新媒体的快速发展，各种落后、狭隘的思想也在快速传播，极大地影响了社会共同价值观的建设，在不同程度上改变了高校统战宣传工作的外部环境。建议逐渐改变传统媒体的宣传习惯，建立起适应新媒体时代的宣传工作机制和习惯②。

另外，有学者提出，可依托易班创新高校统战工作。易班是一个基于真实校园生活和人际交往方式的网络互动平台，它能满足高校各统战对象的课堂教学、校园生活、社会实践、娱乐交友等切身需求，通过充分发挥师生的作用，聚合教育教学资源，吸引各民主党派、少数民族等统战对象的参与，构建新型师生关系，顺应高校新时代统战工作的新要求。钟桂安认为，可依托易班加强统战平台建设，发挥易班作用强化隐性统战工作。在宏观上，依托易班建立后台政府支撑、各校协同共享、前台网络运作的工作机制，整合各种统战资源、集成运用、共享服务，实现资源的优化配置，有效提升统战对象的使用黏度，及时分析研判统战对象思想动态，掌握舆论主动权，提升对统战对象的吸引力和辐射力；在微观上，建立健全各高校统战工作具体机制，形成党委统一领导下，统战部牵头协调，教学、科研、管理各部门和校内各群团共同参与，各基层单位自觉配合的"大统战"工作格局③。

总而言之，纵观改革开放以来近40年的高校统战工作研究，若让统战研究真正成为一门学问，还有很长的一段路要走。社会主义进入新时代，高校统战工作如何吸引更多的专家加入到研究队伍中来，提升统战理论的水平；如何围绕实现"中华民族伟大复

---

① 陈巧燕.网络环境下的高校统战信息工作研究[J].重庆交通大学学报（社会科学版）2015(6).
② 杨志玲，杨梦梦.新媒体视角下的高校统战宣传工作[J].中共云南省委党校学报，2015(12).
③ 钟桂安.依托易班创新高校统战工作的探索[J].领导科学论坛，2017(7).

兴梦想",进一步创新科学理论;如何在实践中检验理论,让理论更好地指导实践,从而为高校统战工作的实践服务,依然需要我们进一步为之努力探索。

改革开放以来的上海统战史研究

华东师范大学　章义和

摘要：上海是统战资源非常丰富的城市，在中共统一战线史上具有特别重要的地位。在党史上的各个时期，上海都是中共统一战线工作的重要区域和探索之地，为党的革命事业和国家的建设发展发挥了极其重要的作用，值得我们认真回顾和深入总结。改革开放以来，上海市各级统战部门和专家学者重视上海统战史的资料征集和积累，并进行了多方面的学术研究，取得了不小的成绩，但也存在着一些问题，需要各方面有针对性地谋划和协调，以扎实推动上海统战史的研究工作。

关键词：统一战线；上海统战史；统战部门；专家学者

统一战线作为党的政治路线的重要组成部分，它的理论和实践活动交融于党和人民革命与建设的实践中。习近平同志说："在革命、建设、改革各个历史时期，我们党始终把统一战线和统战工作摆在全党工作的重要位置，努力团结一切可以团结的力量、调动一切可以调动的积极因素，为党和人民事业不断发展营造了十分有利的条件。"《中国共产党统一战线工作条例（试行）》也指出，当前新形势下，统一战线工作要在党中央领导下，高举爱国主义、社会主义旗帜,牢牢把握大团结大联合的主题,增进对中国特色社会主义的道路自信、理论自信、制度自信、文化自信,促进政党关系、民族关系、宗教关系、阶层关系、海内外同胞关系和谐,巩固和发展团结、奋进、开拓、活跃的局面,为推动经济社会发展、维护社会和谐稳定、促进祖国统一,为实现中华民族伟大复兴的中国梦作出新贡献。中国共产党在革命与建设的实践中,积累了丰富的统战工作经验,形成了一系列的具有中国特色的统一战线理论,这是中国特色社会主义新时代统战工作的重要依据和借鉴。因此,对统一战线理论的研究和统一战线史的梳理,进一步提炼统战理论和经验,是新时代统战工作的迫切需要。

一、上海统战史的研究起步虽晚,但基础坚实

1922年7月,中共二大通过了《关于"民主的联合战线"议决案》,指出中国需要进行彻底的反帝反封建革命,"共产党应该出来联合全国革新党派,组织民主的联合战线",建设真正民主政治的独立国家,这是中国共产党统一战线的肇始和发端,至今几近百年,其间充满了尖锐复杂的斗争,既经历过革命和建设的胜利,也遭受过挫折和失败,积累了大量成功的经验和失败的教训,形成了一套中国特色的统一战线的理论和策略。

与丰富深邃的统战理论和不断创新的统战实践相比,中国共产党统一战线史的系统化研究相对滞后。1987年由东北师范大学出版社出版、宋春、李青编著的《中国新民主主义革命统一战线史》,为我国第一部系统研究统一战线史的专著。粗略统计,截至2017年底,通史类的中国共产党统一战线史有十余部,近期由中共党史研究室组织编写并以中共中央统战部名义出版、向十九大献礼的《中国共产党统一战线史》是一部非常重要的著作。近年来,有关各时段和区域性的统战史著作逐渐丰富起来,这是统战史研究深入的具体表现。这些著作的出版,使中国统一战线史的研

究有了深厚广阔的园地,出现了绚丽多彩的局面,为这门学科的建立和发展,奠定了良好的基础。但从总体来看,与中国共产党近百年的统一战线的历史相比,学术界和相关部门为之进行系统研究的历史则相对短暂。

上海的统战工作,历来都具有特殊的重要地位。这方热土是中国工人阶级的发祥地,是中国共产党的诞生地,是中国共产党历史上诸多重要人物的活动地和重大事件、重要活动的发生地,是中国共产党统一战线政策的策源地和重要的实践地。在新民主主义革命和社会主义改革和建设等各个时期,上海统一战线工作都发挥了极其重要的作用和贡献,值得我们回顾和总结。

同全国的情况一样,上海统战史研究的起步是比较晚的。中共十一届三中全会的召开,标志着中国进入了以社会主义现代化建设为中心的新的历史时期,1979年8月全国统战工作会议召开,确定了新的历史时期统一战线的方针任务。上海市委统战部敏锐地把握形势的变化,开展统一战线拨乱反正工作,加强统一战线的理论研究,重视对既往统一战线的历史总结,对上海地区统一战线工作的史料开始进行征集。市委统战部曾通过上海市政协文史资料工作委员会向党内外人士征集有关上海解放前中共地下党领导上海人民进行革命斗争的史料,先后发动了二百多个集体或个人写稿一百四十多篇、一百二十多万字,选编出版了上海市政协《文史资料选辑》的《上海解放三十周年专辑》三册,并在《文史资料选辑》上陆续刊登了部分稿件,其余稿件留存备考。通过这次征集工作,发掘了解放战争时期上海地下党和各界人民在各条战线上进行革命斗争的大量史料,为推动党内外各方面人士都来关心、撰写党史和统一战线史,积累经验,提供了扎实的基础。

二、市级统战部门组织部署统战史研究的三个阶段

粗略地看,从中共十一届三中全会以来,上海市级统战部门组

织部署统战史研究工作大体显现为三个段落：

第一阶段是20世纪70年代末至1996年。这一时段统战史研究的主要工作是统战工作史料的收集和出版，其中最重要的成果是十辑《统战工作史料选辑》的出版、《上海统战理论研究》于1990年12月推出的"上海地区统一战线工作史"专号和1996年上海社会科学院出版的林远主编的《新时期上海统战工作》。

第二阶段是20世纪90年代末至2008年，上海大规模开展修志工作（即首轮修志），其成果是三类地方志丛书出版，其中不少专志实为统战工作史料，如《上海民族志》《上海宗教志》《上海侨务志》等等。同一时期，市政协组织各民主党派和工商联等收集相关资料，分别出版专辑。

第三阶段是2009年至今。2009年市委统战部将上海统战史研究列入经常性工作。到目前为止，重大成果有《共赴时艰》（1920—1949年上海统战历史专题文集）、《一片丹心图报国》（口述统战）的出版和上海统一战线历史图片展览等等。另外，市政协方面出版了有关援藏、援疆工作的相关资料。

以下对三个阶段作一概述。

从张承宗、范征夫等同志的相关回忆来看，1979年市委统战部所进行的统一战线工作史料征辑工作，一开始是纳入党史资料征集范畴的。张承宗说："征集统战工作史料，应当作为征集中国共产党党史资料不可缺少的一个组成部分。在当前开展党史资料征集工作的同时，必须抓紧统战工作史料的征集工作。"

1983年4月，中央统战部召集北京、上海等十省、自治区、直辖市统一战线理论座谈会。会议在两个重要问题上达成共识：一是中国共产党在长期的革命和建设的实践中，把马克思主义的普遍原理同中国的具体历史条件相结合，逐步形成了一套具有中国特色的统一战线的理论和政策，成功地解决了一系列重大问题。统一战线在我国得到了长期、广泛的发展，在我国革命和建设中起了并继续起着重要的作用。统一战线是一门科学,是科学社会主义的重要组成部分,中国统一战线的理论和政策,是毛泽东思想的重要组成部分。二是党的十一届三中全会以来党中央在理论上与实践上的拨乱反正,解决了新时期统一战线的一系列理论和政策问题。要把统一战线理论研究推向前进,应该遵循坚持理论与实践相结合、坚持贯彻"双百"方针、统战理论研究与统战政策宣传相结合、全党重视统战理论研究等原则,努力开展统战理论研究工作的新局面。对于统一战线研究而言,这是一次极为重要的会议。在以后的一年里,全国有十余个省、自治区、直辖市成立了统一战线理论研究会。

上海市统一战线理论研究会是 1983 年 12 月 4 日成立的。张承宗为会长,赵超构、叶尚志、李佐长、范征夫、蔡北华为副会长,集中了一批对统一战线理论有兴趣和有研究热情的党内外同志。研究会的主要任务是组织统一战线理论的研究、讨论,定期进行交流,筹办统战理论研究刊物,刊登统战理论方面的研究成果、比较优秀的论文和有关资料,为全市开展统战理论研究提供一个园地,增设统战理论政策研究机构。市政协、各民主党派、各人民团体、大专院校和各区、县统战部门都可单独或联合建立统战理论研究小组。1984 年初,研究会内部刊物《统战理论研究通讯》问世,当年度便推出 5 期(含年会特辑),共刊发论文 40 多篇,会议纪要、研究动态 10 余篇。至 1988 年,《统战理论研究通讯》共出版 25 期,基本上每年 5 期。1989 年起,《统战理论研究通讯》改版为《上海统战理论研究》。1992 年第 1 期(总第 37 期)与上海社会主义学院联合主办。2003 年 1 月,《上海统战理论研究》易名为《上海社会主义学院学报》,拥有国际国内刊号,公开发行。从 1984 年起到 2002 年,上海统一战线理论研究会的这份内部刊物,共发表论文 1 200 余篇,既展示了统战理论研究的优秀成果,又丰富了统战教学内容,还指导了上海统战工作,赢得了党内外人士的好评,不少论文与上海统战史关系密切,其中总第 32 期为"上海地区统一战线工作史"专号,刊载"中国共产党在上海地区统一战线工作史"学术研讨会的论文。这个研讨会是由上海市统战理论研究会、上海师范大学党委统战部和上海师范大学统战理论研究组共同发起主办的,于 1990 年 12 月在上海师范大学举行。来自市内外的五十余位史学工作者、理论工作者和统战干部参加了会议,并向大会提交了论文。论文集共收两篇领导讲话(王邦佐、范征夫在研讨会的讲话)、论文十四篇。编后记说:"通过这次学术研讨会,将有力地推动上海师范大学统战理论研究组所承担的上海市统战理论研究会重点课题之一——《上海统战史》的撰写工作"。

1996 年,林远主编的《新时期上海统一战线工作》由上海社会科院出版社正式出版,时任市委统战部长的王生洪同志亲自撰写序言,赞誉这本著作"比较全面地阐述了上海统一战线工作在新时期的历史进程,用历史实践记述了新时期统战工作的任务、成果和作用,这在众多的有关统一战线的著作中还是第一次。它的问世,必将有助于各方面人士增进对新时期统一战线工作的必要性、重要性、长期性的认识"。这本著作以上海地区及新时期的统战工作为主轴,除绪论外,共有七章,分别是坚持和完善共产党领导的多党合作和政治协商制度、人民政协工作的新局面、积极开展经济领域的统战工作、党外知识分子的统战工作、对台港澳和海外的统战工作、新时期的民族工作和新时期的宗教工作。据作者介绍,这本书,最初是上海市统战理论研究会提出来的一个研究课题。该书申报上海市马克思主义学术著作出版基金资助出版,在申请书中我们发现这本书的原名为《新时期上海统战史》,由此可以见到市级统战领导对上海统战史有着持之以恒的关注和重视。

在 1982 年初的第十五次全国统战工作会议期间,中央统战部和中央党史资料征集委员会联合召开征集统战党史资料工作的会议。上海市委统战部行动很快,两个月之后便召开了统战工作史料征集组成立会议，有党内外九十多位同志参加。征集组共分为两组：一组着重从建党到建国前，其中包含兵运、情报、群众团体、青年、妇女、科技、华侨、文化、教育、新闻、出版、民主党派、上层人士统战等五个专题小组；另一组着重从建国到1976年为止，其中包括解放初期中共团结各界人士搞好上海接管，私营工商业社会主义改造；团结教育知识分子工作；对知识分子和工商界的家属工作等四个专题小组。市委统战部根据上海统战工作的特点，草拟了《解放前上海统战工作史料征集参考题》，供征集组成员参考。征集组的工作效率很高，数月之后，各类稿件纷至沓来。1982年8月，《统战工作史料选辑》第一辑由上海人民出版社正式出版。张承宗撰写《结合上海特点，大力征集统战工作史料》一文，交待这项工作的来龙去脉。自此之后，一直到1991年，基本上每年出版一辑，共成十辑。撰写人员或为亲历者，或为当事人的亲属和身边的人，故史料价值颇大。

这是第一阶段的大致情况。

党的十一届三中全会以后，中央领导十分重视和大力提倡新编地方志工作。1987年5月，上海市成立地方志编纂委员会及其办公室，全面开始上海地方志编纂工作。根据上海的实际，市地方志编委会及其办公室把上海新方志的编修规划概括为"一纲三目"，即一部《上海通志》统率下的"上海市县系列丛刊""上海市区志系列丛刊""上海市专志系列丛刊"，从而构成上海第一阶段社会主义新方志的崭新体系。由10部县志组成的"县志系列丛刊"、由12部区志组成的"区志系列丛刊"、由110余部专志组成的"专志系列丛刊"先后编纂出版。作为上海方志工作主体工程的《上海通志》中就有不少统战工作内容，110余种的上海市专志中与统一战线方面的史料更为丰富，如《中共上海党志》《中国民主党派上海市地方组织志》《上海民族志》《上海宗教志》《上海人民政协志》《上海侨务志》《上海工商社团志》《上海中华职业教育社志》《上海人民政府志》《上海工运志》等等。这些专志在上海地方志办公室网站上的专业志栏目中均可全文查阅。另外,自1996年开始,上海地方志办公室组织逐年编撰《上海年鉴》,其中可见统一战线方面的重要事务。

同一时期,上海市政协文史资料委员会根据统一战线组织的特点,一直进行上海现代史资料的征集、出版和研究工作,所编辑的《上海文史资料选辑》里面有大量的统战史资料。这套资料最早的一辑是1959年,至今已出版150多期,其中为统一战线史料专辑的在30种以上。

这是第二阶段的情况。

2009年,市委统战部正式开展上海统战史研究工作,并将这项工作列为常设性工作项目。这一年共完成立项研究课题12项。2011年,市委统战部组织力量进行口述上海统战工作,并于次年由上海教育出版社出版《口述上海:一片丹心图报国》一书,收录建国以来60多位民主党派、党外人士的口述文字,全景反映上海统战工作的发展历程。这本书正文之外附有相关资料,图文并茂,可读性强。"口述上海统战"这项工作富有意义,既是对上海统战工作的一次梳理,又抢救出许多珍贵的史料,记录下上海统一战线中许多代表人物的精彩人生和重大事件的精彩瞬间。2012年市委党史研究室"1920—1949年上海统战历史"研究课题获市委统战部正式立项。同年底,课题组召开研讨会,决定从梳理党在上海开展统战工作的大事记入手,收集相关档案、报刊、回忆录等历史文献资料,掌握学术界对这一课题的研究现状,确立重要统战人物、社团、事件等专题,借以推进深化研究。经过两年的具体研究,并结合民盟上海市委、上海师范大学、中共二大会址纪念馆、上海鲁迅纪念馆、中共静安区委党史研究室等相关单位的研究力量,于2014年出版《共赴时艰:1920—1949年上海统战历史专题文集》,其中收录15篇高质量的统战史研究论文。

2015年7月28日,由中共上海市委统战部、市委党史研究室、市档案局联合主办的"中国梦、同舟行——上海统一战线图片实物展"在上海展览中心成功开幕,共展出图片350幅、实物100件、历史影像10段。这次展览也是新中国成立以来上海第一次全景式的统一战线历史文物实物的陈列展示。市委统战部的研究人员为这次展出花了多年时间精心准备,广搜资料,认真研究,其结构内容可以称之为上海统一战线简史,能体现上海统战史研究目前所达到的水平。

这是第三阶段的大致情况,可以看出这几年的上海统战史研究在统战部门的支持和推动下,深度在掘进,广度在拓展,呈现出良好的态势。

三、专家学者研究上海统战史的重点领域和主要成绩

改革开放以来,专家学者的上海统战史研究成果逐年增加,据初步统计,至2017年为止,相关著作700余部,论文和资料在6 000篇上下,内容涉及上海统战史的方方面面。主要研究重点是以下这些方面:① 中共二大在上海召开,民主联合战线方针的提出。② 中共鼎力帮助孙中山,第一次国共合作的形成。③ 1927年3月,中共组建了具有统一战线性质的联合民主政权——上海特别市临时市政府。④ 第一次国共合作破裂后,工农民主联合战线的形成和发展;宋庆龄坚持孙中山的革命旗帜;第三党在上海的建立及早期活动。⑤ 上海文化界的统一战线。⑥ 1934~1937年上海各界抗日救国会、七君子事件、反对帝国主义战争远东会议上海筹备委员会的活动以及中华民族武装自卫委员会的成立等。⑦ 上海统一战线与西安事变的解决、上海各界与抗日民族统一战线。⑧ 中国民主促进会在沪成立。各民主党派解放前在上海的活动。⑨ 反对国民党政府统治的第二条战线(大、小教联等)。⑩ 抗战及解放战争时期,动员和输送民主人士去解放区。护厂护

校与上海接收,上海地下党团结各界人士开展革命斗争迎接上海解放。⑪ 新旧政权交接和团结党外人士。⑫ 建国初上海各民主党派、宗教等的活动。基督教、天主教摆脱外国教会控制,掀起爱国运动。⑬ 资本主义工商业的社会主义改造。上海工商联的成立。⑭ 上海的党外知识分子统战工作,党外人士的"交心运动"和"自我改造运动"等。⑮ 上海民主党派神仙会。⑯ 60 年代初期的调整政策,改善关系,纠正统战工作中"左"的错误。⑰ "文革"后全面落实统一战线政策。⑱ 新时期以来上海统一战线各个方面的工作。

  上述十几个方面既是上海统战史研究的重点区域,也是相关成果较为丰富的地方。笼统说来,建国前上海统一战线工作资源丰富,成就辉煌,相关的研究比较深入,全国政协所编的《文史资料选辑》、上海市政协所编的《上海文史资料选辑》和众多社科杂志及大学学报等,都有相当数量的上海统战史方面的论文。范征夫对新中国成立后的上海统战工作特点有一个形象化的概括:"两头高,中间低",即从上海解放到社会主义改造完成,统战工作是一个高潮,或者说是一个黄金时代;从反右斗争到"文革"前夕,是一个既有"左"的影响又有局部前进的曲折发展时期,而"十年动乱"则完全处于低潮。从十一届三中全会后,统战工作进入新的发展时期,又是一个黄金时代。相比新中国成立前的这一时段研究,新中国成立后的上海统战史研究,无论是黄金时代,还是低潮时期,都是相当薄弱的。与新世纪以来上海统战工作突飞猛进的形势相映照,这一段历史的研究明显是一个洼地,我们应当予以重视,并针对性加强研究力量。

  目前上海统战史的研究力量主要是三个层面:一是从统战工作岗位退休的老同志,他们的研究成果主要表现为对相关历史事件的回忆和考证;二是统战部门和党史研究机构的研究人员,如市委统战部研究室、市委党史研究室、市级各民主党派机关研究室的研究队伍等；三是各高校和科研院所的研究人员。这三支研究力量从数量来看,都是不小的队伍,但各有特点,互有短长。从岗位上退下来的老同志的经历本身就是统战研究的宝贵资源,对具体工作非常熟悉,如数家珍,但现在他们精力有限,回忆的完整性和记录的准确性都需要我们加大关注。市级统战机关研究人员是上海统战史的主导力量,前文已经概要叙述了他们的工作成绩,应该说成果瞻目,先后三次发起上海统战史的系统研究,都有重要突破。但他们的研究人员水平参差不齐,研究的主动性和责任感有待提高。上海各高校和科研院所有不少人员从事中国近现代史和马克思主义理论的研究,他们应当成为上海统战史研究的核心力量,事实上现在的上海统战史专家正是来自各大高校,可眼下他们的力量没有很好的发挥出来,围绕自己的课题,各自为战,难出精品。因此,上海统战史研究若要生成一批成果,出版一部体例完整、内容丰沛、观点科学、史料富赡的《上海统战史》,则有待于这三个层面力量的有效整合,精心规划,诚心合作,扎实研究。

参考文献

[1] 巩固发展最广泛的爱国统一战线,为实现中国梦提供广泛力量支持[N].光明日报,2015-05-21.

[2] 中共中央印发《中国共产党统一战线工作条例(试行)》[N].光明日报,2015-09-23.

[3] 中央档案馆.中共中央文件选集(第1册)[M].北京：中共中央党校出版社,1989：65-66.

[4] 李青.近年来统一战线史研究述评[J].中国统一战线,1994(03)：19-22.

[5] 中共上海市委统战工作史料征集组.统战工作史料选辑(1)[M].上海人民出版社,1982：4.

[6] 杨承祈.创建的回忆——我与上海市统战理论研究会[J].上海社会主

义学院学报,2003(05):11-13.

[7] 上海市统战理论研究会、中共上海师范大学委员会统战部、上海师范大学统战理论研究组.上海地区统一战线工作史专辑[J].上海统战理论研究,1990(04).

[8] 林远.新时期的上海统战工作[M].上海社会科学院出版社,1996:1-5.